本书系国家社科基金中国历史研究院重大历史问题研究专项"中国古代边疆治理的实践及得失研究"（项目编号：22VLS010）阶段性成果之一

中国古代边疆治理研究丛书

明清时期

地方行政体系下的海防职官与沿海治理研究

杜晓伟 著

中国社会科学出版社

图书在版编目(CIP)数据

明清时期地方行政体系下的海防职官与沿海治理研究 /
杜晓伟著. -- 北京：中国社会科学出版社，2024. 10.
(中国古代边疆治理研究丛书). -- ISBN 978-7-5227
-4101-7

Ⅰ. D691.42；E294

中国国家版本馆 CIP 数据核字第 202475GG02 号

出 版 人　赵剑英
责任编辑　刘　芳
责任校对　王　潇
责任印制　李寡寡

出　　　版　中国社会科学出版社
社　　　址　北京鼓楼西大街甲 158 号
邮　　　编　100720
网　　　址　http://www.csspw.cn
发 行 部　010-84083685
门 市 部　010-84029450
经　　　销　新华书店及其他书店

印　　　刷　北京君升印刷有限公司
装　　　订　廊坊市广阳区广增装订厂
版　　　次　2024 年 10 月第 1 版
印　　　次　2024 年 10 月第 1 次印刷

开　　　本　710×1000　1/16
印　　　张　17
插　　　页　2
字　　　数　235 千字
定　　　价　98.00 元

序

　　海防一词，古已有之。南宋端平初年，慈溪人张虙曾"上书论海防便利"①；德祐元年（1275），观文殿大学士陈宜中亦"乞任海防"②。南宋时期，不仅海防成为时人讨论的政务之一，而且政府开始设官置守，管理相应事务。虽然陈宜中乞任的具体职官不明，但南宋确实设有与海防相关的机构和官吏。如绍兴二年（1132），设福建两浙淮东沿海制置司，长官为沿海制置使，其后多次复置，沿海制置使兼知明州，绍兴府及温、台、明州驻屯官兵悉听节制，下辖定海水军。③ 下至元代，沿海防御主要依托既有军事镇戍体系，中央由枢密院总理，地方则归行省管辖，沿海州郡具体执行；江浙行省管辖下的沿海万户府专司浙东沿海守御。④ 因此，传统时代的中国海防起源于宋元时期。这既得益于海上丝绸之路兴起和造船业、航海技术的发展，亦与宋元之际军事攻防从陆路向海路扩展直接相关。

　　明代茅元仪称："海之有防自本朝始也，海之严于防自肃庙时始也。"⑤ 前文已证此说并不正确，但明代以后的海防确实与宋元时期

---

① 《宋史》卷407《张虙传》，中华书局1977年版，第35册，第12295页。

② 《宋史》卷47《本纪第四十七·瀛国公二王附》，中华书局1977年版，第3册，第933页。

③ 参阅王青松《南宋海防初探》，《中国边疆史地研究》2004年第3期。

④ 参阅赵彦风《防宋和御寇：元代海防的发展与演变》，《元史及民族与边疆研究集刊》第24辑，上海古籍出版社2021年版。

⑤ 茅元仪：《石民四十集》卷46《志引五·海防》，《续修四库全书》集部，上海古籍出版社2002年版，第1386册，第444页。

有很大的差别。明初，元代以来的倭寇继续祸乱沿海地区。洪武年间，江夏侯周德兴、信国公汤和等即在福建、浙江等地设置卫所、修筑城堡、督造海船，加强东南沿海防卫。① 至嘉靖中，东南倭乱趋于严重，故茅元仪才有"海之严于防自肃庙时始也"之说。明代海防与倭寇密切相关，故《明史》言："岛寇倭夷，在在出没，故海防亦重。"②

　　嘉靖二十六年（1547），朱纨提督浙闽海防军务，巡抚浙江。通过实地调查，发现倭乱问题较为复杂，他认为沿海不法百姓私通番夷，与海寇相勾结，是倭乱恶化难治的根源。如"贼船、番船则兵利甲坚，乘虚驭风，如拥铁船而来；土著之民公然放船出海，名为接济，内外合为一家"；"以海为家之徒安居城郭，既无剥床之灾，棹出海洋，且有同舟之济，三尺童子亦视海贼如衣食父母，视军门如世代仇雠"。同样是沿海地区，"今山东海防已废，海警绝闻，岂真无捕取鱼虾、采打柴木者哉，山东无内叛通番之人耳"。不法百姓与海寇勾结，除了相互依存的经济关系之外，海船是两者勾结的关键所在。"海船大小俱二桅以上，草撇则使桨如飞，攻劫最利，此皆内地叛贼常年于南风迅发时月，纠引日本诸岛、佛郎机、彭亨、暹罗诸夷前来宁波双屿港内停泊，内地奸人交通接济，习以为常，因而四散流劫，年甚一年，日甚一日，沿海荼毒，不可胜言。"因此，朱纨认为"不严海滨之保甲，则海防不可复也"，提出"革渡船、严保甲"的应对措施，"沿海官兵保甲严加防范，使贼船不得近港湾泊，小船不得出港接济"③。

　　然而，无论是禁革渡船，还是编查保甲，已超出军事防御的范畴，

---

　　① 《明史》卷322《列传第二百十·外国三·日本》，中华书局1974年版，第27册，第8344页。

　　② 《明史》卷91《兵三·边防条》，中华书局1974年版，第8册，第2243页。

　　③ 朱纨：《阅视海防事·革渡船严保甲》《海洋贼船出没事·禁船出洋》，陈子龙等辑《明经世文编》卷205《朱中丞甓余集·疏》，《续修四库全书》集部，上海古籍出版社2002年版，第1658册，第133、137页。

属于沿海地方州县的行政职权，仅靠军事系统显然难以实现。事实上，编查保甲是由沿海省份府县具体负责。如"旬月之间，虽月港、云霄、诏安、梅岭等处素称难制，俱就约束，府县各官交口称便。虽知县林松先慢其令，亦称今日躬行大有所得。泉州府申称所示保甲牌格简易明，自永可遵守，岂直沿海地方可以讥察奸弊，虽深山穷谷之中互相保障，则盗贼不生，风俗可厚焉"①。虽然编查保甲的效果明显，但此套运行体制还存在隐患。此时的朱纨为浙江巡抚，统辖浙江省文武官员，下令府县厉行保甲无可厚非。但从海防的角度而言，地方府县官员并无海防之责，难免名实不副，也会影响执行效果。

嘉靖三十三年五月（1554），张经总督南直隶、浙江、山东、两广、福建等处军务，但未能吸取朱纨对东南倭乱的认知和应对策略，其在南京兵部尚书任上时，上疏对倭乱的措施还停留在洪武时代，即预集兵船、防守要害、充实军队、筹集粮饷等。② 其时，已有朝臣认识到沿海不法百姓与海寇的关系，并提出外贼、内贼并治的建议。如该年八月，南京太仆寺卿章焕奏："比者江南之变起于内地，游民利贼重货，为之乡导，而我兵仓卒无备，徒手搏战于沟塍沮洳之乡，故每出辄败。……臣又闻外贼易见，内贼难知。今以海外蛮夷而深入内境，凡我之动静曲折无不知者，谁为之也？又其始至千人，四布无一知者，及鸣号而须臾毕集，贼固善匿，匿之谁也？此东南之大变，皆奸民酿之也。夫治外贼以兵，治内贼以诚，有如今之郡县得人。"③ 结合朝臣意见和实地巡查所见，该年十二月，张经上应对倭乱七条。其中，查复备倭旧政、总会水战兵船、筑立冲要城堡、申明赏罚条格四条与旧

① 朱纨：《阅视海防事·革渡船严保甲》，陈子龙等辑《明经世文编》卷205《朱中丞甓余集·疏》，《续修四库全书》集部，上海古籍出版社2002年版，第1658册，第135页。
② 《明世宗实录》卷410，嘉靖三十三年五月庚子，台北："中央研究院"历史语言研究所1984年版，第7145页。
③ 《明世宗实录》卷413，嘉靖三十三年八月庚午，台北："中央研究院"历史语言研究所1984年版，第7181、7183页。

制无异，而编练本地主兵，既可省客兵繁费，又能发挥沿海百姓惯习舟楫之长；设立游兵避免了被动、固定防守的弱点。海防职守的创设尤为重要。"一议设海防职守。言吴淞江口及黄浦一带皆通海要路，兵船既设，统领无人，请于苏、松各增设海防同知一员，而以水利通判并入巡盐。"① 如此一来，即使以后防倭军事长官无沿海督抚衔，亦可要求沿海地方官府中的海防职官履行与海防相关的行政事务，名正言顺。更为重要的是，沿海地方行政体系中海防职官的设立，使明代海陆协同、军政一体的海防策略得到真正的落实。当然，张经议设海防职官的理由是兵船"统领无人"，即此时海防职官的职责还仅限于军事领域。

随着倭乱的延续，明代朝野对海防的认识进一步深化。如张经之后总督浙直福建军务、负责御倭的胡宗宪，认为"奸民与贼交通，馈之酒米，馈之衣服，馈之利器，断贼内交，策之要也，海防者不可以不知"；"倭患之作，岭峤以北，达于淮扬，靡不受害，而山东独不之及者，岂其无意于此哉，亦以山东之民便于鞍马而不便于舟楫，无过番下海之人为之向导接济焉耳"②。曾为胡宗宪的幕僚郑若曾亦言："按福建经略之术，有百年之长策，有一时之权宜。何谓长策，修复海防旧规，处置沿海贫民得所，使不为贼内应是也。"③ 可见，防御倭寇必须与惩治沿海奸民相结合。兵部郎中、督师浙江且有海战经验的唐顺之，在《条陈海防经略事疏》中提出沿海与内地相互策应的主张："然自来沿海戍守，莫不以拥城观望，幸贼空过，谓可免罪，而不顾内地之残破；内地戍守，亦幸贼所不到，而不肯策应沿海。今却不然，

---

① 《明世宗实录》卷417，嘉靖三十三年十二月辛巳，台北："中央研究院"历史语言研究所1984年版，第7241页。

② 胡宗宪：《海防论·广东要害论》、《山东预备论》，陈子龙等辑《明经世文编》卷267，《续修四库全书》集部，上海古籍出版社2002年版，第1659册，第91、97页。

③ 郑若曾：《筹海图编》卷4《福建事宜》，李致忠点校，中华书局2007年版，第283页。

宜分定沿海保护内地、内地策应沿海。沿海力战损兵折将，宜坐内地不能策应之罪；内地残破，沿海幸完，宜坐沿海纵贼之罪。"① 在应对倭乱的背景下，沿海与内地应相互配合。崇祯初年，陈仁锡《纪海防》言："且海寇非自海止也，素有山贼结通海贼。自广而闽，而浙之温处，万山绵亘，奸民实繁有徒，乘海之乱而水陆交作，则防御之兵似亦有限。夫亦严戒舟师，以剿海上已形之寇，密行访缉，豫防陆路未发之奸。海上责之将领，必夙知海务，乘风破浪，随处扑灭；陆路责之县令，必夙识民情，时威时惠，随地安定。"② 认为海陆协同、军政配合乃是治本之策。

军政协同、海陆一体的海防思想的发展，意味着沿海地方官府的海防重要性更加突出。一方面，海防职官的设置地域扩大；另一方面，海防职官的职责越来越多。如嘉靖三十八年（1559），巡抚福建都御史王询奏："福、兴、泉、漳四府及福宁州清军同知宜兼管海防，责之修船、练兵。"③ 万历七年（1579），应天巡抚胡执礼条陈称："海防同知各驻一方，以理粮饷。"④ 万历三十年（1602），辽东巡抚赵楫奏："宜如山东、闽、浙事例，于金州添设海防同知一员，于凡海防哨探、战守机宜，同游击并金复将官商确计议而行，兼理军民一切事务，稽查往来奸商船只，并覆仓库各项钱粮，悍野官民赖以弹压，水兵海禁俱有责成矣。"⑤ 海防职官的职责不再限于统领兵船，而是扩大到探哨、

---

① 唐顺之：《条陈海防经略事疏》，陈子龙等辑《明经世文编》卷260《唐荆川文集》，《续修四库全书》集部，上海古籍出版社2002年版，第1659册，第18页。

② 陈仁锡：《无梦园初集》漫集二《纪海防》，《续修四库全书》集部，上海古籍出版社2002年版，第1382册，第272页。

③ 《明世宗实录》卷471，嘉靖三十八年四月乙巳，台北："中央研究院"历史语言研究所1984年版，第7909页。

④ 《明神宗实录》卷85，万历七年三月庚戌，台北："中央研究院"历史语言研究所1984年版，第1779页。

⑤ 《明神宗实录》卷379，万历三十年十二月辛卯，台北："中央研究院"历史语言研究所1984年版，第7132页。

战守、练兵等军事作战领域，以及建造战船、督理粮饷等军备制造和军需后勤方面，甚至弹压官民、实施海禁、复核仓储钱粮、稽查商船等"兼理军民一切事务"，除了钱粮征收、刑狱诉讼外，与地方父母官无异。

至于海防职官设置的目的和职责范围，万历二十年（1592）山东巡抚郑汝璧奏设青、莱、登三府海防同知时有详细的表述："东省沿海延袤二千余里，防海诸务虽有该道专管，而分理实资之府官，事体繁重，若非专官经理，不便责成。而主客兵饷岁费不赀，亦宜预为区处。至于环海寥廓险要星罗，主兵不多，止藉客兵，新募之卒防御难周，均应酌处。相应列款具题，伏乞敕下该部再加覆议，上请施行。谨题请旨：一、设专官以便责成。臣行布按都司议称，青、莱、登三府逼近海洋，一切御倭事宜，如修筑城堡墩台、打造军火器械及查理军伍、支放粮饷等项，无专官董理，多致耽费。在各省直设有海防同知管理，东土似宜仿而行之。但添官必须增费，又属未便。查得三府清军同知事务颇简，合行改为海防兼摄清军、盐捕事务，仍给关防，行令专心料理。"① 可见，在军政协同、海陆一体的海防思想指导下，沿海地方政府承担了越来越多的海防事务，诸如修筑城郭墩台等防御设施、制造军火器械等军事装备、支放粮饷等军需管理，均需地方府县具体实施，故设立海防专职官员势在必行。

当然，明代沿海地方官府中的海防职官不止海防同知一种。明代地方三司互不统属，嘉靖时期倭患愈演愈烈，地方官府协调不力。嘉靖三十三年至四十一年（1554—1562），明廷设置浙直总督，主要处理倭乱和海防问题。万历时期受"壬辰战争"影响，北方海防危机加重，又增设天津海防巡抚，统辖地方军政事务；增设登莱海防巡抚，"专主

---

① 郑汝璧：《由庚堂集》卷26《奏疏·专官足饷留军疏》，《续修四库全书》集部，上海古籍出版社2002年版，第1356册，第654页。

调兵、御寇"①。除了海防督抚之外，明代还设立海防道。嘉靖三十二年（1553），以六合县知县董邦政升按察司金事，专理海防。② 上文所引陈汝壁奏闻提及的海防道即属此类。明代海防通判仅见一例，万历三十年（1602），福建巡抚朱运昌与巡按刘应龙请求增设海防职官，将"福州府通判一员移镇本州，专领其事"③。纵观明清时期地方政府中的海防职官，包括总督、巡抚、道员、同知、通判等类。但督抚大员主要发挥统领协调的作用，具体海防事务的落实则由同知等基层官员负责。因此，存在时间最长、数量最多、设置最为普遍的是海防同知。

海防职官的设置亦与海防形势密切相关。在海患严重的情况下，如嘉、万时期"倭患"问题，明廷在省级官员系统中，设立了浙直总督、登莱巡抚、天津巡抚等具有海防性质的"地方"大员，将地方三司职权统归其下，总览辖区海防问题，新增大量的府级海防文官，以海防同知为主，专门负责海防事务，以配合军队抵御外敌。而一旦海防危机解除，海防文官的职能就会大大弱化，从海防督抚的裁撤、海防道的裁并及海防同知的职能转变即可看出。如隆庆元年（1567），裁撤浙直总督，登莱巡抚则因明政权的覆灭，在清顺治时期亦被裁撤。海防道与海防督抚的情况类似，只是时间上较海防督抚的裁撤较晚。海防同知等基层海防文职官员则与督抚、道员的情况相反，相对保持稳定，但其职责却发生明显转变。

清代自康熙二十三年开放海禁后至道光二十年之前，大量沿海商民出洋贸易，中外贸易日臻繁荣，海盗问题随之严重。因此，海防同知的职能出现了更明显的区域性与多样化特征。具体而言：清前期的环渤海地区，海防非急务，海防同知的置废受政区调整的影响较大，

---

①　赵树国：《明代北部海防体制研究》，山东人民出版社 2014 年版，第 553 页。

②　郑若曾：《江南经略》卷 4 下《上海县倭患事迹》，《文渊阁四库全书》子部，台湾商务印书馆 1986 年影印本，第 728 册，第 301 页。

③　万历《福宁州志》卷 8《官政志·北路海防》，万历四十二年刻本，第 3 页 a。

且职能并不固定，整体不再像明代一样，以军事功能为重；在明代因防倭而设的非滨海驻防的海防同知，在海防需求发生变化之后，最终演变为专司某务的地方职官，已非一般意义上的海防同知；海岸地区的海防同知，长江入海口和杭州湾区域以管理海塘、沙田为主，闽粤地区以管理海口、缉捕海陆盗匪为主；驻防海岛的海防同知海防事务繁巨，一般兼理地方民番事务。由此可见，清代海防同知的职能包括修筑海塘、管理河工水利、监理地方词讼、征剿榷税、兴办文教、督理船政、稽查海口、缉捕盗匪等事项。

从海防职官的名称和职能来看，明清时期此类职官虽冠以海防之名，但其职能早已超越了军事领域，绝大部分政务与海相关，确有沿海治理之实。如河工水利、修筑海塘是防范灾害和发展沿海经济；督理船政、稽查商船、管理海口、征收榷税是管理海洋商贸，兼理词讼、缉拿海盗是管理海洋人群和维护海洋秩序。在现代汉语中，海防是指国家为保卫主权、领土完整和安全，维护海洋权益，防备外敌入侵和人员、物资非法进入，在沿海和海疆进行的防卫和管理活动的通称。而诸如渔业养殖、船舶运输、商业贸易、征税缉私、海难救助、灾害预防等事务，虽与海防有一定的联系，但并不属于海防的范畴，而有专门的名词与之相对应。如海事通常指造成航海财产损失或人身伤亡的事故，包括船舶碰撞、海难救助、残骸打捞、共同海损等。显然，从明清时期海防一词的内涵来看，囊括了海防、海事、海运等多个词汇在内，即明清时期的涉海事务，均可纳入海防的范畴。因此，海防职官也是透视明清时期沿海治理的重要视角。

现有研究虽对明清时期的海防职官有所涉及，但以个案为主，整体性考察明清时期的海防职官尚付阙如。而明清时期海防职官的政务如何运作？这些政务的实施对沿海地区发展究竟发挥了什么样的作用？或者说沿海治理视野下明清时期海防职官的实证研究，这些问题尚未引起学界的关注。杜晓伟博士的这本著作，在考证梳理明清时期地方行政体系下海防职官设置的基础上，考察其空间分布和职能演变，通过个案重点分析海防同知的管理表现，探讨其在沿海治理方面的作用和价值，具有重要的学术价值和现实意义。

是为序。

马　琦

2024 年 2 月 18 日

目　　录

绪　　论

　　清代学者蔡方炳有言：“海之有防，历代不见于典册，有之自明始，而海之严于防，自明之嘉靖始。”[①] 中国历史时期的海防环境，恶化于明嘉靖时期的东南倭乱，最后变局于晚清时期。明初以来，为了消灭反明势力和侵扰沿海的倭寇，明政府在施行禁海政策的同时，大力建设海防，在沿海各省广布卫所，增设水军，强化沿海防务，制定了比较完善的军事防御体制。嘉靖倭乱与万历朝鲜之役，让明政府意识到，仅仅依靠军事防御，并不能有效应对海疆危机，于是再次大力整顿海防体系，在地方行政系统中增设专职防海的文职官员，进而完善了军政协同的防御体系。明清易代之后，随着海洋安全环境的逐渐稳定，清政府施行开禁的海洋政策，允许沿海农、渔、商等各业发展，并再次对明代以来形成的防御体系进行调整。晚清之后，海防危机发生根本性变化，面对西方的坚船利炮，国门大开，传统的禁海政策与防御体系废弛，西方列强成为清政府主要的防御对象，海防建设的重点转向军事近代化，近代海军成为承担海防任务的主体。

　　从明清时期的海防需求来看，主要是抵御从海洋方向入侵的外敌、反抗势力，以及缉捕劫掠地方的不法之徒。故而海防对象主要包括反明反清势力、倭寇、盗匪、西方列强等，以及能够造成巨大灾害的海

---

　　① 许鸿磐纂：《许氏方舆考证稿百卷》卷 5《大川下》，济宁潘氏华鉴阁 1933 年刊本，第 2 册，第 29 页 a。

潮。其目的在于保障海洋社会的安全稳定，维护政府的统治地位。从今天的定义来看，海防是一个涉及政治、经济、文化、军事、社会管理等各个方面的概念。根据范中义的定义："海防是指为防御从海上入侵的敌人，为保卫国家的主权、领土完整、安全和海洋权益所采取的政治、经济、军事、文化、外交等措施和斗争。"① 今天的海防，完全针对的是外部敌对势力，具有明确的指向。然而对于明清社会而言，海防并不是一个确定性与专业性的概念，它包含但不限于军事御敌与缉盗治乱。尤其在清代，海防举措的多样性特征，反映了清代社会的海防认知与沿海治理需求发生了明显变化。当前学界对海防问题的关注，主要集中于军事防御的角度，产出了大量成果。然而从明代的防海到清代的治海，是海防由军事抵御到综合治理转变的结果。故而拓展海防研究的视角，深化研究内容，能够丰富今人对中国历史时期防海与治海历程的认知，有助于推动中国海洋史、海防史的研究，完善相关研究成果。

第一节　研究现状及其问题

当今学界，关于海防问题的研究，主要包括"海防通史""海防地方史""海防思想史""海防制度史""海防内容专题"及"海防地理"② 等内容。

通史性海防研究，主要是从政治、经济、军事、文化等角度梳理中国的海防发展史。目前，学界从两个方面进行研究：其一，以整个沿海区域为研究对象，系统梳理中国的海防历史。如史明星《中国历代海防发展概览》一文，梳理了历代海防的发展状况，指出元末明初

① 范中义：《明代海防述略》，《历史研究》1990 年第 3 期。
② 鲁延召：《明清时期广东中路海防地理研究》，博士学位论文，暨南大学，2010 年。

是中国海防体系的发端，认为此前并无严格意义上的海防。① 刘昌龙等
在《明清时期海防的历史嬗变及启示》中，进一步将整个明清时期的
海防划分为海陆结合、层次设防、师夷制夷三个阶段，指出当时海防
手段具有多样性，海权意识具有朦胧性，政策与措施具有保守性、被
动性等特征，并且忽视了物质经济在海防中所具有的基础性作用。② 范
中义《明代海防述略》则对明代重视海防的原因及不同时期的海防政
策、措施进行了探讨，指出明代海防具有消极被动的防御本质，存在
无意识保障基层百姓海洋权益的问题。③ 在专著方面，主要有杨金森、
范中义的《中国海防史》，该书对明清以前的中国海防发展历程进行了
概述，并着重阐述了明清两朝的海防形势、政策、制度、战役、防御
体系建设及海防人物思想等内容。④

　　其二，以区域为研究对象，基于整个历史时期或是某一朝代，梳
理地方海防史。在北部海域，赵红的《明清山东海防研究（1368—
1912）》，从军事角度对山东的海防对象、主体、手段、得失等方面进
行论述，探索了海防与社会经济、政治、思想、文化等的互动关系。⑤
赵树国的《明代北部海防体制研究》阐述了渤海区域的海疆及军事行
政区划，以及海防官员、海防机构、军事部署、人物思想等内容。⑥ 在
该书中，作者对海防文职官员的设置、部署、职能等进行了探讨，并
对金州海防同知的设立背景及现实意义进行了研究，指出海防同知的
设立，具有巩固辽南统治及拱卫京畿的重要作用。关于江浙地区，宋
烜《明代浙江海防研究》梳理了早、中、晚时期浙江的倭患情况，对

　　① 史明星：《中国历代海防发展概览》，《军事历史研究》1992 年第 4 期、1993 年第
1 期。
　　② 刘昌龙、张晓林、黄培荣：《明清时期海防的历史嬗变及启示》，《军事历史研究》
2012 年第 2 期。
　　③ 范中义：《明代海防述略》，《历史研究》1990 年第 3 期。
　　④ 杨金森、范中义：《中国海防史》，海洋出版社 2005 年版。
　　⑤ 赵红：《明清山东海防研究（1368—1912）》，山东人民出版社 2023 年版。
　　⑥ 赵树国：《明代北部海防体制研究》，山东人民出版社 2014 年版。

沿海卫所、备倭机构、军船制度、御倭战役、海防议论等问题进行了研究，注意到了巡海道、兵备道等文职官员的作用。① 苏勇军《明代浙东海防研究》以浙东为研究对象，探讨了浙东的行政区划与海防建设问题。② 对于闽粤地区，驻闽海军军事编纂室的《福建海防史》，从军事力量发展的角度阐述了秦汉以来福建海防的发展史，但是对海防制度、思想政策、官员制度等论及较少。③ 与之不同，卢建一的《闽台海防研究》以闽台互动为视角，具体探讨了明清时期的海防体系建设、防务重心南移、海防政策制定的背景及其对闽、台社会所产生的重大影响等问题。④ 许毓良《清代台湾的海防》以港口海运、行政管理及海防对象为主要研究内容，重视文职官员的海防作用，指出台防同知在台湾海防事务中发挥着重要作用，同时也因文武官员各有辖区，存在文武协同管理的海防体系在台湾地区并不成功的问题，而且随着内外环境的变化以及清廷错误的政策，海防文职官员的管理作用在不断弱化。⑤ 相较于《福建海防史》，广东海防史编委会所编的《广东海防史》一书，系统梳理了秦汉至解放战争时期广东的海防发展史，分析了海防军事力量的发展、军事部署、海防战争以及海防近代化等问题，并对海防武将及督抚、海防道等文职官员的设置与作用进行了简要探讨。⑥

在通史性研究之外，以军政设置、经贸发展为研究对象的地方海防史研究成果丰富。关于环渤海地区，如邵晴《明代山东半岛海防建置研究——以沿海卫所为中心》探讨了明代山东的沿海卫所设置问题。⑦ 张仲良《明代山东半岛海防——以登、莱为例》研究了登、莱

① 宋烜：《明代浙江海防研究》，社会科学文献出版社 2013 年版。
② 苏勇军：《明代浙东海防研究》，浙江大学出版社 2014 年版。
③ 驻闽海军军事编纂室编：《福建海防史》，厦门大学出版社 1990 年版。
④ 卢建一：《闽台海防研究》，方志出版社 2003 年版。
⑤ 许毓良：《清代台湾的海防》，社会科学文献出版社 2003 年版。
⑥ 《广东海防史》编委会编：《广东海防史》，中山大学出版社 2010 年版。
⑦ 邵晴：《明代山东半岛海防建置研究——以沿海卫所为中心》，硕士学位论文，中国海洋大学，2007 年。

水城、海防军制器械及海防战争等问题。① 赵树国《明永乐时期环渤海地区的海防》分析了明迁都北京之后，山东海防地位上升的原因以及军事卫所、职官设置等内容，重点阐述了海防武职官员及海防机构的设置变迁问题。② 吴小玲、何良俊《明清时期北部湾海防及其对海外贸易的影响》讨论了北部湾海防构建的原因、布局以及与海外贸易的关系，认为明清时期针对北部湾地区建立的海防体系，使海商、海盗与政府强化海防体系之间显现恶性循环关系。③

关于浙江省的研究，主要有刘庆《明清（前期）浙江海防战略地位的演变》和施剑《明代浙江海防建置研究——以沿海卫所为中心》，前者从地理、地缘和战略格局等因素出发，分析说明浙江海防战略地位的演变过程，④ 后者则重点阐述以沿海卫所为中心的明代浙江海防建置，探索影响沿海卫所时空布局的历史、地理因素，认为卫所的海防作用有限。⑤

关于闽台的研究，卢建一《明代海禁政策与福建海防》分析了海禁政策的产生、实施以及对福建海防的影响等内容，指出只有发展经济，加强海防建设，才能保证海疆安定。⑥ 在《从明清东南海防体系发展看防务重心南移》一文中，卢建一认为中国经济重心的南移以及倭寇对东南的侵扰是海防南移的重要原因，指出防务重心南移始于明初，完成于清代前期。⑦ 后续在其著作《明清海疆政策与东南海岛研究》

---

① 张仲良：《明代山东半岛海防——以登、莱为例》，硕士学位论文，安徽大学，2013 年。

② 赵树国：《明永乐时期环渤海地区的海防》，《山东师范大学学报》（人文社会科学版）2014 年第 4 期。

③ 吴小玲、何良俊：《明清时期北部湾海防及其对海外贸易的影响》，《广西民族大学学报》（哲学社会科学版）2016 年第 6 期。

④ 刘庆：《明清（前期）浙江海防战略地位的演变》，《军事历史研究》2009 年第 3 期。

⑤ 施剑：《明代浙江海防建置研究——以沿海卫所为中心》，硕士学位论文，浙江大学，2011 年。

⑥ 卢建一：《明代海禁政策与福建海防》，《福建师范大学学报》（哲学社会科学版）1992 年第 2 期。

⑦ 卢建一：《从明清东南海防体系发展看防务重心南移》，《东南学术》2002 年第 1 期。

中，系统分析了明清时期的海疆、海防政策的演变进程及所产生的社会作用。① 此外还有靳维百《明清时期的闽浙海防与海上丝绸之路》研究了海防设施、海防政策的变化，以及与海外贸易的关系，认为海防的封闭性并不能阻碍海外贸易的发展。② 黄友泉《明代前期福建的海防体系》分析了明前期海岸、海上防线建设，以及福建海防体系的建设、调整等问题。③ 刘耀《晚清台湾海防建设研究》探讨了台湾海防中的行政设置、治理、派系斗争及地方士绅与海防建设关系等问题，其中涉及地方文官的管理职权及虚报信息等问题，但研究深度有限。④

关于广东地区的研究，曾小全《清代前期的海防体系与广东海盗》从地理环境、海防体系建设、海防部署等方面分析了海盗兴起的原因，认为广东海域面积跨度大，政治环境易受国家政局影响，同时官员海防意识薄弱等，是海盗盛行的重要原因。⑤ 黄挺《明代前期潮州的海防建置与地方控制》主要阐述了广东潮州地区的海防设置及海防事件，认为明初新政权加强潮州的海防建置，直接目的是控制地方社会势力。⑥ 陈春声《明代前期潮州海防及其历史影响》分析了明朝初期潮州地区海防系统建立的缘由、过程以及制度变迁，探讨了沿海卫所布局所反映的潮州地方社会情形，指出南澳岛的弃守成为闽粤海防的心腹大患。⑦ 李爱军、吴宏岐《明嘉靖、万历年间南海海防体系的变革》研究了南海的海防形势、海防体系变革及其影响等问题，认为这些变革对南海地区"东、中、西"三路海防划区的形成，以及后世南海海

① 卢建一：《明清海疆政策与东南海岛研究》，福建人民出版社 2011 年版。
② 靳维柏：《明清时期的闽浙海防与海上丝绸之路》，宁波与"海上丝绸之路"国际学术研讨会论文集，宁波，2005 年 6 月。
③ 黄友泉：《明代前期福建的海防体系》，硕士学位论文，厦门大学，2009 年。
④ 刘耀：《晚清台湾海防建设研究》，博士学位论文，武汉大学，2014 年。
⑤ 曾小全：《清代前期的海防体系与广东海盗》，《社会科学》2006 年第 8 期。
⑥ 黄挺：《明代前期潮州的海防建置与地方控制》，《广东社会科学》2007 年第 3 期。
⑦ 陈春声：《明代前期潮州海防及其历史影响》，《中山大学学报》（社会科学版）2007 年第 2 期、第 3 期。

防体系的完善产生了深远影响。①

　　关于海防地理的研究，学界主要从三个方面进行分析。其一，探析官绅的海防地理认知，如王宏斌在《清代前期海防：思想与制度》《晚清海防地理学发展史》等著述中，详细阐述了清代海防地理著作及相关学者的地理认知水平，以军事地理为核心分析了海岛、海港、海道、水文、气候等因素对海防的影响。② 宋平章《清代前期学者关于渤海周围地区海防地理形势的认识》阐述了清代前期杜臻、顾祖禹、陈伦炯等学者对渤海周围地区的海岸、海岛、海口、海港和海道的军事、经济价值研究，指出这些学者的认知为当时的海防建设提供了理论依据和参考意见。③

　　其二，将军政设置与地理形势相结合，透视相关海防问题。如鲁延召《明清时期广东中路海防地理研究》，以广东中路的行政区划、海岛、沿海巡检司及虎门为研究内容，分析了特定地理形势下的海防空间布局问题，指出受区域海防对象多样性影响，海疆行政区划横向区域和陆海地理空间纵向区域的重心发生了相应转移。④ 其还相继发表了《明清时期广东海防"分路"问题探讨》⑤《明清时期伶仃洋区域海防地理特征研究——基于海防对象的多样性与海防重心的阶段性》⑥《从内伶仃岛不设防看近海防御的局限性》⑦《海防地理学视野下官富巡检

---

　　① 李爱军、吴宏岐：《明嘉靖、万历年间南海海防体系的变革》，《中国边疆史地研究》2013 年第 2 期。

　　② 王宏斌：《清代前期海防：思想与制度》，社会科学文献出版社 2002 年版；王宏斌：《晚清海防地理学发展史》，《河北学刊》2015 年第 3 期。

　　③ 宋平章：《清代前期学者关于渤海周围地区海防地理形势的认识》，《信阳师范学院学报》（哲学社会科学版）2001 年第 1 期。

　　④ 鲁延召：《明清时期广东中路海防地理研究》，博士学位论文，暨南大学，2010 年。

　　⑤ 鲁延召：《明清时期广东海防"分路"问题探讨》，《中国历史地理论丛》2013 年第 2 辑。

　　⑥ 鲁延召：《明清时期伶仃洋区域海防地理特征研究——基于海防对象的多样性与海防重心的阶段性》，《暨南学报》（哲学社会科学版）2013 年第 9 期。

　　⑦ 鲁延召：《从内伶仃岛不设防看近海防御的局限性》，《兰台世界》2014 年第 28 期。

司建置沿革研究——基于广东新安县的考察》① 等文章，分析了海防地理形势对海防对象、行政区划、海防布局的具体影响。此外还有王日根、黄友泉《海防地理视域下的明代福建水寨内迁》一文，讨论了福建水寨的选址问题，指出因忽视海防地理对军事驻防的制约而造成水寨选址错误，从而导致海防效果弱化。②

其三，以海防图为研究对象，分析中国古代的海洋地理认知、海洋意识与海洋治理，探索海洋管控与知识传播、疆域认知演变等问题。如周志明《16—18 世纪的中国历史海图》探讨了明清时期海图绘制背后所反映的王朝对海域管控不断深化的历史演进脉络。③ 张海鹏主编、王宏斌著《中国海域史》（总论卷），基于对陈伦炯《海国闻见录》系列海防与其他海图的对比研究，指出随着海域开发和军事布防的深入，清代社会对海洋地理的认知不断深化。④ 成一农、杜晓伟《陈伦炯绘〈沿海全图〉及其海防认知分析》则从海防与海洋贸易需求角度，分析并指出为了更好地管理海洋，陈伦炯在吸收官方资料、了解商渔需求及访查地理人文信息的基础上绘制了海图。⑤ 高志超《从岛陆到洋面：明清时期中朝对黄海北部海界认知及演进》以中朝对黄海北部海域的争议处理为视角，结合海图及相关文献资料分析，指出在西方领海概念引进之前，清政府划分的内海、外洋只是对洋面界域的模糊认知。⑥

关于海防人物、海防思想的研究成果，以时段为主的研究有易泽阳《明朝中期的海防思想研究》，梳理了秦汉到明中期的海防问题，重

① 鲁延召：《海防地理学视野下官富巡检司建置沿革研究——基于广东新安县的考察》，《中国历史地理论丛》2014 年第 3 辑。

② 王日根、黄友泉：《海防地理视域下的明代福建水寨内迁》，《江西社会科学》2013 年第 11 期。

③ 杨国桢主编，周志明著：《中国海洋文明专题研究》第二卷，人民出版社 2016 年版。

④ 张海鹏主编，王宏斌著：《中国海域史》（总论卷），上海古籍出版社 2020 年版。

⑤ 成一农、杜晓伟：《陈伦炯绘〈沿海全图〉及其海防认知分析》，《社会科学战线》2021 年第 6 期。

⑥ 高志超：《从岛陆到洋面：明清时期中朝对黄海北部海界认知及演进》，《中国历史地理论丛》2020 年第 3 期。

点对明太祖、成祖的海防思想、政策及明中期海防危机、海防装备等问题进行了研究。① 郑坤芳等《嘉道时期海防思想的演进》，则以乾隆之后的海防形势为基础，分析了嘉道时期海防观念由岸防到远洋防御转变的历程，指出其本质仍是被动防御。② 关于晚清时期的研究，王宏斌的《"防海新论"与同光之际海防大讨论》，讨论了德国人希理哈的《防海新论》对同光海防大讨论的影响。③ 孙成华《洋务运动时期海防思想研究》则从海防思想、体系、军事发展等研究角度出发，认为洋务运动时期海防思想是针对资本主义列强海上侵略的被动应对，并不是基于社会内部诸要素发展刺激做出的主动反应。④ 戚其章在《晚清海防思想的发展及其历史地位》一文中，将晚清海防思想发展分为萌发、重倡、趋实、深化和高潮等阶段，指出海防思想的变化不仅带来海防建设的近代化，而且也启动了中国社会近代化的进程。⑤ 以区域为主的研究有卢健一《清代闽台海防一体化思想的发展与实践》，从清代闽台区域的海防实践出发，探讨传统海防观向近代海防思想发展的过程，指出海防思想的中心是"师夷之长技以制夷"，对维新变法思想起到了开拓作用。⑥ 其《福州海防思想研究》一文，具体分析了海防思想对福州海防定位及建设的影响，指出明清时期福州地区的海防思想具有鲜明的反侵略特点。⑦

整体梳理与研究中国海防思想演变历程的有，海军学术研究所的《中国海防思想史》一书，梳理了中国海防思想的发展变化，以及重要

---

① 易泽阳：《明朝中期的海防思想研究》，解放军出版社 2008 年版。

② 郑坤芳、王玉冲：《嘉道时期海防思想的演进》，《江苏师范大学学报》（哲学社会科学版）2015 年第 4 期。

③ 王宏斌：《"防海新论"与同光之际海防大讨论》，《史学月刊》2002 年第 8 期。

④ 孙成华：《洋务运动时期海防思想研究》，博士学位论文，吉林大学，2009 年。

⑤ 戚其章：《晚清海防思想的发展及其历史地位》，《东岳论丛》1998 年第 5 期。

⑥ 卢建一：《清代闽台海防一体化思想的发展与实践》，《福建师范大学学报》（哲学社会科学版）2001 年第 4 期。

⑦ 卢建一：《福州海防思想研究》，福建省炎黄文化研究会·闽都文化研究——"闽都文化研究"学术会议论文集（下），福州，2003 年 11 月。

历史人物的海防思想。① 王宏斌《清代前期海防：思想与制度》则系统性研究了海禁思想、海防体制、战船修造制度、机动作战以及海防地理等问题。② 作者认为明清的海防思想变革主要是由明代的"重防其入"发展到清代的"重防其出"，整体上总结了两朝的基本海防思想格局。之后又出版了《晚清海防：思想与制度研究》一书，认为晚清海防思想中仍有多种保守性，落后于时代与社会经济的发展，同时也阻碍了中国军工近代化。③

以人物为主的海防思想研究，主要涉及胡宗宪、谭纶、俞大猷、施琅、林则徐、魏源、张之洞、李鸿章、左宗棠、沈葆桢、丁日昌、郑观应等，尤其对晚清人物的研究成果最多，其中关于李鸿章的研究成果最为丰富。谢茂发、李京波的《近三十年来国内晚清海防思想研究综述》一文对此已有较为详细的阐述。④ 除了上述人物，近年来开始重视研究王公贵族及地方士绅精英的海防思想，如苏小东《刘铭传的海防思想与实践——兼论台湾在中国海防中的战略地位》分析了刘铭传的海防思想及台湾海防建设问题。⑤ 成赛军《杨昌俊与清末海防》探讨了杨昌俊在台湾建省及海防事务中所发挥的建言作用。⑥ 陈贤波《论吴桂芳与嘉靖末年广东海防》分析了吴桂芳提督两广兼巡抚广东期间的海防思想及举措，⑦ 指出文官在海防体系中监督并配合地方海防军队，发挥监军职责。宋晓岩《奕䜣的海防思想研究》与庞冬冬《薛福成海防思想研究》，从中央王室到地方士绅精英阶层的角度出发，阐释

① 海军学术研究所编：《中国海防思想史》，海潮出版社 1995 年版。
② 王宏斌：《清代前期海防：思想与制度》，社会科学文献出版社 2002 年版。
③ 王宏斌：《晚清海防：思想与制度研究》，商务印书馆 2005 年版。
④ 谢茂发、李京波：《近三十年来国内晚清海防思想研究综述》，《东方论坛》2011 年第 5 期。
⑤ 苏小东：《刘铭传的海防思想与实践——兼论台湾在中国海防中的战略地位》，《安徽史学》2007 年第 1 期。
⑥ 成赛军：《杨昌浚与清末海防》，《军事历史研究》2008 年第 4 期。
⑦ 陈贤波：《论吴桂芳与嘉靖末年广东海防》，《军事历史研究》2013 年第 4 期。

了这两个阶层对海防建设的影响，认为奕䜣作为皇室的掌权者，其南、北洋及海防、塞防并重的认知对晚清的海防布局产生了重要的影响，①薛福成的防海思想在浙东抗法战役中发挥了重要作用，是海防思想传播及实践中的佼佼者。②

目前，以明清时期的海防职官为研究对象的成果并不多。其一，涉及沿海职官制度与行政区划的研究成果，主要有谭其骧先生的《中国历代政区概述》一文，论述了督抚制度的产生，③靳润成《明朝总督巡抚辖区研究》则进一步考证了明代督抚制度的发展与管理、职能等问题。④此外，潘询《明代抗倭官制考》系统研究了明代抗倭期间文武官员的设置及职能问题，对督抚、海道副使、海防佥事及海防同知等官员都有探讨，同时还分析了明代官制的设置变革对清代官制及行政区划的影响。指出明代海防厅的设立对清代海防同知的行政管理及海防厅的区划有重要的影响作用，认为明代各府同知涉及海防事务的都可以称为海防同知。⑤陈博翼的《防海之道：明代南直隶海防研究》，则以南直隶为研究区域，从军、兵两个方面，具体分析了海防所涉职官设置、各层级配合与实际指挥的制度运作。⑥关于清代海防职官，刘子扬《清代地方官制考》分析了清王朝入关前到晚清的一系列官制的沿袭与变革，简要叙述了管理海防的文武职官，但内容简略且不准确。⑦周勇进《清代地方道制研究》具体研究了明清道制的沿袭变革、职掌辖区、种类职衔、任用铨选等问题，指出道在清代真正成为省下、府（直隶州、厅）上的一种区划性设置，道的数量、种类及

① 宋晓岩：《奕䜣的海防思想研究》，硕士学位论文，河北师范大学，2012年。
② 庞冬冬：《薛福成海防思想研究》，硕士学位论文，河北师范大学，2015年。
③ 谭其骧：《中国历代政区概述》，《文史知识》1987年第8期。
④ 靳润成：《明朝总督巡抚辖区研究》，天津古籍出版社1996年版。
⑤ 潘询：《明代抗倭官考》，硕士学位论文，浙江大学，2004年。
⑥ 陈博翼：《防海之道：明代南直隶海防研究》，社会科学文献出版社2023年版。
⑦ 刘子扬：《清代地方官制考》，紫禁城出版社1988年版。

制度更加精简化。① 张德泽编著的《清代国家机关考略》考证了清代中央和地方的各级行政机关，对直隶厅和散厅的建制进行了简单的辨析，并在海防衙门章节中介绍了海防同知、通判的设置情况。② 朱波《聚岛为厅：清代海岛厅的设置及其意义》进一步分析了清代海岛厅的设置情形，认为海岛政区在清代之前已有出现，但废置无常，清代以来趋于稳定且数量增多，最终形成由海岛府、海岛厅、海岛县乃至后来的海岛省，共同构成的层级完备的海岛政区体系。③ 祝太文《清代浙江行政职官与海防关系研究》，则以地方行政职官为视角，分析了浙江省道府县各级行政官员的防海作用，认为以文制武的海防体系，虽然强化了沿海的防御力度，同时因"以陆制海"的思想所限，制约了军事力量的发展，使海防战略更趋保守。④

其二，以海防同知为研究对象，主要有廖伟章《"委黎多"和澳门同知考》探讨了澳门同知（海防同知）的设立背景、原因、时间以及与香山县的行政关系问题。⑤ 王宏斌《简论广州府海防同知职能之演变》则系统分析了广州海防同知（即澳门海防同知）的设立、铨选任用、职能变化等问题，指出在列强势力的不断侵剥下，后期广州府海防同知的任命已不再强调其特殊条件，对澳门的管理职能也逐渐丧失，海防职能已经逐渐淡化，甚至可有可无。⑥ 林旭鸣《明清广东海防同知研究》整体阐释了明清时期广东各府海防同知的设立、职能及铨选任用等问题，指出康熙朝中后期已经开始改变明代同知的设置原则，从因事添设改为因地而设，同时雍正时期的东南海疆政策，对海防同知的职能转变起到了重要的影响作用。此外，海防同知作为军事防御的

① 周勇进：《清代地方道制研究》，博士学位论文，南开大学，2010 年。
② 张德泽：《清代国家机关考略》，中国人民大学出版社 1981 年版。
③ 朱波：《聚岛为厅：清代海岛厅的设置及其意义》，《海洋史研究》2020 年第 14 辑。
④ 祝太文：《清代浙江行政职官与海防关系研究》，光明日报出版社 2016 年版。
⑤ 廖伟章：《"委黎多"和澳门同知考》，《广州研究》1985 年第 5 期。
⑥ 王宏斌：《简论广州府海防同知职能之演变》，《广东社会科学》2012 年第 2 期。

补充建制，在不需要消耗太多财政的同时就可以起到积极的防海作用。① 此外，刘灵坪《清代南澳厅考》对南澳厅"海防军民同知"的设置原因及其属性进行了研究，指出南澳厅作为县一级的行政区划，是属于福建漳州府和广东潮州府共管的散厅。② 杨丽婷《清代杭州府海防同知与钱塘江海塘》探究了杭州海防同知的设置、铨选、职能、辖属等问题，指出杭州府海防同知是专门负责海塘一事的佐贰官，只拥有对所属兵丁的调用权，各汛官兵仍属海防兵备道统辖。同时指出杭州海防同知的铨选，通常需要具有治水及沿海地方任职的经验。③ 吕俊昌《清代前期厦防同知与闽台互动关系初探》，具体分析了厦防同知的设立背景、过程、职能以及与台防同知之间的协调配合等问题，指出厦门在闽台交流中居于枢纽地位，厦防同知的职能是清廷"为防海而治海"统治理念的体现。④

　　整体来看，学界关于明清海防问题的研究取得了丰富成果，但也存在明显不足。

　　其一，研究对象以军事防御为主，视野较为局限。当前的研究，主要集中于分析海防制度、海防人物思想、海防军事史、海防地理等，基于军事需求及其发展视角，分析某一或某些海防举措的成效与影响，如卫所等军事防御体系的建设，但是对地方行政制度中海防文职官员的作用关注不足。形成这一现象的原因，首先是没有对明清时期的"海防"认知进行系统梳理，通常将明清时期的海防视为军事防御，导致对相关概念认知不完整，进而对行政系统中海防职官的研究相对较少，影响了海防研究的广度与深度。

① 林旭鸣：《明清广东海防同知研究》，硕士学位论文，广东省社会科学院，2015 年。
② 刘灵坪：《清代南澳厅考》，《历史地理》2010 年第 24 辑，上海人民出版社 2010 年版。
③ 杨丽婷：《清代杭州府海防同知与钱塘江海塘》，《浙江水利水电学院学报》2017 年第 4 期。
④ 吕俊昌：《清代前期厦防同知与闽台互动关系初探》，《社会科学辑刊》2014 年第 1 期。

其二，对研究对象的实际影响与作用重视不足，研究不充分。在当前的研究中，更多的是对明清时期海防体制的探讨，至于这一体制，无论是全国性的还是地方性的，如何发挥作用，发挥了怎样的作用，通常研究不深入。在潜意识中，默认这些海防举措发挥了设计之初的要求，并对其利弊影响做一个整体性评价。这就存在两个方面的问题，一是没有以长时段视野来观察体制的运作，二是没有深入地方需求的变化来分析海防举措的成效与影响。或者仅是从某一方向来进行探讨，如贸易、缉盗等，这样孤立的研究案例并不能够相对完整地呈现明清时期的海防形态与海洋治理需求。

其三，关于海防职官的研究，关注不足，研究不深。目前，关于海防职官的研究，主要以少数海防同知为研究对象，研究区域小、研究时段不足，不能充分探讨明清时期海防文职官员的设置、运作对沿海治理的影响。概言之，一是未能梳理整个海防行政体系的形成、演变与运作；二是没有探讨海防文职官员的置废、职能、分布与管理能力及所遇到的问题，且未深入论述海防行政职官在沿海社会治理中，所能发挥的作用以及存在的问题；三是缺乏对不同时段与区域的海防职官的设置及功能进行对比研究，从中揭示明清时期防海与治海的时空差异。

总之，明清时期正值西方国家在全球进行殖民扩张，中国亦处于朝代交替之际，深受内乱、倭患、海盗及西方殖民者的影响，海洋安全形势恶化。在此情形下，为了御外敌、平内乱、治海洋而大量设置专职海防职官，并在地方行政体系中增设具有"海防"衔的官员。通过梳理史料可知，明清时期设置了为数不少的海防文职官员，从督抚司道至同知、通判，其中又以海防同知为重，设置数量多分布范围广，明清政府以之管理海洋，重塑海洋秩序，维护沿海社会的安全稳定。这些海防职官的核心职责是治理沿海，如巡视海洋、缉盗护商、监管岛礁、修筑海塘、保障民生与对外交涉等，是国家海洋政策制定的重要参与者和执行者。这一群体的出现与演变，能够完整呈现明清政府与社会对海洋的认知、管理、诉求及其转型发展。当前，学界对明代以来设置大量专职海防职官的政策与行动缺乏重视，且尚未系统性地分析这些职官在沿海治理中的运作与成效。

第二节　研究目的、对象、范围、方法和基本架构

一　研究目的、对象与方法

（一）研究目的

对中国古代边疆治理的实践及得失研究，有助于深入分析历史时期边疆治理取得的成效以及存在的问题，从而为国家治理与维护海陆权益提供历史经验。地方官员是国家治理政策制定与实施的重要参与者，本书从明清时期沿海治理的实践及得失角度出发，以明清时期行政体系中执行海防事务的文官为研究主体，基于明清时期国家治理沿海区域的需求，系统梳理海防行政体系的形成与演变，主要包括明代以来海防职官的产生背景、置废兴替、历史沿革、空间分布与职能演变，并结合具体案例分析海防职官在沿海治理过程中的角色、地位、作用与影响，进而揭示我国明清时期的沿海治理运作及其成效，进一步完善今人对明清时期的防海与治海需求的认知。

（二）研究对象

参与明清时期海防事务的职官，分为文职与武职两大类。在武职中也存在一定数量的文员参与防海，而本书的研究对象为沿海各省所设的专职防海的文职官员。具体而言，在本书中，根据明清时期的防海需求，海防的定义比较宽泛，凡是涉及对沿海地区进行军政事务管理的行为，都可以视为海防活动。因此，通常情况下，沿海府州县的

行政职官都会涉及防海事务，但大多不是职司海防的专职官员，对国家海洋政策的执行都是临时性的，并不能充分体现明清时期的海防需要与治理需求，所以不在本书的讨论范围之内。

在明清时期设置的专职防海的行政职官有海防督抚、海防道与海防同知、通判，而能够长期执行国家海防政策的为府州分防的佐贰官，即海防同知。从督抚司道到同知、通判，这些官员通常携有"海防"关防印信，是严格意义上的行政体系中的海防文职官员。需要说明的是，海防同知有广义和狭义两种。从广义来讲，沿海地区各府州的同知，或多或少都有防海的职能，也可以泛称为海防同知，这种现象常见于设置之初的明代；狭义的海防同知则是朝廷颁给"海防"职衔，具有海防关防的同知，此类同知长期负责海防事务，在清代还会兼衔水利、盐捕、抚黎、理番等，但仍称之为海防同知。总之，本书的研究对象为拥有"海防"关防印信的地方行政职官。

（三）研究范围

本书的研究范围分为两部分。首先，在空间上为"沿海"地区，即根据明清时期地方行政体系中海防职官管辖范围的特征，所界定的北起辽东半岛南至北部湾的沿海府厅州县，以及这些地方行政海防职官所管辖的近海地区；其次，在时间上为明清时期，主要集中于明嘉靖时期至清末。因为海防成为国家重点关注对象，始于明初，而嘉靖时期的大倭乱是海防环境恶化以及改变明政府海防认知进而调整政策的重要因素。也正是自此之后，明政府在地方行政系统中增设海防职官，建立起了一整套管理的制度体系，专理防海与治海问题，并由明及清，延续至清末，对中国历史时期沿海的管理与治理以及今天的海洋意识，产生了重要的影响。

（四）研究方法

本书主要以传统历史学的研究方法，基于明清档案、方志、实录等官方资料，以及时任官员的著述、今人的资料汇编等，考证行政体系中海防职官的置废，梳理相关体系的演变历程，并结合具体案例，辩证分析和阐释明清时期地方行政系统中，海防职官在海洋治理中所发挥的作用，以及存在的问题与不足之处。

二 基本架构

本书的研究结构，在绪论之外分为七章。

第一章，"海洋环境与海防需求"。古人之所以说历代未有海防之事，有之自明始，而严防于嘉靖，是因为明清时期正处于西方开启全球殖民的浪潮之中，不管中国是否愿意卷入其中，都不可忽视世界局势的悄然变化对明清政权的影响。此外，日本国内的战乱所引发的倭寇侵扰问题，也在这一时期爆发。而此时的国内，继嘉靖万历倭乱之后，清初的三藩与台湾问题，带来了社会的动乱与海洋危机。晚清之后，西方列强的入侵，更是根本性动摇了清政府的海防体系，给沿海治理带来了巨大的冲击。在这一过程中，伴随海洋政策的调整，海潮侵蚀问题引起政府的重视，盗寇问题同样日渐灼炽。在内外海洋环境变迁的历史背景下，海防成为明清政府地方治理中的要务，也是在行政体系中增设专职海防职官的主要因素。

第二章，"海防职官的设置与调整"。海防之事有轻重缓急之分，海洋治理则是管理海洋地区的常态。明清以来，在不同时段不同区域，因海防环境与需求的不同，地方行政体系中设置的各级海防职官，既存在职级上的功能差异，又存在同级之间的时间与空间差异。作为新构建的海防职官体系，需要经过不断的调整以符合不同时段、区域的防务与治理需求。

第三章，"海防同知的设置与裁改"。海防督抚司道，不是直辖地方的官员，具体负责日常防务与海洋地区治理的，主要是府州的海防同知等佐贰官。明清时期的海防环境与治理需求的差异，使沿海设置了大量的海防同知，所谓"因事添革，量地置员"，并没有明确的设置属地与数量的规定，因而海防同知的设置与裁改，具有因时而异的针对性特征。

第四章，"海防行政职官的类别、职能及其时空演变"。防海与治海，是明清时期设置海防行政职官的主要目的，这也决定了海防环境的变化影响需求的变化，而需求的变化又会促进这一职官体系的调整，使海防职官的职能逐渐形成一定的时间与空间差异。海防督抚是地方最高的军政长官，海防道是监察性质的职官，海防同知、通判则是执行具体防海与治海任务的基层职官。不同的地位与角色，使各级官员有着明显的设置特征与演变历程。

第五章至第七章，从军事防御、民生需求与商业外事三个方面，结合具体案例，讨论以海防同知为主的府级海防职官，如何进行治理沿海的实践问题。从当前学界的研究情况来看，基于海防需求与结果的分析，从国家发展层面，对明清时期的防海与治海政策，整体上持否定的评价。但是，如果从地方需求的角度来看，防海政策中的对内表现，其积极与消极的作用，需要我们具体分析，这样才有利于我们界别历史中防海与治海的经验与教训。

第一章　海洋环境与海防需求

明清时期，随着海洋环境的变化，海防成为历朝历代以来的要务。倭寇、洋盗、西方列强给明清时期的海洋环境带来了长期的威胁。为了保障沿海社会的安全稳定，维护政权的统治，以及满足地方百姓的生活与生存需求，明清政府制定了相应的海洋政策，并对沿海的防御体系进行了调整。与此同时，为了更有效地治理沿海社会，专职防海的地方行政官员应运而生。

第一节　明清时期的海洋环境

一　明代的海洋环境

"倭寇"的出现与侵扰，对明代的海疆安全造成了巨大的威胁。对于由元代以来形成的倭患问题，明太祖朱元璋计划建造舟师征伐日本，同时遣使诏谕日本国王，敕谕该国协助解决相关问题。洪武三年（1370），以莱州府同知赵秩为使，持诏往谕日本，就倭寇问题诘问日本国王，"倭夷出没海滨为寇，已尝遣人往问，久而不答，朕疑王使之故扰我民"①。在得知并非日本国王授意之后，朱元璋暂停了建造舟师

---

① 《明太祖实录》卷50，洪武三年三月戊午，台北："中央研究院"历史语言研究所1984年版，第988页。

的计划，停止了征伐之议。

对于来自海外的威胁，朱元璋认为，"海外蛮夷之国，有为患于中国者，不可不讨，不为中国患者，不可辄自兴兵"①，一是兴兵征伐劳民伤财，二是得其地纳其民不足以守，就像隋炀帝征伐琉球，不过徒慕虚名，反被后世讥讽。鉴于历史的教训，对于海外不为患中国者，明政府决不采取征伐之策。然而劝谕日本国王的政策并没有取得相应的效果，濒海州县屡被倭害，官军逐捕，往往不能泛舟追击。再者，朱元璋认为日本倭寇之所以屡屡寇边，是因为胡惟庸与之暗通，图谋不轨，所以御外患要与治内乱相结合。此外，明初还面临着反明势力的威胁，与朱元璋争夺政权的方国珍败退后，携其部众"逃于海上，犹欲观望成败"②，对明王朝的威胁仍然存在。与此同时，西方殖民者亦在中国周边活动，"使臣有还自东南夷者，言诸番夷多遁居海岛，中国军民无赖者，潜与相结为寇"③。

在此背景下，沿海的安全形势日渐趋紧，如《明史》所述："沿海之地，自广东乐会接安南界，五千里抵闽，又二千里抵浙，又二千里抵南直隶，又千八百里抵山东，又千二百里逾宝坻、卢龙抵辽东，又千三百余里抵鸭绿江。岛寇倭夷，在在出没，故海防亦重。"④ 为了应对反明势力与倭寇、西方殖民者勾结，威胁明政权，明朝廷一方面在沿海广设卫所，增强军事防御力量；另一方面施行禁海政策，如洪武十四年（1381）"禁濒海民私通海外诸国"⑤，洪武二十七年（1394）

---

① 《明太祖实录》卷68，洪武四年九月辛未，台北："中央研究院"历史语言研究所1984年版，第1277页。

② 《明太祖实录》卷28上，吴元年十二月丁未，台北："中央研究院"历史语言研究所1984年版，第426页。

③ 《明太宗实录》卷12上，洪武三十五年九月戊子，台北："中央研究院"历史语言研究所1984年版，第209页。

④ 《明史》卷91《兵三》，中华书局1974年版，第8册，第2243页。

⑤ 《明太祖实录》卷139，洪武十四年十月己巳，台北："中央研究院"历史语言研究所1984年版，第2197页。

又因"海外诸夷多诈，绝其往来，唯琉球、真腊、暹罗许入贡，而缘海之人往往私下诸番贸易香货，因诱蛮夷为盗"，下令"禁民间用番香番货"①，以此断外货之销路。永乐初，明政府调整朝贡政策，日本获得朝贡之资，但以倭寇所阻为借口，数年不来。永乐帝认为这是"居海东蕞尔之地，乃凭恃险阻，肆为桀骜"②，在暗地里行狗盗鼠窃之举。永乐十七年（1419），总兵官刘江全歼入犯辽东的倭寇，"自是倭大惧，百余年间，海上无大侵犯"③。

明政府虽然禁止民间交易，但是允许官方间进行朝贡贸易。自永乐元年起（1403），依洪武初制，在浙江、福建、广东设市舶提举司，隶布政司，管理朝贡贸易。中外贸易关系的保持，一定程度上缓解了"海禁"政策带来的中外矛盾，再经过望海涡一役，海洋环境趋于宁谧。直到嘉靖二年（1523），由于日本使臣之间在宁波发生了争供事件，嘉靖皇帝关闭市舶司，中止了中日之间的贸易往来。嘉靖十八年（1539），日本复求来贡，明政府允之，但是做了严格限制，规定"以后入贡舟无过三艘，夷使无过百人，送五十人京师"。但是日本等不及贡期，派遣周良为使，以六百人来朝，驾船四艘，违反了规制。周良给出的原因是，"贡舟高大，势须五百人，中国商舶入夷中，往往岁匿海岛为寇，故增一艘者，护贡舟也"④，并非有意违反定制。明政府对日本朝贡人数船只的限制，显然并不能满足日本的需求，这也为日后形成大规模的倭乱问题，埋下了伏笔。

与此同时，日本在1336年之后进入南北朝时期，南北阵营之间的征伐，使大量武士及失业流民迫于生计，成为行劫海上、侵扰我国海

---

① 《明太祖实录》卷231，洪武二十七年正月甲寅，台北："中央研究院"历史语言研究所1984年版，第3373页。

② 《明太宗实录》卷193，永乐十五年十月乙酉，台北："中央研究院"历史语言研究所1984年版，第2036页。

③ 《明史》卷91《兵三》，中华书局1974年版，第8册，第2244页。

④ 《明世宗实录》卷349，嘉靖二十八年六月甲寅，台北："中央研究院"历史语言研究所1984年版，第6322页。

域的"倭寇"。到 15 世纪，日本进入战国时代，各地封番相互征伐，战争中败逃的武士及失业流民又不断加入倭寇势力中。日本各番为了增强各自的势力，对此给予支持，最终形成嘉靖倭乱。随着沿海防御形势的迅速恶化，倭寇劫掠沿海的局势逐渐失控，明朝廷被迫采取一系列措施抵御倭寇的侵扰，经过嘉靖三十二年至三十六年间（1553—1557）的大力剿捕之后，倭寇的威胁大为缓解。嘉靖四十年（1561）之后，东南沿海较大规模的倭寇团伙基本被剿灭，至隆庆和万历时期，"倭寇的入侵明显减少，只有小股倭寇在东南沿海一带骚扰。"①

万历时期，丰臣秀吉重新统一日本之后，个人野心膨胀，意图占领朝鲜入侵明境。万历二十年（1592）倭寇朝鲜，东北海疆处于防务危机之中。兵科署科事徐成楚指出，先年倭患多在东南，目的仅是劫掠财物，而今舍东南直趋东北，屯田筑舍，是舍肢体而攻腹心，对明政权的安危产生了更直接的威胁。再者，嘉靖时期的倭乱，人数大抵不过数千，现今则动辄以十数万计，人数更众。丰臣秀吉举日本国力进犯，其性质已经不同于嘉靖时期的倭乱。朝鲜危机，构成了辽东、山东、京畿区域的海防危机，"朝鲜，天朝之属国，辽左之籓篱也"，"登莱系山东门户，天津亦神京肘腋"②，其重俱不在辽左之下。渤海湾地区作为京畿门户，其防御成效关系着首都腹里的安全。因此，明廷出兵朝鲜，协同朝鲜政府共同抵御日本侵略，在万历二十六年（1598）击退日本之后，海疆形势才得以缓解。但是对于明廷来说，好景不长，辽东女真部族——建州女真首领努尔哈赤从万历十一年（1583）开始逐渐统一女真各部，并在万历三十四年（1606）以"七大恨"正式叛明，宣布建立后金政权，渤海湾的海防形势再次趋紧，直到明朝覆灭。

---

① 杨金森、范中义：《中国海防史》，海洋出版社 2005 年版，第 285 页。
② 《明神宗实录》卷 296，万历二十四年四月己未，台北："中央研究院"历史语言研究所 1984 年版，第 5519 页。

　　除了倭寇之外，长期威胁沿海社会安全的，还有与倭寇勾结的沿海海盗。海盗的形成需要具备一定的条件，一是贫困的生活环境，二是个人的贪婪，三是外部力量的干涉，四是适合海盗活动的海洋地理环境，五是繁茂的海上商渔业活动等。[①] 嘉靖时期，海盗头目王直、毛海峰等，"以近年海禁大严，谋利不遂，故勾引岛夷为寇者"，成为沿海乱源之一。明长期以来施行严格的禁海政策，在有限的朝贡贸易之外，民间泛海贸易被禁止，这也造成沿海百姓无法依海谋生，引起了巨大的社会矛盾。后汪直等有意归附，提出协助明军御倭，但条件之一是希望明政府能够开海禁，互市通贡。明政府对此格外慎重，言之"朝廷自有非常恩赉，其互市通贡，姑俟蒋洲回日（注：蒋洲为浙直总督胡宗宪派遣日本的使臣），夷情保无他变，然后议之"[②]。倭平之后，明政府吸取历史教训，行隆庆开关之举。但是月港一口根本无法满足民间的贸易需求，倭寇虽灭，海盗劫掠事件仍不绝于史。

　　从全球视野来看，西方国家在大航海时代来临之后，开始进行殖民贸易，并将目光投向中国。如正德年间，佛朗机（西班牙）占据满刺加国（马六甲）而据其地，遣使加必丹木等入贡。礼部拒绝佛朗机朝贡，还其贡使。明政府给出的理由是，"佛朗机非朝贡之国，又侵夺邻封，犷悍违法，挟货通市"，疑有窥伺中国之心，命令沿海镇巡等官将其驱逐出境，申明"自今海外诸夷及期入贡者，抽分如例，或不赍勘合，及非期而以货至者，皆绝之"[③]。明政府在注意到西方的威胁之后，进一步收紧了朝贡制度。

　　朝贡贸易的管理，同样存在诸多问题。其管理者利用职权之便，

---

　　① ［英］彼得·莱尔：《全球海盗史：从维京人到索马里海盗》，于百九译，广东人民出版社 2022 年版，第 238—247 页。

　　② 《明世宗实录》卷 434，嘉靖三十五年四月甲午，台北："中央研究院" 历史语言研究所 1984 年版，第 7480 页。

　　③ 《明世宗实录》卷 4，正德十六年七月己卯，台北："中央研究院" 历史语言研究所 1984 年版，第 208 页。

"每值东西洋船私寄数金，归索十倍，稍不如意，则诬为漏税，一物相混，动费千金，拷掠之毒，怨尽骨髓"。并私遣人丁四出越洋贩卖，借国用之名而入私囊。万历三十二年（1604），因福建抚按二职并缺，税监高采乘机私令潘秀等在大泥国勾引红夷，许以澎湖通市。后虽拒逐，但"红夷无岁不窥彭湖矣"①。红毛夷即荷兰人，以前不通中国，中国与荷兰之间的贸易，主要是每年由闽商引贩大泥国（处于马来半岛的苏丹国）等地，荷兰人就彼地转贩。自万历甲辰潘秀之事以来，朝贡不行，夷滋怨望，"大发夷众，先攻吕宋，复攻香山"，后俱为所败，不敢回国，于是"流突闽海彭城湖而据之"②，要挟互市贸易。后荷兰人来者日多，筑礼拜寺于城中，企图长久占据，"进足以攻，退足以守，俨然一敌国矣"。澎湖的位置，处于南北海上交通要道之上，"夷据中流，鱼船不通，米价腾贵"③，沿海百姓又以通夷为生，内外勾结，滋生盗患。再者沿海驻防将弁，营私舞弊，防御废弛，甚至诡言红夷恭顺，希望与之互市牟利，防务危机久存不散。

对于长期以来的海盗、倭患与夷人之防屡禁不止的问题，福建巡抚南居益认为：

> 海土之民以海为田，大者为商贾，贩于东西洋，官为给引，军国且半资之，法所不禁，乌知商艘之不之倭而之于别国也。其次则捕鱼舴艋不可以数计，虽曰禁其双桅，巨舰编甲连坐，不许出洋远涉，而东番诸岛乃其从来采捕之所，操之急则谓断绝生路，有挺而走险。耳闻闽越三吴之人，住于倭岛者，不知几千百家，

---

① 《明神宗实录》卷440，万历三十五年十一月戊午，台北："中央研究院"历史语言研究所1984年版，第8362—8363页。
② 《明熹宗实录》卷33，天启三年四月壬戌，台北："中央研究院"历史语言研究所1984年版，第1682页。
③ 《明熹宗实录》卷37，天启三年八月丙戌，台北："中央研究院"历史语言研究所1984年版，第1928—1928页。

与倭婚媾、长子孙，名曰唐市，此数千百家之宗族姻识，潜与之通者，实繁有徒。其往来之船，名曰唐船，大都载汉物以市于倭，而结连崔符出没泽中，官兵不得过而问焉。即两汛戒严，间有缉获，而穷海鲸窟，焉能尽歼。夫我之防倭，防通倭之奸，已若是乎不易为力矣。而又益之以红毛夷，奸人群而附之，教倭助夷，引夷附倭。夷以所得接济汉物尽数赂倭，倭复以耽汉物之心尽力助夷，而夷与倭及海中之寇合并，以成负隅之势。我百方抽选，仅得兵若干名，彼一呼而枭獍四集，数每倍蓰。我百方挽运，糗粮莫继，惟若不足。彼因倭因盗翻见有余，是以逾年相持，不能有加。非去夷之难，去倭与寇之难也。①

据南居益所言，沿海百姓以海为生，而禁海政策绝其生计，社会矛盾激化。因此沿海之人多潜往海外，既与倭寇相结合，又与夷人相串联，形成负隅顽抗之势，以致为乱海疆。海患不靖的原因，除了明政府的海洋政策影响之外，还与明政府的设防问题有着直接关系。

以福建为例，兵部尚书冯嘉会曾言，"闽昔患夷，今乃患寇，昔患贼与贼合，今患贼与民合，且与兵合"。所谓贼与民合，是因"内地奸宄窟海为生，始而勾引，既而接济，甚至代为输转，所谓贼与民合者故也"。后因缺饷，裁撤新兵，"凡新兵，皆市井亡命狗吠而鸡鸣者，一隶行伍，心胆益粗，撤之使去，去将安适，计有浮梁剽掠而已。其与我兵向皆熟识，以其类群间同猫鼠"，又形成贼与兵合之势。再者，"闽北自沙埕，南达南澳，上下几二千里。其人皆沿海而居，烟火相连，市镇互错，贼无时无处不可焚掠"。而兵防疏若晨星，彼此之间难以应援兼顾，"即欲合令夹击，而彼已扬帆于穷岛绝屿之外"，难以应对。与此同时，"负山阻海，地瘠民贫"的东南地区，"田园甚稀，额

---

① 《明熹宗实录》卷58，天启五年四月戊寅，台北："中央研究院"历史语言研究所1984年版，第2661页。

征有数"①，兵饷匮乏，军力难以补充，器械难以更换置办，防御力量严重弱化。晚明之后，辽东之乱与农民起义，又使明政府更加无暇顾及海洋防御。

整体来看，明代的海洋环境，在明初有反明势力与倭寇的影响，后随着明政府对沿海反叛势力的肃尽，以及经过望海涡一役对倭寇的打击，中外贸易关系的保持造就了明前期一段海不扬波的平静之期。然而嘉靖时期，因朝贡之争及日本内乱，东南沿海遭受十余年的盗寇之扰。至万历中期，丰臣秀吉又觊觎中华兵寇朝鲜，造成东北海疆危机。此外，西方列强对东南海疆的威胁日益趋紧，荷兰、西班牙、葡萄牙等从嘉靖时期开始，多次入侵沿海地区，给明政府带来了较大的防御压力，成为海防的重要对象。②

从明代海疆危机产生的原因来看，无论海盗、倭寇还是西方殖民者，其所求的是依海谋生与互通有无。然而自明初以来，为了使沿海社会稳定，朱元璋严禁百姓私自出海，杜绝内外联系，并将这一政策定为祖制。但是，随着国内外形势的发展，只允许朝贡贸易的海洋政策，严重抑制了沿海百姓的生存需求，以及海外国家的贸易诉求，引起了巨大的内外矛盾。故而终明一代，海洋的安全环境始终没有得到有效解决。

二 清代的海洋环境

在康熙二十二年（1683）将台湾纳入版图之前，清初的海洋环境长期处于动乱之中。在这一时期，清政府所面对的海上威胁：一是逃至海上的反清势力，二是明末以来的海盗，三是南明势力的持续抵抗，其中势力最强者为奉明朝为正朔的台湾郑氏集团。

---

① 《明熹宗实录》卷78，天启六年十一月戊戌，台北："中央研究院"历史语言研究所1984年版，第3795—3797页。

② 杨金森、范中义：《中国海防史》，海洋出版社2005年版，第321—345页。

郑芝龙降清之后，郑成功招兵买马收编反清势力，占据小金门誓师反清。顺治四年（1647），郑氏领兵攻打海澄、围泉州城，顺治五年（1648）攻克同安县，再次围泉州城，后清军援军解围。顺治六年（1649），郑成功挥军南下，先后攻打闽南、粤东地区，围潮州不克后撤回闽南。顺治七年（1650），郑成功取厦门，以之作为反清基地。同年，清政府派平南王尚可喜、靖南王耿继茂攻入广州，郑成功南下援防，先后进兵南澳、惠东地区。顺治八年（1651），清军围攻厦门，郑成功回防。顺治九年（1652），郑成功围漳州城，后因清军驻防泉州城而撤军。同年，清政府令郑芝龙招降郑成功，"宣布朕之诚意，遣人往谕成功及伊弟郑鸿逵等知悉"①。顺治十年（1653），清政府再次招降郑成功，并许诺封为海澄公，给靖海将军敕印，允许驻兵泉、漳、惠、潮四府，给予兵饷钱粮，并赋予选官任官之权。但"收取洋船课税，仍交布政使司解京，地方官评民事词讼钱粮等项，俱系有司职掌，自有督抚管理，尔不得干预"。郑成功生疑不降，顺治帝谕旨解释，"用人莫疑，疑人莫用。朕因不疑，故授尔以封爵，委以海上之事。如有所疑，岂肯加封委任"②。招降之事，最终不了了之。

顺治十一年（1654），郑成功配合南明李定国进攻广州失败，进军兴化地方，并攻入漳州。福建巡抚佟国器奏报，"海逆郑成功反谋既决，遂袭入漳州，连陷各邑，复围泉州，势及兴化"，奏请援军进巢，"并敕广东南赣督抚，调发潮州水师直抵厦门，与闽师首尾夹击，贼势莫支，则海氛可靖"③。顺治十二年（1655），因清军围攻厦门、金门等地，郑成功攻入舟山。顺治十三年（1656），郑成功久不归降，清政

---

① 《清世祖实录》卷69，顺治九年十月丁未，中华书局1985年影印本，第3册，第543页。

② 《清世祖实录》卷79，顺治十年十一月戊戌，中华书局1985年影印本，第3册，第621—622页。

③ 《清世祖实录》卷87，顺治十一年十一月乙亥，中华书局1985年影印本，第3册，第688页。

府怀疑郑芝龙暗通信息，密除郑芝龙。① 郑芝龙及其家人被杀之后，郑成功反清意决。顺治十五年（1658）郑成功开始北伐，顺治十六年（1659）包围南京，但是兵败退回厦门。北伐失败之后，郑成功计划收复台湾，以之作为反清根据地。顺治十八年（1661），郑成功驱逐占据台湾的荷兰殖民者。同年，清顺治帝驾崩，康熙皇帝即位。

康熙朝初期，清政府的海洋安全环境开始发生变化。郑成功收复台湾之后的第二年去世，其位由子郑经继承，继续从事反清活动。除台湾郑氏之外，原平南王、靖南王因清政府施行削藩而反叛。康熙十三年（1674），敕兵部传谕靖南王耿精忠，"乃不意近为逆贼吴三桂诱惑，煽乱地方，弃累世之忠贞，构一旦之狂举，既干国法，复坠家声"，但念及祖上之功以及尽早平叛，若"投诚自归，将侵犯内地海贼，速剿图功，即赦免前罪，视之如初"②。康熙十五年（1676），靖南王耿精忠、平南王尚之兴先后降清。这一时期，南明势力已亡，三藩仅剩吴三桂一支。来自海洋的威胁，主要是台湾郑氏集团。

在三藩之乱之际，郑经派兵先后进攻福建、广东沿海，泉州、漳州、潮州、惠州等府县先后落入其手。康熙十五年，郑锦遣许耀率兵三万余人直逼福州，清军败之。③ 康熙十六年正月（1677），清军收复沿海泰宁、建宁、宁化、长汀、清流、归化、连城七县及汀州府城。④ 同年三月，清军攻克泉州府，败郑锦于兴化，"宁海将军喇哈达等统率大兵，于二月二十日抵漳州，遂复府城及海澄等十县，闽地悉平"⑤。

---

① 《清世祖实录》卷108，顺治十四年三月乙丑，中华书局1985年影印本，第3册，第850页。

② 《清圣祖实录》卷48，康熙十三年六月甲午，中华书局1985年影印本，第4册，第624—625页。

③ 《清圣祖实录》卷64，康熙十五年十一月丙戌，中华书局1985年影印本，第4册，第820页。

④ 《清圣祖实录》卷65，康熙十六年正月甲辰，中华书局1985年影印本，第4册，第836页。

⑤ 《清圣祖实录》卷66，康熙十六年三月庚辰，中华书局1985年影印本，第4册，第844页。

同年，投降之后的尚之信统兵收复惠州。① 康熙十七年（1678），郑氏派军进攻海澄，清康亲王进军漳州，协防海澄等处。② 同年，郑军攻漳州，总督郎廷相请调江南浙江广东三省满汉官兵赴援漳泉，并调三省水师战舰，于福建招募水卒攻取厦门。清政府调兵援漳州之后，解海澄之围。③

漳泉诸郡收复之后，厦门金门仍为郑氏所据。清政府计划"规取厦门金门二岛，以图彭湖台湾"，因兵力不足，欲借助荷兰势力，"特谕荷兰国王，令具夹板船二十艘，载劲兵协力攻取二岛"。但荷兰国舟师不能确定来日，计划未成。④ 康熙十九年（1680），清军集大兵攻入厦门金门，郑氏据守台湾。康熙二十年（1681），郑经死，其子郑克塽继任延平王位，内部局势不稳。时三藩之乱已平，福建总督姚启圣认为可以启动收复台湾的计划，起复施琅统兵平台。康熙二十二年（1683），"特命施琅为水师提督，统领舟师。并饬该督调度会商，相机征剿"⑤，攻取澎湖。因水师主力被灭，台湾岛无法防守，同年七月，郑克塽降清。

在台湾郑氏存在的时间内，沿海其他反清势力与之相合。如尚之信所称"张荒、伪总兵谢琅等，及海贼杜起龙环攻廉州"⑥。福建总督姚启圣所奏"伪总兵廖瑛、黄靖等，率众踞水晶坪，联络山海贼寇，

---

① 《清圣祖实录》卷68，康熙十六年七月庚子，中华书局1985年影印本，第4册，第872页。

② 《清圣祖实录》卷72，康熙十七年三月癸酉，中华书局1985年影印本，第4册，第919页。

③ 《清圣祖实录》卷73，康熙十七年四月庚寅，中华书局1985年影印本，第4册，第937页。

④ 《清圣祖实录》卷79，康熙十八年正月甲戌，中华书局1985年影印本，第4册，第1010页。

⑤ 《清圣祖实录》卷111，康熙二十二年七月癸未，中华书局1985年影印本，第5册，第130页。

⑥ 《清圣祖实录》卷74，康熙十七年六月壬辰，中华书局1985年影印本，第4册，第953页。

为害地方"①。在郑氏攻漳州海澄时期，"高雷廉三府逆贼肆行，兼之海贼杨二侵扰沿海之地"② 等。海洋环境长久不宁。

整体来看，在康熙二十二年统一台湾之前，对清政府而言，整个沿海地区长期面临台湾郑氏的威胁，"郑逆自闽而广而浙而江南，摇乱我人民，蹂躏我土地"③，战乱不断、兵戈不止，海疆不宁。正如总督陈锦云："浙东舟山海寇及各山寨之寇，皆以故国为名，狼狈相倚。海寇登岸，则山寇为之接应；山寇被剿，则入海以避兵锋。交通闽、粤，窥伺苏、松，久为东南之患。"④ 海寇配合郑成功对沿海地区的侵袭，让清政府疲于应对，顺治皇帝在上谕中就指出"海逆郑成功等，窜伏海隅，至今尚未剿灭，必有奸人暗通线索，贪图厚利贸易往来，资以粮物，若不立法严禁，海氛何由廓清"⑤，海防形势的严峻程度可见一斑。

康熙朝开禁以后，海盗的劫掠成为沿海防御的重点。康熙皇帝在上谕中云，"即如海防，乃今之要务"⑥，而海防的主要防御对象即海盗匪寇。⑦ 如康熙末年至同治时期，台海地区先后发生五次大规模匪乱，分别是：朱一贵叛乱事件，起自康熙六十年（1721）四月，终至同年六月；林爽文叛乱事件，起自乾隆五十一年（1786）十一月，终至五十三年（1788）二月；蔡牵叛乱事件，起自嘉庆五年（1800）（按：本年开始劫掠台湾），终至十四年（1809）；张丙叛乱事件，起自

---

① 《清圣祖实录》卷 80，康熙十八年三月甲寅，中华书局 1985 年影印本，第 4 册，第 1020 页。

② 《清圣祖实录》卷 76，康熙十七年八月丙戌，中华书局 1985 年影印本，第 4 册，第 974 页。

③ 佚名：《皇清奏议》卷 13《敬陈海氛善后事宜》，《续修四库全书》史部，上海古籍出版社 2002 年版，第 473 册，第 128 页。

④ 魏源：《圣武记》卷 8《国初东南靖海记》，《魏源全集》，岳麓书社 2005 年版，第 3 册，第 327 页。

⑤ 张伟仁主编：《明清档案》顺治十三年六月十六日，台北："中央研究院"历史语言研究所 1986 年版，第 28 册，第 B15535 页。

⑥ 《清圣祖实录》卷 270，康熙五十五年十月壬子，中华书局 1985 年影印本，第 6 册，第 649 页。

⑦ 杨金森、范中义：《中国海防史》，海洋出版社 2005 年版，第 408 页。

道光十二年（1832）闰九月，终至同年十一月；戴潮春叛乱事件，起自同治元年（1862）三月，终至三年（1864）三月。①

在这一时间段内，渤海地区的海盗主要来自东南沿海地区。如山东、盛京沿海一带的盗匪，根据其所乘船只判断，非本地制造，"必从福建、浙江、江南造成而来"。康熙皇帝令"往福建、浙江及江南崇明等处察访"，判断"海贼不能久留于直隶山东，必已向浙闽路去"②，命令有水师海船的省份搜剿。乾隆后期至嘉庆前期，东南沿海的盗匪，与洋盗结合，对东南海疆造成了长期的威胁。"闽省洋盗充斥，并勾结安南夷船"③，粤省匪船称为安南夷人，乘风入闽。而安南国王亦给投靠之海匪封号，清政府议定"遇有外洋驶入夷匪，无论安南何官，即行严办。再此后拿获安南盗匪，审明后当即正法"④。

与此同时，西方殖民者的威胁引起了清政府的重视。在注意到殖民者占据南洋之地后，担忧"海外如西洋等国，千百年后，中国恐受其累"⑤，康熙后期封禁南洋贸易。乾隆时期，马嘎尔尼来华，请求扩大贸易，清政府未以应允。嘉庆之后，西方兵船经常出现在中国洋面。如嘉庆十三年（1808），英国兵船驶进澳门，嘉庆帝敕谕"试思中国兵船，从无远涉外洋向尔国地方屯扎之事。而尔国兵船，辄敢驶进澳门，登岸居住，冒昧已极"。英国人借口帮清军缉盗，嘉庆帝斥之，"海洋盗匪屡经剿办，不过东窜西逃。既经兵船四路擒拿，不日即可歼尽余孽，又何藉尔国兵力乎"。传谕两广总督"吴熊光等仍当密速调派得力

①　许毓良：《清代台湾的海防》，社会科学文献出版社2003年版，第142—156页。
②　《清圣祖实录》卷213，康熙四十二年八月戊午，中华书局1985年影印本，第6册，第161页。
③　《清仁宗实录》卷2，嘉庆元年二月丙午，中华书局1986年影印本，第1册，第90页。
④　《清仁宗实录》卷13，嘉庆二年正月庚戌，中华书局1986年影印本，第28册，第193页。
⑤　《清圣祖实录》卷270，康熙五十五年十月壬子，中华书局1985年影印本，第6册，第650页。

将弁，统领水陆官兵，整顿豫备。设该夷人一有不遵，竟当统兵剿办，不可畏葸姑息，庶足以伸国威而清海澨"①。嘉庆皇帝认为，"试思天朝臣服中外，夷夏咸宾，蕞尔夷邦何得与中国并论。又称天朝海面盗案甚多，商贩被劫，该国王派备兵船情愿效力剿捕等语，竟系意存轻视"，此类"种种措词背谬，于边务夷情大有关系"②，危及沿海安全，应早当驱逐驳饬。

清政府对西方的戒心，以及限制贸易的手段，无法满足西方殖民扩张的需求。自嘉庆以来，鸦片不断流入中国，"先至广东，进关后以渐贩往各省"，对国家安全造成了极大的危害，"为国家之隐忧，贻害最大"③。清政府认为内地奸民与西方殖民者的勾连，进一步助长了海防危机，严令地方官员"毋许内地奸民，交易接济"，并"著直隶、奉天、江南、山东、福建、浙江各督抚府尹等，严饬沿海文武各员弁巡防堵截，不准该夷船越进隘口"④，办事不得稍有疏懈。

清政府的禁烟政策，使英国的不法利益受损，促使第一次鸦片战争爆发。道光二十年（1840）六月，英国远征军组织 40 余艘军舰，4000 余名士兵，由海军少将乔治·懿律、驻华商务监督义律率领下，封锁珠江海口，鸦片战争正式开始。英军攻占浙江定海之后，八月抵达天津大沽口外。道光帝面对英军压力，开始同意中英谈判，十月著琦善署理两广总督负责谈判事务。在谈判期间，清政府组织兵力试图收复沿海失地。1841 年 1 月，英军再次进攻虎门，并占领香港岛，琦善擅自签订《穿鼻草约》。道光帝闻讯后，将琦善革职，并下令向英国

① 《清仁宗实录》卷 201，嘉庆十三年九月己丑，中华书局 1986 年影印本，第 30 册，第 682 页。
② 《清仁宗实录》卷 202，嘉庆十三年十月癸巳，中华书局 1986 年影印本，第 30 册，第 687 页。
③ 《清仁宗实录》卷 290，嘉庆十九年五月甲午，中华书局 1986 年影印本，第 31 册，第 966 页。
④ 《清宣宗实录》卷 270，道光十五年八月癸酉，中华书局 1986 年影印本，第 37 册，第 154 页。

宣战，随着虎门、广州先后失陷，清政府被迫签订《广州和约》。但英国政府认为所获权益较少，英军再次北上，先后攻破厦门、定海、镇海、宁波等府县。因兵力不足，英军暂停北上。1842 年 3 月，清军进行反攻遭遇失败。5 月，援军到后，英军北上进攻江苏吴淞地区，7 月英军攻破镇江，八月英军到南京下关江面并登陆，清政府迫于压力与英国签订《南京条约》。1843 年，英国政府又与清政府签订《五口通商章程》《五口通商附粘善后条款》，增加领事裁判权、片面最惠国待遇等条款。列强见英国获利，法国、美国、比利时、瑞典等国又强迫清政府签订了一系列不平等条约。

第一次鸦片战争给英国所带来的权益，并没有向英国设想的方向发展，法国也不满在华传教受阻。此外，根据《南京条约》中利益均沾的原则，美国根据中美签订的《望厦条约》中十二年后可行变更的规定，先后于咸丰四年、六年（1854、1856）提出修约要求，遭到清政府拒绝。此时，俄国在欧洲与英法等国签订条约，结束克里米亚战争，将权益扩张的目光转向亚洲。1856 年 10 月，英军借"亚罗号事件"攻占虎门各炮台，并攻入广州城。当时，法国正因神甫马赖被杀与清政府交涉，英国为扩大侵略，邀请法国出兵。1857 年 12 月，英法联军再次攻入广州城；1858 年 3 月，英法联军在美俄的支持下北上天津，咸丰帝派直隶总督谭廷襄前往大沽交涉；5 月，英法联军攻占大沽炮台，扬言进攻北京。清政府派大学士桂良和吏部尚书花沙纳赴天津议和，与俄英法美签署《天津条约》。英法联军撤退南下后，清政府试图修改《天津条约》中的条款，英法则不容修改，坚持要求在北京换约，并想进一步扩大在华权益。1859 年 6 月，英法联军再次进攻大沽炮台，但未成功；1860 年 2 月英法扩大侵华战事，于 4 月份开始，先后攻占舟山、大连湾、烟台等地，并再次兵压大沽炮台；8 月，英法军队先后攻陷大沽和天津。清政府急派桂良再次赴天津议和，因不同意增开天津为通商口岸，英法军队遂向北京进犯，并于 9 月攻陷通州，

10 月攻入北京。当月，清政府与英法签订《北京条约》。

此后中法海战，福建水师全军覆没，中日甲午海战北洋水师被击败。晚清的 70 余年间，中国沿海实际上已经处于防不胜防的境地，防御区域逐渐向京畿附近的渤海区域转移。作为中国海防要地的台湾岛被日本侵占，沿海及沿江地区被西方各国强迫开口通商，海洋环境已无安全可言。

总之，对中国海洋环境造成安全威胁的，清初为台湾郑氏等反清势力；清中期则为地方海盗及周边国家的洋盗，尤其乾隆晚期至嘉庆前期的蔡牵等海盗集团，对东南海疆安全造成了严重威胁；晚清之后，清政府的海防对象为西方列强，但面对西方的坚船利炮，所谓海防实际已经有名无实，海洋环境长期处于列强的威胁之中。与此同时，海潮对长江入海口及杭州湾等区域海岸的侵蚀，给地方百姓的生命财产安全造成了巨大危害。如 13—18 世纪，杭州海宁的海岸线就有多达 11 次的大涨大塌变迁。[①] 就其危害性而言，比之盗寇，有过之而无不及。

第二节 海防困境与政策调适

一 明代的海洋管控

为了应对来自海洋的威胁，明政府在严禁百姓私自出海的同时，于沿海广设卫所强化军事防御。从洪武四年起至洪武十七年（1371—1384），先后在山东、江南北、浙东等地沿海诸城增设卫所，二十一年（1388）命汤和行视闽粤，置福建沿海指挥使司，分别为福宁、镇东、平海、永宁、镇海。二十三年（1390），又规定滨海卫所，每百户及巡

---

① 陈吉余：《杭州湾地形述要》，《浙江学报》1947 年第 2 期，转引自谭其骧等编《中国自然地理·历史自然地理》，科学出版社 1982 年版，第 240 页。

检司皆置哨船两只，并建造战船巡洋缉盗。① 在强化沿海布防之外，明政府制定了相应的海洋管理政策。

谈到明代的海洋政策，我们通常将其定义为"片板不许下海"。实际上明代的海禁虽然苛刻，但并不是完全禁止百姓出海。如弘治十三年（1500）的海洋管理政策，主要是严禁官民擅造二桅以上违式大船，携带违禁货物出洋，一旦发现船员与盗同谋劫掠，正犯处以极刑，全家发边卫充军。但是对于"小民撑使小船，于海边近处捕取鱼虾采打柴木者"②，则不许巡捕官兵扰害。然而，这种仅允许百姓乘坐小船于沿岸近处捕鱼的政策，在很大程度上造成沿海百姓生存困顿。对此，一些通晓地方实际情形的官员，建议政府适当弛禁以利民生。如宣德六年（1431），宁波知府郑珞曾请弛出海捕鱼之禁。宣德皇帝谕饬：

> 尔知利民而不知为民患，往者倭寇频肆劫掠，皆由奸民捕鱼者导引。海滨之民屡遭劫掠，皇祖深思远虑，故下令禁止，明圣之心岂不念利民，诚知利少而害多也。故自是海滨宁静，民得安居尔。为守令固当顺民之情，亦当思其患而预防之。若贪目前小利，而无久远之计，岂智者所为。宜遵旧禁，毋启民患。③

显然，受明初反明势力及倭寇的影响，明政府始终坚持百姓出海有损于海疆安全的认知，在历朝严行管束。在此背景下，为了生存，地方社会的走私行为屡禁不止。英宗皇帝曾敕谕总督备倭都指挥使李信及浙江三司巡海御史等官，"近年逃军逃民与倭寇交通，或被其劫，制询我虚实，然后乃敢舍舟登岸，杀虏军民"，谕令地方"凡海口港汊通贼

---

① 《明史》卷91《兵三》，中华书局1974年版，第8册，第2244页。

② 《大明会典》卷132《镇戍七》，《续修四库全书》史部，上海古籍出版社2002年版，第791册，第346页。

③ 《明宣宗实录》卷83，宣德六年九月壬申，台北："中央研究院"历史语言研究所1984年版，第1916页。

去处，或开濠堑，或为吊桥，或城门可并者并之，或水边要害去处，砌筑垣墙置门出，不许居民临水开市"①，私行通番之举。然而，不仅地方百姓，沿海守军同样从事走私活动，难以禁绝。卫所之设原为备倭，但长期的海不扬波，卫所制度渐呈废弛之势，"比闻都司卫所官不得其人，贪污暴虐，玩法欺公，或侵用月粮，或卖放军士，或私下海捕鲜，或令营干家务，以致军伍空阙，兵备废弛"②。

官民私自出海的屡禁不止，给海洋安全带来了持久的隐患。对此，明政府不断强化管理。如嘉靖十五年（1536），御史白贲在奏陈备倭事宜中，提到当时居民私泛海者，皆由海门嵩屿登岸，建议当地专设捕盗馆，由其置籍刻符，"民有出海货卖在百里外者，皆诣捕盗官处自实年貌贯址，以符给之，约期来销，使去有所由，归有所止"③。对于生活在海澳或船只上的百姓，施行澳甲制度，设澳长一人，小甲二人，登记澳民姓名，一船被劫，澳长小甲即率众追之，同时严禁澳民下海通番。但是沿海民人与倭寇勾引，往来接济盗患成风的问题，并没有得到有效解决，海洋安全环境日趋恶化。如盗商集团头目王直、徐海等，常与诸番交易，明政府对此束手无策。后因内部矛盾引发争斗，地方官以为倭贼入寇，巡抚朱纨下令缉捕。又令沿海有通番者自首，"于是人心汹汹，转相告引，或诬良善，而诸奸畏官兵搜捕，亦遂勾引岛夷及海中巨盗，所在劫掠，乘汛登岸，动以倭寇为名，其实真倭无几"④。当时海上承平日久，一闻贼至即四散奔逃，奔溃之势蔓延于闽海浙直之间，嘉靖大倭乱由此爆发。随后朝贡贸易中断，明政府严禁

① 《明英宗实录》卷93，正统七年六月辛卯，台北："中央研究院"历史语言研究所1984年版，第1876页。
② 《明英宗实录》卷100，正统八年正月壬戌，台北："中央研究院"历史语言研究所1984年版，第2021页。
③ 《明世宗实录》卷189，嘉靖十五年七月壬午，台北："中央研究院"历史语言研究所1984年版，第3997页。
④ 《明世宗实录》卷350，嘉靖二十八年七月壬申，台北："中央研究院"历史语言研究所1984年版，第6327页。

百姓出海。

嘉靖大倭乱开始之后，尚书赵文烨在条陈防海事宜六事中，认为海禁过严，"以致资生无策，相煽从盗"①，反而会激化社会矛盾，应该让地方督抚等官在禁止大船通番的同时，允许百姓照旧采捕，海道官对出海之民编成排甲，以便稽察出入。然而此类奏议并不被准允。明政府始终认为在当前的海洋危机中，首要任务是剿灭倭寇，"夫诸路军威未振，群贼惩创未深，即复市舶，恐非国家御夷之体"②，将重心放在了强化沿海防务之上。

整体来看，因倭寇问题逐渐严重，嘉靖以来，明政府通令沿海将军民私造双桅大船尽行拆卸，对沿海百姓出海、私通海寇的行为，惩治日趋严厉，凡是有将双桅三桅大船下海，沿海居民遇夷船乘风飘泊及私送水米者，以通番重罪处置。即使在隆庆开海之后，如果发现有私将硝黄与贼交易者，正犯凌迟全家处死，申明"但有养寇殃民、临阵送缩、卖港纵贼、受贿招抚，及将军器火药酒米下海通贼接济者，俱照律例，从重问拟"③。而积年通贼者，凌迟枭示，籍没家财以充军饷，对地方百姓的管理更趋严格。

在管辖政策之外，明政府对沿海的防御体制也进行了调整。据《明史》载，自嘉靖倭患以来，沿海防御整体呈现以下形势：

> 自世宗倭患以来，沿海大都会，各设总督、巡抚、兵备副使及总兵官、参将、游击等员，而诸所防御，于广东则分东、中、西三路，设三参将；于福建则有五水寨；于浙则有六总，一金乡、

---

① 《明世宗实录》卷442，嘉靖三十五年十二月癸卯，台北："中央研究院"历史语言研究所1984年版，第7563页。

② 《明世宗实录》卷411，嘉靖三十三年六月庚辰，台北："中央研究院"历史语言研究所1984年版，第7160页。

③ 《大明会典》卷132《镇戍七》，《续修四库全书》史部，上海古籍出版社2002年版，第791册，第346页。

盘石二卫，一松门、海门二卫，一昌国卫及钱仓、爵溪等所，一定海卫及霩䨧、大嵩等所，一观海、临山二卫，一海宁卫，分统以四参将；于南直隶则乍浦以东，金山卫设参将，黄浦以北，吴淞江口设总兵；于淮、扬则总兵驻通州，游击驻庙湾，又于扬州设陆兵游击，待调遣；于山东则登、莱、青三府设巡察海道之副使，管理民兵之参将，总督沿海兵马备倭之都指挥；于蓟、辽则大沽海口宿重兵，领以副总兵，而以密云、永平两游击为应援。山海关外，则广宁中、前等五所兵守各汛，以宁前参将为应援，而金、复、海、盖诸军皆任防海。三岔以东，九联城外创镇江城，设游击，统兵千七百，哨海上，北与宽奠参将陆营相接，共计凡七镇，而守备、把总、分守、巡徼会哨者不下数百员。以三、四、五月为大汛，九、十月为小汛。盖遭倭甚毒，故设防亦最密云。①

具体举措，一是设官置守，在沿海各省划分海防区域；二是强化文武协防体制；三是兵巡哨海，预警海上。经历嘉靖倭乱之后，明代社会意识到防海在于海陆并重，如淮扬巡抚唐顺之在条陈海防善后事宜中，指出防海首在防于海上，即御海洋，"言御倭上策，必御于海"，建议派兵驻防崇明、舟山等海洋岛屿。其次为固海岸，"谓贼至，既不御于海，则海岸之守为第二着"，提议"沿海力战损兵折将，则坐内地不能策应之罪，内地残破沿海幸免，则坐沿海纵贼之罪"。相邻之地，亦有协防之责，"沿海文武将史有能冲锋御贼不得登岸深入者"，以功论赏。之所以强调地方文武官员之责，是因为"国家承平日久，文吏游谈而养尊，武臣怙嬉而宝身"，不能御敌制海，强化文臣监督武将之制，有利于提振武将之气。此外，为了杜绝沿海百姓接济海贼，建议复卫军

① 《明史》卷91《兵三》，中华书局1974年版，第8册，第2247页。

屯田旧制，如"金塘玉环诸山，膏腴几万顷，皆古来居民置乡之所，悉可垦种"①，并在浙福广三省复设市舶司，收通海收利，使奸民不得乘其便，请驰海禁。

对于倭患之后如何处理海洋问题的认知，原任福建巡抚谭纶认为军事布防，"皆救患于目前，而未及久安计也"，因而奏陈善后六事，其一便是宽海禁。沿海之人滨海而居，禁海政策使附近海洋鱼贩不得出海求生，"故民贫而盗愈起，宜稍宽其法"②。嘉靖四十三年（1564），为了海疆能够长治久安，谭纶在宽海禁中提出了自己的看法：

> 臣惟中外之分，界限不可不严，而货利之津，人情实不可壅。宋臣苏轼谓宜以不治治之，臣尝爱其说，以为得驭戎狄之至要。况闽人滨海而居者，不知其凡几也，大抵非为生于海则不得食。海上之国，方千里者不知凡几也，无中国绫锦丝枲之物，则不可以为国。禁之愈严则其值愈厚，而趋之者愈众，私通不得，即攘夺之。昔人谓弊源如鼠穴也，须留一个，若还都塞了，好处俱穿破，意正如此。今岂惟外洋，即本处鱼虾之利与广东贩米之商、漳州白糖，皆一切禁罢，则有无何所于通衣食、何所从出，如之何不相率而勾引为盗也。为今之计，正宜严禁日本，不许私通外，其他如采捕鱼鲜贸易米谷，与在广东转贩椒木、漳州发卖白糖之类，悉宜如臣近日将各府单桅船只定为号色，编立保伍，听于附近海洋从便生理之意，推广而行。但有勾引事发，乃行连坐重治。如此，虽未必尽无法外之遗奸，但天下之事岂有皆利而无害，惟当权其分数之多寡，使为贼者半，为商者半，或为商者十之七，

① 《明世宗实录》卷480，嘉靖三十九年正月丙子，台北："中央研究院"历史语言研究所1984年版，第8017—8020页。

② 《明世宗实录》卷538，嘉靖四十三年九月丁未，台北："中央研究院"历史语言研究所1984年版，第8719页。

为贼者十之三，则彼之分数既减，而我之致力亦易，不愈于相率而共为盗乎。第其事多变通，法难执一。如蒙敕下该部再加看详，转行福建抚臣就近酌处便宜行事，惟取其有裨于成算，不必淆乱于人言，则小人之衣食有寄，而地方之祸患自消矣。伏乞圣裁。①

谭纶总结历史经验与现实所需，指出治理海洋消除盗患，根本之法在于允许沿海百姓出海谋生。只有解决了他们的生活问题，才能起兵民安乐之效，海防不复前车之鉴。隆庆皇帝继位之后，吸取剿倭经验与历史教训，在福建月港开埠，允许漳州、泉州二府百姓出海贸易，史称"隆庆开关"。

规模有限的月港开埠，只是明政府的缓和海氛之计。在月港贸易者，需要政府颁发船引，但每年仅限五十张，且各国通商的合法船只仅有二三只，如此严苛的政策，根本不能满足中外贸易所需。如福建巡抚周采言，"漳州沿海居民往贩各番，大者勾引倭夷窥伺沿海，小者导引各番劫掠商船"，沿海盗患问题并没有得到解决。周采奏请增加船引与各国商船数量，"如东洋吕宋一国，水路稍近，今酌量以十六只，其余大率准此"，并薄税银之征，"商饷规则，每货值一两者，税银二分。又西洋船阔一尺，税银六两，东洋船阔一尺，税银四两二钱。既税其货，又税其船，无乃苛乎"②，建议除船税照旧外，减免货税。最后，兵部仅同意东西二洋，各限船四十四只。

万历二十一年（1593），受日本侵朝影响，时人再议禁海。但福建巡按陈子贞认为，"闽省土窄人稠五谷稀少，故边海之民皆以船为家，以海为田，以贩番为命"，自开禁之后，海患减少，"一旦禁之，则利

① 谭纶：《谭襄敏奏议》卷2《条陈善后未尽事宜以备远略以图治安疏》，《文渊阁四库全》史部，台湾商务印书馆1986年影印本，第429册，第632页。
② 《明神宗实录》卷210，万历十七年四月丙申，台北："中央研究院"历史语言研究所1984年版，第3939页。

源阻塞，生计萧条，情困计穷，势必啸聚"，恐怕再现倭患寇边之势。福建布政使管大勋及总兵官朱先等亦认为，"相应于东西二洋，照旧通市，而日本仍禁如初"，且洋船往来可为侦探，船员可供调遣之用，海外收益"又可充吾军实之需，是其利不独在民，而且在官也"①。此外，对于西方殖民者的威胁，明人认为"若红毛番筑城作梗，悉由奸民引诱"，要缉捕通番之盗，严行保甲之制，"保甲严则人各有生业，奸宄自无所藏"②。总之，保持中外贸易，"私鬻禁物者法无赦，倘亦治之以不治乎"③，可以缓解社会矛盾。

这里需要补充说明，为什么这一时期特别强调通商开海对维持军力的重要性。明代军制施行的是卫所制，但兵员中的十分之七以上是屯田之用，专供军兵粮饷，只有十分之三用来操练、守城等。一旦边防有警，卫所兵并不能满足出征所需，因此从明洪武永乐时期开始，抽调各卫所可战之兵，临时组成作战单位，每 100 人为队，每 5 队再组成一个单位，其名称大抵是"总"，其上通常还有"营"，即组织形成所谓营兵。经过长期发展，到了明中期以后，为应对北虏南倭之乱，营兵的来源不再局限于卫所，而是可以向民间招募，其军饷折合白银，亦由政府承担。④ 换句话说，稳定的财政收入是保障军力的重要基础。因此，开禁通商，白银流入，对于经过嘉靖大倭乱之后强化沿海防御的明政府而言，有着不可替代的重要作用。

总之，有明一代对于海洋的管控，明前期规定不许民间百姓私自出海贸易，仅可于近岸区域捕鱼维生，朝贡体制是中外合法贸易的唯一渠道，并于沿海广设卫所以稽察出海之民，抵御倭寇侵扰。明中期

---

① 《明神宗实录》卷262，万历二十一年七月乙亥，台北："中央研究院"历史语言研究所1984年版，第4865页。

② 《明熹宗实录》卷30，天启三年正月壬辰，台北："中央研究院"历史语言研究所1984年版，第1496页。

③ 《明熹宗实录》卷30，天启三年正月戊申，台北："中央研究院"历史语言研究所1984年版，第1524页。

④ 曹循：《明代军制演进与盛衰之变》，《历史研究》2023年第3期。

以来，受嘉靖大倭乱影响，明政府在强化沿海军政布防的同时，禁止滨海之民出海。隆庆之时，在福建月港开埠，允许百姓出海贸易。至万历朝鲜之役后，明代的海疆管控整体呈现多层防御管理格局，一是加强沿海近岸岛屿与沿海各府州县的军政布防，水军出海巡哨预警海上；二是对沿海百姓编排保甲澳甲，允许出海捕鱼贸易，但限制船只大小与前往区域，严查携带禁物贸易并暗通海匪与外夷。这些管控举措，为清代海洋政策的制定提供了参考。

二 清代的海洋管治

自清入关至康熙二十二年将台湾纳入版图期间，清政府为了消弭台湾明郑势力及沿海盗寇，长期施行禁海政策。凡是飘洋私船一律严禁，对于"寄命海上者，果能真心来投，亦开其自新之路"①。但是随着台湾郑氏对沿海威胁的加剧，诱降政策的失败，平定台湾的问题长期得不到解决，清政府开始实行更为严格的迁界政策。

从顺治十二年（1655）开始，"无许片帆入海，违者立置重典"②。顺治十三年（1656），因长期未能剿灭郑成功等抗清势力，清政府认为"必有奸人暗通线索，贪图厚利，贸易往来，资以粮物"，以致海氛不靖。敕谕沿海各省督抚：

> 著申饬沿海一带文武各官，严禁商民船只私自出海。有将一切粮食货物等项，与逆贼贸易者，或地方官察出，或被人告发，即将贸易之人，不论官民，俱行奏闻处斩，货物入官，本犯家产尽给告发之人。其该管地方文武各官，不行盘诘擒缉，皆革职，

---

① 《清世祖实录》卷33，顺治四年七月甲子，中华书局1985年影印本，第3册，第274页。

② 《清世祖实录》卷92，顺治十二年六月壬申，中华书局1985年影印本，第3册，第724页。

从重治罪。地方保甲通同容隐，不行举首，皆论死。凡沿海地方大小贼船，可容湾泊登岸口子，各该督抚镇务要严饬防守各官，相度形势，设法拦阻，或筑土坝，或树木栅，处处严防，不许片帆入口，一贼登岸。如仍前防守怠玩，致有疏虞，其专汛各官，即以军法从事，该督抚镇一并议罪。尔等即遵谕力行，特谕。①

具体举措，一是严禁商民船只私自出海，二是严惩玩忽职守的文武官员，三是严行保甲制度，四是加强沿海各登岸地方的防御。然而这些举措的施行，并没有达到清政府预期的靖海的作用。顺治十八年（1661），清政府听取明降将黄悟的建议实行迁界政策，沿海各省"海逆不时侵犯，以致生民不获宁宇。故尽令迁移内地，实为保全民生"②。

康熙以来，长期的迁界政策使沿海百姓生活困顿，社会矛盾不断激化。据福建总督李率泰所奏，当时海患频仍，西方殖民者又时现中国沿海，且"至数年以来，海禁甚严，迁移之民尽失故业"，担心二者勾连恐生衅端。为了缓解社会矛盾，解决民生问题，李率泰认为应该"宜略宽界限，俾获耕渔，稍苏残喘"③。然而在郑氏反清势力没有解决之前，清政府认为沿海百姓的接济是其长存不灭的重要原因，因而此类奏请始终不被应允。康熙二十二年，台湾被纳入版图之后，姚启圣、施琅等再次奏请开禁复界。康熙皇帝上谕大学士等曰："前因海寇未靖，故令迁界。今若展界，令民耕种采捕，甚有益于沿海之民。其浙闽等处地方，亦有此等事。"于是派遣大臣一员前往展立界限，实地

① 张伟仁主编：《明清档案》，顺治十三年六月十六日，台北："中央研究院"历史语言研究所 1986 年版，第 28 册，第 B15535 页。

② 《清圣祖实录》卷 4，顺治十八年七月己未，中华书局 1985 年影印本，第 4 册，第 84 页。

③ 《清圣祖实录》卷 18，康熙五年正月丁未，中华书局 1985 年影印本，第 4 册，第 260 页。

勘察并与地方官商讨"应于何处起止，何地设兵防守"① 等问题。

康熙朝开禁复界之后，对民间出海活动仍有限制，即我们通常认为的海禁政策。大致而言，海禁主要有以下六个方面，一是海外耕种之禁，"滨海居民不得潜往岛屿，招聚耕垦，致藏奸匪"；二是海船制造之禁，出海商渔各船，需要由地方官取船户族里保结，果属良民方许制造，并给以执照。船只的"桅樯双单、船梁丈尺及在船人数"需要登记于执照内，规定各省执照"江南青质白书，浙江白质绿书，福建绿质朱书，广东赤质青书，以诏识别，以备口岸稽察"；三是出入海洋之禁，江浙闽粤的商船，许往东洋南洋贸易，其他省的船不得私往，"渔樵谋生者，许往濒海港屿"。以上均需经由汛口官弁验照，以稽察出入偷渡之人；四是货物出洋之禁，硝、硫黄、钢铁出洋船，不得私载食米油麻等，只需足备船用，不得多携，以杜出售外夷接济奸匪之弊；五是军器出洋之禁，前往海外贸易者，允许登记注册，酌带弓矢刀枪火炮以备不虞，但近洋商船及渔樵船不得越禁私携；六是沿海弁兵之禁，规定守口弁兵有拯救遭难船只的职责，如果乘机侵夺财物或坐视不救者，严惩不贷。②

具体而言，如海外耕种之禁，限制的是海岛的开垦，其中"凡涉外洋之山最易藏奸，虽膏腴沃衍之区，必须严行饬禁，毋许开垦采捕煎烧等类，以滋事端"③。但对于一些近岸易管的岛屿，清后期则逐渐开放，如玉环等处开禁之后，设同知一员管辖。当然，海岛的开禁是一个复杂的社会问题，需要兼顾各方势力。如福州、福宁两府绅士曾奏请开垦海岛，并捏称山少田多，清政府认为这些士绅其意不在田而

---

① 《清圣祖实录》卷112，康熙二十二年九月丙辰，中华书局1985年影印本，第5册，第156页。

② 乾隆《钦定大清会典》卷65《兵部·海禁》，《文渊阁四库全书》史部，台湾商务印书馆1986年影印本，第619册，第606页。

③ 《清高宗实录》卷211，乾隆九年二月戊寅，中华书局1985年影印本，第11册，第719页。

在海，"海洋之利甚伙，滨海贫民输纳鱼课，藉此为生，若听绅士认垦兼并，穷民必至坐困"①。福建巡抚周学健称这些绅士，"于各岛遍贴告条，招令佃渔诸人向其批字，方许垦地挂网"②，并无与民兴利之心。康熙皇帝下令照旧严禁，以息讼端。当然，对于既成事实，且长居岛屿的百姓，考虑到"安居已久，不便概行驱逐，致令失所"③，清政府也并不一概驱逐。至于这些有百姓居住的岛屿，通常"照内地例，编排保甲，造册报核"④，并委派同知等官员前往巡查。

　　至于出海之禁，出海船只的船桅数目，樑头大小亦有调整。康熙四十四年（1705），因粤洋多盗，两广总督郭世隆奏请粤省渔船"樑头不得过五尺，水手不得过五人，舱面不许钉盖板，桅止用单，朝出暮归，不许越境采捕"。但是广东百万生灵依海而生，非在深水洋面不能得鱼，故而违式造船出海，地方官借此勒索，流弊已久。雍正二年（1724），广东总督杨琳奏请放宽限制，以便百姓出海谋生。同时对出海船只进行编甲，连环保结以杜盗源。⑤ 经过多次讨论，清政府认识到濒海渔户生计的需求，需要允许渔船的型制存在差异，深海捕鱼应该得到制度上的承认，雍正皇帝最终承认了发展大型渔船的事实。⑥ 至于商船出海区域，康熙五十六年（1717）议准，"商船准在沿海省分及东洋贸易外，其南洋之吕宋噶喇巴等处不许前往"，而外国来华贸易者准

---

　　① 《清高宗实录》卷293，乾隆十二年六月戊子，中华书局1985年影印本，第12册，第846页。

　　② 《清高宗实录》卷295，乾隆十二年七月辛亥，中华书局1985年影印本，第12册，第865页。

　　③ 《清高宗实录》卷1364，乾隆五十五年十月乙卯，中华书局1986年影印本，第26册，第303页。

　　④ 《清高宗实录》卷1377，乾隆五十六年四月甲戌，中华书局1986年影印本，第26册，第496页。

　　⑤ 中国第一历史档案馆编：《雍正朝汉文朱批奏折汇编》，江苏古籍出版社1991年版，第2册，第604页。

　　⑥ 杨培娜：《"违式"与"定例"——清代前期广东渔船规制的变化与沿海社会》，《清史研究》2008年第2期。

其贸易，地方官严加防范，不许生事。雍正五年（1727），鉴于福建户口殷繁间阎生计，开洋又有益于百姓，且防范严密，不致稍有疏虞，准令福建商船前往南洋贸易。但对于出洋久不归者，不准回籍。乾隆十九年（1754），清政府调整政策，"嗣后有实因贸易稽留在外，今愿回籍或本身已故，遗留妻妾子女愿回籍者，均准其附船回籍"。对于西洋商船，同样需要"地方官编列号数刊刻印烙，各给执照一纸，将船户舵水及商贩夷人该管头目姓名填注照内"，加强管控。如雍正三年（1725）规定：

> 附居广东澳门之西洋人，所有出洋商船，每年出口时，将照赴沿海该管营汛挂号，守口官弁将船号人数姓名逐一验明，申报督抚存案。如出口夹带违禁货物，并将中国之人偷载出洋，守口官弁徇情疏纵者，革职。至入口之时，亦将船号人数姓名逐一验明，申报督抚存案。除头目过有事故，由该国发来更换者，准其更换外，其无故前来者，不许夹带入口及容留居住。若稽察不到，将守口及地方该管各官，照失察例议处。①

为了保障商船出洋安全，雍正六年（1728），虽不许渔船携带枪炮器械，但前往东洋南洋之大船，准其携带鸟枪、腰刀、弓箭、火药以备防御。雍正八年（1730）又准前往东洋南洋之大船，每船准携带火炮二位。这些出洋船只，无论属于中国还是外国，水师均有救护职责。对此，雍正皇帝特别强调"粤东三面距海，各省商民及外洋番贾，携资置货往来贸易者甚多。而海风飘发不常，货船或有覆溺，全赖营汛弁兵极力抢救，使被溺之人得全躯命，落水之物不致飘零。此国家设立汛防之本意，不专在于缉捕盗贼已也"。但是沿海弁兵利欲熏心贪图

---

① 乾隆《钦定大清会典》卷114《兵部·海禁》，《文渊阁四库全书》史部，台湾商务印书馆1986年影印本，第623册，第403页。

财物，"每于商船失风之时，利其所有，乘机抢夺，而救人之事，姑置不问"①，其害反而甚于盗贼。就盗案发生的频率而言，"自乾隆六十年至嘉庆十四年十月（1795—1809），因海洋未靖商船被劫，有一百四十六案"②。而地方官弁的欺凌则远胜于此，甚至是逼迫百姓为盗的重要原因，船只"进海口时，防汛官兵横索钱财，方令入口，中有不聊生之穷人，不得入海口，遂为海贼"③。这些海盗"或系穷民，或为水手，其力不能自备船只，亦无器械。因饥寒所迫，抢夺营伍及商贾之船只器械，渐次啸聚，久而势众。又苦无米粮，乃往来海洋肆行劫掠"④。

为了解决此类问题，清政府制定了一系列措施来约束地方官弁的行为：

雍正九年（1731）议准，商船在洋遭风落浅，巡哨汛守兵丁不为救护，转抢夺财物拆毁其船，以致商人毙命，或未致毙命，皆照例分别首从治罪。在船该管官弁，如同谋抢夺，虽兵丁为首，该负亦照为首例治罪。虽不同谋，但分赃者，照为从例治罪。实系不能约束，并无通同分肥情弊者，革职。若遭风被淹商人救援得生，兵丁因而捞取财物者，坐赃治罪。该管官钤束不严，降二级留任。其商人淹毙在先，见系飘没无主船货，因而捞抢入已不报者，亦坐赃治罪。如见船覆溺，因不许抢夺捞取财物，阻挠不救，以致商人毙命者，阻救之人系官革职兵革粮，皆分别首从治

---

① 《清世宗实录》卷83，雍正七年七月甲子，中华书局1985年影印本，第8册，第111页。

② 《清仁宗实录》卷226，嘉庆十五年二月壬寅，中华书局1986年影印本，第31册，第226页。

③ 《清圣祖实录》卷256，康熙五十二年八月丙子，中华书局1985年影印本，第6册，第534页。

④ 《清圣祖实录》卷253，康熙五十二年正月辛丑，中华书局1985年影印本，第6册，第503页。

罪。至沿海汛口弁兵极力救护遭风人船，不私取丝毫财物者，该管官据实申报督抚提镇记功，遇有水师千把总员阙拔补，其守备以上各官救护船二次者，纪录一次。倘弁兵内因救护人船或受伤被溺，该督抚提镇保题，照因公差委弁兵受伤被溺例，给与恤典。①

那么，如何判定出事海域为何者所辖？以江苏为例，"江省洋面县界里数，各营已给有定图。应将洋图再加较正，发洋海州县，并送部存案"。一旦发生海洋案件，即依据地图"定为何州县营汛所辖，飞关该州县，会营差缉"②，并详报督抚。所以，地方官员是否恪尽职守，是关系海疆是否宁谧的重要因素。而"沿海盗贼，最为商民之害"，一旦政务废弛，"地方官怠玩讳饰，全不以缉盗安民为事。遇有劫案，仅以寻常械斗，将就完结，希图了事"③，盗贼便纵横无忌行劫兵船，以致酿成巨案。对此，清政府施行了奖惩制度。

就沿海地方文武官员的职责而言，在平定台湾之前，清政府对沿海官员的要求非常严厉。如凡官员兵民私自出海贸易或居住耕种者，"该管州县知情同谋故纵者，革职治罪，如不知情革职永不叙用。该管府道各降三级调用，总督统辖文武降二级留任，巡抚不管兵马，降一级留任"。如果海贼杀劫村庄民人，"地方文职州县官与同城知府等官各罚俸一年，该管同城道官罚俸六月"。如果将违禁之物贩卖与贼，"不论官兵民人皆拿问治罪，妻子家口入官。该管官知情故纵者，以同谋论，亦拿问治罪。其不知情者，州县官革职提问，府道各降五级调

---

① 乾隆《钦定大清会典》卷114《兵部·海禁》，《文渊阁四库全书》史部，台湾商务印书馆1986年影印本，第623册，第405页。

② 《清高宗实录》卷750，乾隆三十年十二月丙辰，中华书局1986年影印本，第18册，第260页。

③ 《清高宗实录》卷1278，乾隆五十二年四月庚戌，中华书局1986年影印本，第25册，第125页。

用，总督巡抚降三级留任"。

康熙开禁之后，惩处的主要是执行具体防海任务的地方文武官员。如前往外国贸易，夹带禁物，"海关监督并防守海口地方官，不行察出，皆降一级调用"。对于出洋船只的制式核查不严，"如有违例，将给照之州县降二级调用"，汛口文武官员对出海人员盘察不实，降二级调用，"内有夹带熘硝、硫黄、钉铁、樟板等物接济奸匪者，其取结之州县官，汛口盘察之文武官弁，皆革职"。康熙五十五年（1716）议准，为了明确沿海地方文武官员的职责，"凡内洋失事，专兼各官仍照内地盗案定例处分，若果系外洋被劫，难定专汛兼辖，应将文职免其处分。倘系内洋失事捏称外洋后，被事主告发或察出之日，将专兼各官皆照讳盗例处分。既经事主告发，该管督抚若不察明据实揭报题参者，照徇庇例议处"①。

总之，海洋管理"总在封疆大吏严饬有司实力稽查，设法蹠捕，使洋面永远清静，方不负戢暴安民之意"②。尤其在海岸部分，"若果道府州县，随时留心购拿，原无难立时破露"，要求各省督抚严饬岸上地方官认真稽查，"毋得因匪徒在洋面行劫之案，概诿之水师营伍"③，以致相互推诿。而水师弁兵是否出洋巡哨，"许同城道府州县，密报督抚查参，文职隐匿不报者，一并参处"④。

从具体管理方法来看，鸦片战争前的一次海防讨论，整体总结了清前期的海洋管理措施。道光十六年（1836），御史王藻奏陈海防事宜，道光皇帝批示"著直隶、山东、江苏、浙江、福建、广东各督抚

① 乾隆《钦定大清会典》卷24《吏部·海防》，《文渊阁四库全书》史部，台湾商务印书馆1986年影印本，第620册，第460页。

② 《清高宗实录》卷752，乾隆三十一年正月戊寅，中华书局1986年影印本，第18册，第277页。

③ 《清高宗实录》卷1340，乾隆五十四年十月辛酉，中华书局1986年影印本，第25册，第1174页。

④ 《清高宗实录》卷1435，乾隆五十八年八月庚辰，中华书局1986年影印本，第27册，第188页。

妥议章程，据实具奏"。接到谕旨后，浙江福建二省"遵即移行提镇并藩臬两司、沿海道府，悉心妥议"。这是西方侵入前，传统中国进行的最后一次海防讨论。道光十七年（1837），闽浙总督、福建和浙江巡抚联名上呈六条策略：沿海港汊、村庄、岛屿，实力编查，以靖盗源也；海口要隘及偏僻沙涂，必应稽查周到，俾无纵漏也；报造商渔等项出海船只，宜连环保结，不准出租，以杜影射也；水师巡洋，应遵新定合巡章程，认真巡缉，以肃洋政也；沿海各属米谷，非奏明拨运，不准私载出洋，以杜偷漏接济也；私藏枪炮军火器械，宜严行查禁收缴也。① 其核心在于严保甲、查口岸、重巡哨，体现的是治盗之法，以求保障沿海社会的安全与稳定。

此外，在《福建省例》的船政例中，明确提到了海洋管控的措施，大致而言，水师作为缉盗的主体力量，需要勤加练习，晓识风云沙线，能够破浪冲风，应对复杂的海洋环境；此外，海上孤山断屿，严禁百姓私自搭寮挂网，以防盗匪潜踪；口岸管理中，需要严查出入船只，正本溯源，以靖盗匪，起到无需舟师缉捕的功效；在船只管理上，严查牌照，并行保甲之制。② 在管控之外，救护海上商渔船只也是水师的重要职责。福建水师提督彭楚汉在奏报检阅福建水师情形折中，称"沿海设立救护遭风失险商船章程告示，地甲有无懈驰，使加奋勉，如有盗踪潜匿窥伺，立即穷追掩捕，务尽根株以安良善"③。

鸦片战争之后，清政府的海洋治理需求发生了变化。具体而言，当时清政府在海疆方面所面临的压力，一是来源于西方的武力入侵，

---

① 周宪文、杨亮功、吴幅员等编：《福建省例》，《台湾文献史料丛刊》第七辑，台北：大通书局1987年版，第723页。

② 周宪文、杨亮功、吴幅员等编：《福建省例》，《台湾文献史料丛刊》第七辑，台北：大通书局1987年版，第700页。

③ 中国第一历史档案馆编：《光绪朝朱批奏折》第五二辑，中华书局1995年版，第274页。

二是地方海洋盗匪给社会治理带来的挑战与压力。第二点又关涉清政府维护沿海社会稳定的诉求，需要应对西方借口海盗劫掠而入侵的问题。自嘉庆时期平定沿海大规模盗患之后，晚清时期的沿海盗匪，大多数是沿海的普通百姓，其活动模式，一是劫掠沿海商渔船只，二是抢夺失事船只的财物。自中外签订条约之后，西方要求清政府切实保护外国商船。而保护外国商船一事，其涉及的不仅仅是保护商船问题本身，还关涉外交问题。在此情况下，清政府既要"缉盗护商"，又要维护中外局势的稳定，应对西方列强的威胁。

在具体管理上，清政府在处理海洋案件中，凡涉及西方利益的，一般采取审慎的政策。如光绪二年（1876），总理各国事务衙门上奏德国商船在闽洋失事，船主被杀、财物被劫。时任福建巡抚丁日昌曾制定救护中外船只遭风遇险章程，计划将该章程行于闽省。总理各国事务衙门认为，"各省沿海地方，中外船只遭风遇险事所常有，该处居民人等认真保护者有之，乘机抢夺者亦有之。该抚臣所定救护章程五条，不独福建一省，当即照行，即沿海各省亦应一律查照办理，庶中外船只往来洋面可免抢夺之虞"①，建议南北洋大臣及各省将军督抚晓谕沿海地方文武官员，一体遵行，以维护中外相安无事。光绪三年（1877），西班牙以其商船在台湾失事为借口，欲出兵来华，其本质是争取在华利益。自鸦片战争以来，列强在中国沿海划分势力范围，惟西班牙"独无口岸可以泊船，故其觊觎台湾较之他国为尤甚"②。该案起因是西班牙索威拉纳号商船在台湾失事，船上财物被当地居民抢掠，船只被拆毁，船员被扣留且被索要赎金。西班牙借万国公法之名，要求清政府进行赔偿。清政府原以该案发生在

---

① 王彦威纂辑：《清季外交史料》，王亮编，王敬立校，书目文献出版社1987年版，第108页。

② 王彦威纂辑：《清季外交史料》，王亮编，王敬立校，书目文献出版社1987年版，第177页。

条约签订之前而不允，后闻西班牙派军舰来华，总理各国事务衙门担心事态扩大，又令"闽省将军总督巡抚切实查办，除将失事地方官议处外，复为破格体念船主，就贵大臣所称加惠施仁之意，特由闽省送给洋银一万八千元完结此案"①。地方海洋盗案，不仅仅是内政问题，在中外通商的背景之下，给清政府带来了双重压力。

　　总之，虽然西方殖民活动对清代社会造成了一定冲击，但海防举措沿袭旧制，并无根本改变。中英签订条约之后，道光帝发布上谕，要求大臣们讨论海防善后事宜。② 直隶总督讷尔经额的条陈最能体现晚清海防策略的停滞与延续性。讷尔经额的观点主要包括训练水陆兵丁，选择适用的布防船只，强化巡洋会哨，完善预警措施，训练马队，培训炮兵，调整防兵轮班制度，布置设伏器具，禁止商渔船只偷越外洋，变通闽广商船停泊处，重新修订上海、宁波等处商船稽查章程，训练民兵，设置海防同知，筹措经费等。其核心在于"守则严防海口，虽尺寸不敢疏虞。于战则兼练水兵，与马步兵相为表里"，沿海增添兵丁防守，"添设墩台营房烽堠相望，声息相通"③。此外，强化对商船的管控，严行保甲制度，严禁民人接济盗匪或是汉奸串联夷人。这样一套管理体制，一直延续到了清末。

三　地方行政体系中的海防职官

　　明代倭寇侵扰问题的恶化与海防体系的衰落有着密切关系。明初"建设卫所，战舰鳞次，烽堠星罗。领哨有出海之把总，备倭有总督之都司"④，沿海管理较严。然而"自成、弘后迄嘉靖初，倭警寝

---

① 王彦威纂辑：《清季外交史料》，王亮编，王敬立校，书目文献出版社 1987 年版，第180 页。

② 《清宣宗实录》卷381，道光二十二年九月戊辰，中华书局1986 年影印本，第38 册，第870 页。

③ 文庆等纂辑：《筹办夷务始末》，《续修四库全书》史部，上海古籍出版社 2002 年版，第 415 册，第 560—565 页。

④ 陈子龙等辑：《明经世文编》卷 266《为海贼突入腹里题参各官疏》，中华书局 1962 年版，第 2813 页。

息者五十余年，边备废弛……水寨移于海港，墩堡弃为荆榛，哨船毁坏不修"①，军队腐化。对于军队的监督问题，明初曾"董以都司、巡视、副使等官"②，试图以文武协同来处理海防问题，结果因"专阃重臣，文武亦无定职"，以及长期的海不扬波而最终废弛。明中期以后，整个社会形成了重文轻武的风气，"军职冒滥，为世所轻……内之部科，外之监军、督抚，迭相弹压"，使"五军府如赘疣，弁帅如走卒"。沿海卫所"积轻积弱，重以隐占、虚冒诸弊，至举天下之兵，不足以任战守"③，武职将弁的注意力集中在了个人生活上，军政腐败之势不断蔓延。④ 倭患愈演愈烈之时，地方军政因协调不当而应对吃力。⑤ 针对统筹地方军政协同防御的问题，增置专职的海防督抚等大员成为必要。嘉靖时期，设置浙直总督统筹南直隶及浙闽军政事务，⑥ 山东、广东、广西三省亦为该总督调集兵马的兼辖之地；⑦ 万历时期，受"壬辰战争"影响，北方海防危机加重，又增设天津海防巡抚，"凡一切海防军务并地方兵马、盗贼、保甲、城守事宜，俱听便宜行事"⑧；增设登莱海防巡抚，"专主调兵、御寇"⑨ 等。然于具体的军政协同问题，实则由下级官员执行。

当时沿海军队腐败问题颇多，"夫将官之统兵海上也，虚兵克饷，

① 道光《广东通志》卷123《建置略九》，《续修四库全书》史部，上海古籍出版社2002年版，第671册，第700页。
② 《明史》卷322《外国三·日本》，中华书局1974年版，第27册，第8352页。
③ 《明史》卷90《兵二·卫所》，中华书局1974年版，第8册，第2195页。
④ 张金奎：《明代卫所军户研究》，线装书局2007年版，第390页。
⑤ 明代地方施行三司分权的体制，虽然解决了元代以来地方权力集中的问题，然三司互不统属，极不利于应对地方上出现的重大突发事件，如嘉靖大倭乱的前期处理就面对相应统属与协调问题。参见靳润成《明朝总督巡抚辖区研究》，天津古籍出版社1996年版，第2页。
⑥ 《明世宗实录》卷410，嘉靖三十三年五月丁巳，台北："中央研究院"历史语言研究所1984年版，第7152页。
⑦ 靳润成：《明朝总督巡抚辖区研究》，天津古籍出版社1996年版，第141页。
⑧ 毕自严：《饷抚疏草》卷7《缴敕疏》，天启刻本，第87页a。
⑨ 赵树国：《明代北部海防体制研究》，山东人民出版社2014年版，第553页。

苟且偷安，乃其积习致然"，无法有效承担防海任务。此前的监督查核，主要由总兵衙门间差旗牌等官至寨振饬，结果是"悉是利得厚赂，则回称兵将精强"，无裨实用。对于武官的监督，"整饬原在司道"，但司道难以屡出，"惟海防可以常巡"，进而增设海防道等巡视官成为当时整饬武备的重要举措。如此一来，海防道可以"常在海旁驻扎督理，则海寇猝至，不敢逗遛观望，分布巡哨必不敢潜住澳港，船上之兵必不敢登岸偷闲，哨兵数目必不敢虚名冒饷。船只破烂可即查申造补，杠具损坏可即验明替换，兵器不足可即查数支给，哨兵逃亡可即扣冒顶补"①。所以抚按当责成司道，司道当责成海防，"稽核文武功罪，每季终将兵卒有无清汰，将领有无失事，海防文职有无怠惰，逐一报督抚衙门，量行奖戒"②。

海防道虽然于监督军队有所裨益，但总是难免有所疏漏而兼顾不暇。地方官员也希望在海防要地设置机构和官员来加大地方海防建设的力度③，尤其基层海防问题的处理，不管是监督驻军，还是协同防御，主要依赖当地政府官员的配合。道一般不辖地方，府州的具体防务通常由佐贰职官负责，"城池之修举、兵器之除置、荒芜之开辟、盗贼之擒芟，势必委之佐贰"④。鉴于此，嘉靖三十三年（1554），倭寇侵扰形势严峻，苏松海防压力增大，浙直总督张经意识到急需专事防海的文职官员协同军队抵御倭寇入侵。张经在奏疏中称："吴淞江口及黄浦一带，皆通海要路，兵船既设，统领无人，请于苏、松各增设海

---

① 尹瑾：《海防要务疏》八条之一，引自卢坤、邓廷桢主编《广东海防汇览》，王宏斌等点校，河北人民出版社 2009 年版，第 178 页。

② 中国第一历史档案馆、辽宁省档案馆编：《中国明朝档案总汇》，广西师范大学出版社 2001 年版，第 3 册，第 295 页。

③ 王日根、曹斌：《明清河海盗的生成及其治理研究》，厦门大学出版社 2016 年版，第254 页。

④ 郑汝璧：《由庚堂集》卷 26《更调州县正官疏》，《续修四库全书》集部，上海古籍出版社 2002 年版，第 1356 册，第 661 页。

防同知一员。"① 曾任松江知府的方廉更明确说明新增海防同知，应该
"住（同"驻"）扎上海，专管该县乡兵水兵，自闵行以至嘉定界首，
皆其信地。无事率兵操演，有事统兵防守。盖同知名位稍尊，威令可
行"②。这些同知以海防为专职，不许"署府县印缺"③，一旦发生战
事，可以进行支援。④ 为了更有效地防海，"海防府、州、县佐各有信
地"⑤，分区负责。应天巡抚胡执礼总结了明代所形成的海防体制，以
苏松地区为例：

　　　　备倭之策在御海洋防海岸，宜于每年止汛之时，将把总等官
　　　分守汛地，副总兵常驻苏窦奥以当首锋，刘河游击常驻败草沙以
　　　备策应，金山参将移驻南汇以防登岸，海防同知各驻一方以理粮
　　　饷，兵备道巡历沿海以便监督，巡抚移驻近海地方以振兵威，分
　　　布远近，声势联络，便于接应。⑥

这样文武各自"信地分明，兵势联络，分守合围，寨游相济。提督则
有分守巡海二道及总镇游击等，稽核则有清军海防同知，制称备矣"⑦，
最终达成海陆联防的战略意图。⑧ 由此，到明后期逐渐形成了"以文臣

---

　　① 《明世宗实录》卷417，嘉靖三十三年十二月辛巳，台北："中央研究院"历史语言
研究所1984年版，7241页。
　　② 郑若曾：《筹海图编》卷6《直隶事宜·江南诸郡》，李致忠点校，中华书局2007年
版，第422页。
　　③ 《明神宗实录》卷304，万历二十四年十一月丁巳，台北："中央研究院"历史语言
研究所1984年版，第5702页。
　　④ 李新贵、白鸿叶：《明万里海防图筹海系研究》，《文献》2019年第1期。
　　⑤ 《明世宗实录》卷433，嘉靖三十五年三月丙子，台北："中央研究院"历史语言研
究所1984年版，第7472页。
　　⑥ 《明神宗实录》卷85，万历七年三月庚戌。台北："中央研究院"历史语言研究所
1984年版，第1779页。
　　⑦ 乾隆《兴华府莆田县志》卷11《戎备志》，民国十五年刻本，第11页b。
　　⑧ 黄友泉：《洪武年间海防思想的转变与福建海防建设》，第二届海峡两岸海洋文化研
讨会论文集，福州，2011年10月，第185页。

分层统帅为核心的省道府县四级整合体系"①。入清之后，这一套海洋管控体系被继承，并进行了一定的调整，如裁改海防督抚、海防道，增设海防同知、海防通判等。

总之，明清时期的海洋环境，除了晚清时期，并没有本质上的差异，但是明清政府对待海洋的态度发生了明显的变化。明自太祖以来，始终认为杜绝百姓出海，是维护沿海地区稳定的最有效的办法，即使隆庆开关，也仅仅限于福建局部地区，并非全国通行之举，所以始终秉持的是对沿海进行严格管控的政策。但是清政府吸取明代的教训，在清初解决台湾问题之后，采取开禁的政策，在制定限制政策的同时，也重视保障地方百姓的生存，将"管控"与"治理"同等重视。在此情况下，由明代而来的行政系统的海防职官，随着明清海洋认知及政策的变化，其设置也发生了相应的调整。

---

① 苏辰：《明代南直隶兵防体制研究》，博士学位论文，东北师范大学，2017 年，第178 页。

第二章　海防职官的设置与调整

嘉靖以来，为了满足海防与沿海地区的管控需求，明政府在地方行政体系中，设置了专职的防海职官，从督抚司道到同知通判，组成了一套完整的专职防海的行政体系。从明后期至清末，随着海洋环境的变化以及海洋政策的调整，为了应对现实需求，明清政府对海防行政职官的设置，进行了相应的裁改与增补。

第一节　海防督抚

一　督抚制度

总督、巡抚逐渐成为地方军政首脑，始于明初。明成祖迁都北京之后，以应天为南京，以凤阳为中都。中都置留守，南京设部科寺院，院诸职不隶承宣布政使司。永乐十九年（1421）"遣尚书蹇义等二十六人巡行天下，安抚军民，巡抚之名始肇于此"。宣德年间，擢熊槩、周忱出抚应天、苏松，巡抚之职开始成为镇守专官。景泰四年（1453），因镇守与巡按御史不相统属，文移窒碍，于是改为巡抚都御史。其职衔兼军务者加"提督"二字，有总兵之地则加"赞理"二字，所辖地多事重者，则加"总督"衔，其中以尚书侍郎任总督军务者，皆兼

"都御史"以行，成为定制。① 大致而言，"自宣德以后，或因边防有警，或因地方不靖，又陆续在全国各地，派出备有中央政府一二品大员职衔的'总督'、'巡抚'，集所督所抚地区内的军务、察吏、治民大权于一身，遂成为最高级的封疆大吏"②。督抚均有军政职责，"巡抚的职权可以概括为征收赋税、考核属吏、提督军务；总督的职权可以概括为节制巡抚、调度军队。要之，巡抚以民事为主，兼理军务；总督以军务为主，兼理民事"③。这便是二者常规性职务。

明代督抚的职权，"往往因人、因事、因时、因地有很大差别。有明一代，对督抚职权没有一般性的规定。一般的情况是：皇帝于钦颁督抚的敕书中详列其职权，督抚因情况需要变更哪些职权，须奏请皇帝更换敕书，或于敕书内增入（或减削）某项职权"④。就海防而言，朱纨初为巡视都御史，巡视浙江。嘉靖二十六年（1547）改为浙江巡抚，同时兼管福建海道提督军务。嘉靖二十七年（1548），因备倭所需，朱纨一人无法兼顾浙江福建二省防务，御史周亮、给事中叶镗等奏请，"闽浙既设有海道专官，苟得其人，自不必用都御史，若不得已，不如两省各设一员"。吏部认为，"浙江旧无巡抚，或遇有警，遣重臣巡视，事宁即止"⑤，主张裁革巡抚而复巡视旧制。其原因为巡抚之设，导致政体纷更。于是仍改朱纨为巡视都御史，裁浙江巡抚一职。嘉靖三十一年（1552），浙江巡按御史林应箕奏称倭寇黄岩地方，海道副使、驻防把总等官皆临难规避，海洋不靖，倭患不断。于是给事中王国祯等奏议，地方军政官员无所监督，事权不一，皆是因"由朱纨

① 雍正《江南通志》卷103《职官志·文职五》，《文渊阁四库全书》史部，台湾商务印书馆1986年影印本，第510册，第88页。
② 谭其骧：《中国历代政区概述》，载《长水集续编》，人民出版社1994年版，第43页。
③ 靳润成：《明朝总督巡抚辖区研究》，天津古籍出版社1996年版，第2页。
④ 林乾：《论明代的总督巡抚制度》，《社会科学辑刊》1988年第2期。
⑤ 《明世宗实录》卷338，嘉靖二十七年七月甲戌，台北："中央研究院"历史语言研究所1984年版，第6167页。

得罪后，裁革巡视都御史，故三省军民无所钤辖。虽设有海道副使，而权轻不便行事，往往至于狼狈失职"，奏请复设都御史一职。吏兵二部覆议后认为，巡视都御史必"以巡抚总督之权，使之节制诸省，方可责其成功"①。嘉靖皇帝从其议，同意暂设巡视浙江兼管福兴漳泉提督军务大臣一员，以便督兵剿贼，至于兼管巡抚等项，则待贼平议处参将后添设。嘉靖三十二年（1553），兵科都给事中王国祯等再次奏陈浙江福建防海机宜，认为职官专任防海，有利于责成之便，巡抚都御史一职应加巡抚衔。与此同时，山东辽东海防有警，其巡抚都御史应兼理海防。兵部议复，改巡视浙江都御史为巡抚，提督军务兼巡抚浙江并福州、兴化、泉州及漳州地方。其余应天、凤阳、山东、辽东巡抚都御史，以本职兼理海防。②

总督巡抚之设，并非易事。地方添设重臣，虽可事权一统，但同时也会造成"兵力以瓜分而益弱，事权以鼎峙而皆轻"的问题。万历二年（1574），提督两广右都御史殷正茂奏请添设巡视广东兼漳泉海防都御史一员，吏部令广东福建二省再议。万历皇帝认为"殷正茂并未言添设广东巡抚，止是巡视海防"③，无需发回二省重议。后经兵部讨论，"广东福建各设有海道副使，一应兵防事宜，原非乏人"④，无需添设重臣。地方督抚临事而任、事罢即裁，在海防吃紧的背景下，这成为统筹地方事权，协调防海机宜的权宜之策。明政府为了应对"倭患"、辽东后金势力，先后设置专理海防事务的浙直总督、天津、登莱巡抚等官，除了浙直总督在隆庆元年（1567）裁撤外，天津、登莱海

① 《明世宗实录》卷387，嘉靖三十一年七月己亥，台北："中央研究院"历史语言研究所1984年版，第6816页。

② 《明世宗实录》卷400，嘉靖三十二年七月甲子，台北："中央研究院"历史语言研究所1984年版，第7018页。

③ 《明神宗实录》卷28，万历二年八月己巳，台北："中央研究院"历史语言研究所1984年版，第699页。

④ 《明神宗实录》卷29，万历二年八月丙子，台北："中央研究院"历史语言研究所1984年版，第705页。

防巡抚的设置，一直沿袭至清代顺治时期。

当然，在特殊时期特定区域设置专理海防事务的督抚外，其他时期及区域的海防事务，通常由相应的督抚兼理。如保定巡抚可提督紫荆等关，同时兼理海防军务。① 操江都御史职在江防，应天、凤阳二巡抚职在海防。后因倭患，以镇江而下通州、常州、狼山镇、福山镇等处原属二巡抚者，隶之操江，于是操江都御史有防海之责。后来操江都御史难以遥制，明政府重新划定都御史与二巡抚之辖区，使三者互为应援。②

有明一代，"总督巡抚，始终仅为一差事，而非固定官职"③。清初仍沿袭旧制，其职衔复杂，辖区或大或小不一，与省制不符。如顺治二年（1645），以保定巡抚王文奎为兵部右侍郎，兼都察院右副都御史，总督淮扬等处，提督漕运海防军务兼理粮饷。④ 顺治六年（1649），以原任浙闽总督张存仁为兵部尚书，兼都察院右副都御史，总督直隶、山东、河南，巡抚保定等府，提督紫荆等关，兼理海防军务。⑤ 顺治十七年（1660），因凤阳等处地方紧要，林起龙加太子太保，升兵部尚书，兼都察院右副都御史，巡抚凤阳等处地方，兼海防提督军务。⑥ 康熙朝以来，督抚制度已经处于紊乱的状态，于是"对督抚的设置进行了一系列的调整工作，使督抚与省制协调起来，大体上到乾隆初期，

---

① 《明神宗实录》卷561，万历四十五年九月乙酉，台北："中央研究院"历史语言研究所1984年版，第10587页。

② 《明世宗实录》卷524，嘉靖四十二年八月丙辰，台北："中央研究院"历史语言研究所1984年版，第8557页。

③ 陈柏心：《中国的地方制度及其改革》，广西建设研究会1938年版，第21页。

④ 《清世祖实录》卷16，顺治二年五月庚寅，中华书局1985年影印本，第3册，第144页。

⑤ 《清世祖实录》卷45，顺治六年七月辛亥，中华书局1985年影印本，第3册，第364页。

⑥ 《清世祖实录》卷132，顺治十七年二月壬寅，中华书局1985年影印本，第3册，第1020页。

督抚也逐渐也由临时性转变为固定的体制"①。在督抚体制化的过程中，督抚正式成为地方的军政首脑，故在顺治之后，清代不再设有专理某一项事务（如海防）的督抚职官，传统的海防事务通归于沿海督抚兼理。

根据杜家骥先生研究，在清代，总督的职责大致归纳为：节制所辖之省高级文武官员，察吏安民，而偏重于军事以及与军事相关的各种政务。一般在文官选任与考绩中，总督于年终密考者，不仅有提督、总兵这两种高级武官，而且包括所辖省份的学政、布按二司、道员、知府等文职官，具体选任中主要负责海疆、苗疆或沿江河之缺；巡抚一般职掌刑名案件、钱粮财务、乡试、军政、文官选任与考绩等，而军政主要是在不设总督的省区，文官选任与考绩则主要是道员、知府、府佐贰（同知、通判）、知州、厅同知或通判、知县，均划定有题缺、调缺、留缺，其余佐杂及教职，定有要缺，这些题、调、留、要缺的选任，为巡抚之责。在督抚并设地区，则海疆、苗疆及沿江河之缺由总督负责。② 但是，根据地方实际情况，督抚职责需要协调。如闽浙总督驻扎福建，与浙江相隔较远，防海之事鞭长莫及。而巡抚又呼应不灵，以致营员观望因循，日见懈弛。于是清政府将浙江营务交由浙江巡抚兼管，"严饬各营实心整顿，遇有盗劫之案，速缉务获。如有怠玩员弁，即严参惩办"③；并将选拔浙省提督及各镇标千把外委等官之事，俱交由浙江巡抚就近考拔，再咨会总督即可。这样既可省劳费，而营务亦不致旷误。所以从清代的督抚职能可以看出，清代海防是在督抚的总理范围之内，而不像明后期至清前期专设部分海防督抚，强调督抚的防海职能。

① 林涓：《清代行政区划变迁研究》，博士学位论文，复旦大学，2004 年，第 13 页。
② 杜家骥：《清代督、抚职掌之区别问题考察》，《史学集刊》2009 年第 6 期。
③ 《清高宗实录》卷 1434，乾隆五十八年八月壬申，中华书局 1986 年影印本，第 27 册，第 174 页。

此外，与明代不同，清代督抚的防海职责，既分工明确又共同负责。如乾隆六十年（1795），广东巡抚朱圭奏报拿获海洋盗犯案，将两广总督长麟之名列于其后，乾隆皇帝心生疑惑，谕旨：

> 朕初阅之下，未免心生疑讶，以为长麟或病。若寻常命盗各案，系巡抚专政，审明后或题或奏，原可不必与总督联衔。至于洋面行劫重案，则总督管辖营伍，海防尤其专责，自应联衔入告。即如闽省拿获海洋盗犯，俱系督抚会同定拟，联衔具奏。今朱圭折，即行重处之案，止会总督于折后，究于体制未协。即或因长麟前往广西查阅营伍，亦当于折内声明，方为明晰。著传谕各督抚，嗣后凡有审拟地方事关军务及洋盗重案，俱著列总督衔于前，以符体制。此朕经事久，有关国政之深意也。①

由此来看，清代沿海防务由督抚共同负责，总督节制营伍巡洋缉盗，巡抚负责审讯稽查，最后督抚联名具奏，且海防事务以总督为重，职名列于巡抚之前，以符合体制。如浙闽总督与浙江巡抚原存在职权纠纷，浙省"遇有海洋凶盗劫杀案件，必待远赴闽省呈报总督始行办理。往返实属稽迟，而本省巡抚又以营务非其管辖，明称不越俎而实意存推诿，并不督率稽查"。为此，清政府规定"嗣后浙江各营，均令巡抚就近兼理，一切营务寻常事件，仍与总督会同秉公商办。如遇此等紧要事件，即一面办理，专折奏闻；一面再行札会总督，庶营制更有责成，而要案亦不致稽迟矣"②。

晚清之后，海防事紧，沿海各督抚的防海职责有所提升。如同治

---

① 《清高宗实录》卷1469，乾隆六十年正月戊申，中华书局1986年影印本，第27册，第619页。

② 《清高宗实录》卷1329，乾隆五十四年五月癸未，中华书局1986年影印本，第25册，第998页。

九年（1870）裁撤三口通商大臣，提升直隶总督海防事权：

> 洋务海防，本直隶总督应办之事。前因东豫各省匪踪未靖，总督远驻保定，兼顾为难。特设三品通商大臣，驻津筹办，系属因时制宜。而现在情形，则天津洋务海防，较之保定省防，关紧尤重，必须专归总督一手经理，以免推诿而专责成，著照所议。三口通商大臣一缺，即行裁撤。所有洋务海防各事宜，著归直隶总督经管。照南洋通商大臣之例，颁给钦差大臣关防，以昭信守。其山东登莱青道所管之东海关，奉天奉锦道所管之牛庄关，均归该大臣统辖。通商大臣业已裁撤，总督自当长驻津郡，就近弹压，呼应较灵。并著照所议，将通商大臣衙署改为直隶总督行馆，每年于海口春融开冻后，移扎天津，至冬令封河再回省城。如天津遇有要件，亦不必拘定封河回省之制。①

晚清时期，第二次鸦片战争之后，清政府开始大力推行洋务运动，整顿海防。沿海各督抚条陈海防事宜，其海防职责整体提升。然即使如此，如直隶总督，虽然负责北洋一带海防事务，但辖区之内各种事宜均需管理，而非专事一职的海防督抚。

总之，明代专职海防督抚，通常指的是专事防海，不兼管地方其他杂务。清代则不同，经过对督抚制度的调整后，海防并入督抚职责之内，所谓专管而非独办，实指其辖有海防事务，但同时亦管理地方其他军政民事。

二　浙直总督

嘉靖倭乱，是设置浙直总督的直接原因。根据统计，从嘉靖三十

---

① 《清穆宗实录》卷293，同治九年十月壬子，中华书局1987年影印本，第50册，第1051页。

一年（1552）至嘉靖三十六年（1557），"倭寇入侵直隶八十九次、浙江六十一次、福建十四次、山东三次、广东两次，共计一百六十九次，每年约二十八次"①，是"倭患"最严重的时期，南直隶、浙江、福建是受灾最严重的区域。浙直总督正是在这一背景下设置，专门负责处理东南沿海的倭寇劫掠问题。

嘉靖三十三年（1554），"倭夷入犯杭州，特命尚书提督浙江、福建、南直隶军务"②，浙直总督一职正式设立，其所辖区域正是倭患最为严重的南直隶、浙江和福建三个地区。关于新设总督在嘉靖三十三年设立之后的辖区问题，史料中有多种不同记载，如《明世宗实录》记载，"总督南直隶、浙江、山东、两广、福建等处"③。靳润成认为"南直隶、浙江、福建为倭患重点攻扰之地，亦为该总督重点统辖之地；其余山东、广东、广西三省为该总督调集兵马的兼辖之地，管辖不一定严密"④，所以浙直总督负责的主要区域是南直隶、浙江和福建。再从当时的行政体系而言，明代各省布、按、都三司分权，互不统属，在面临如此严峻的"倭患"问题时，设总督总揽海防任务，使军政协调、事有统属，也是必然的趋势。设置之后的浙直总督虽是提督浙江、福建、南直隶军务，但与海防有关的文武官员均归其节制管理。如嘉靖三十五年（1556）五月丙戌，"降海防佥事董邦政为苏州府同知，仍戴罪剿贼。坐督战退缩，为御史周如斗所劾也。未几，总督胡宗宪以四月中清水洼等处捷闻，称邦政及总兵俞大猷功，邦政得免戴罪，仍送吏部拟升四品职级"⑤。可见浙直总督对辖区内文武职官的功过评价

①　曾纪鑫：《明代倭患真相》，《粤海风》2016 年第 3 期。
②　《大明会典》卷 209《都察院一》，《续修四库全书》史部，上海古籍出版社 2002 年版，第 792 册，第 471 页。
③　《明世宗实录》卷 410，嘉靖三十三年五月丁巳，台北："中央研究院"历史语言研究所 1984 年版，第 7152 页。
④　靳润成：《明朝总督巡抚辖区研究》，天津古籍出版社 1996 年版，第 141 页。
⑤　《明世宗实录》卷 435，嘉靖三十五年五月丙戌，台北："中央研究院"历史语言研究所 1984 年版，第 7498 页。

有着重要的影响，这也是其辖制地方文武官员的表现。

嘉靖四十一年（1562）之后，东南沿海较大规模的"倭患"虽未完全解决，但已趋于缓和。时任总督胡宗宪上奏表彰御倭有功官员，因胡宗宪与严嵩有着重要关系，被南京户科给事中陆凤仪劾奏。其罪名之一是，"宗宪本与贼首王直同乡，其所任蔡时宜、蒋洲、陈可愿等皆贼中奸细"，因而主张招抚汪直。虽然汪直最后被杀，但难保不会有其他隐情。嘉靖帝"特命锦衣卫械系宗宪至京问，于是浙直总督缺遂罢不补"①。陆凤仪弹劾胡宗宪的内容是否属实，姑且不论，弹劾内容表明，浙直总督在防倭任务中，有很大的人事权。至于浙直总督裁撤的具体原因，根据嘉靖四十一年（1562）徐学谟的《答革浙直总督论》可知，"浙直总督原为倭寇暂设，今地方仰藉皇上威德已就平宁，而百姓遭其恣肆扰害之后有资绥辑。今不必仍此，只设巡抚而于敕内开写'如浙直有警互相应援'之语，实为便益"②。所以在"倭患"被平息之后，专为备倭而设的浙直总督已没有充分的存在理由，其原管海防任务可分派地方巡抚管理。又因朝廷党派之争以及胡宗宪因任内问题被弹劾等原因，浙直总督最终被裁撤。嘉靖四十五年（1566），因"浙江开化、江西德兴矿贼作乱，劫掠直隶徽、宁等处，其势日炽。……上乃命升刘畿为兵部右侍郎兼都察院右佥都御史，不妨巡抚，总督浙直、江西军务"③，因故复设浙直总督，但防海已非其务，事竣之后，在隆庆元年（1567）便被裁撤。

总之，浙直总督自嘉靖三十三年设置至四十一年（1554—1562），

---

① 王士骐：《皇明驭倭录》卷8，《续修四库全书》史部，上海古籍出版社2002年版，第428册，第439页。

② 王士骐：《皇明驭倭录》卷8，《续修四库全书》史部，上海古籍出版社2002年版，第428册，第460页。

③ 《明世宗实录》卷556，嘉靖四十五年三月庚申，台北："中央研究院"历史语言研究所1984年版，第8949页。

是其处理海防问题的主要时段,海防文武职官归其统辖。后随着"倭患"的平息,逐渐没有了存在的价值,于嘉靖四十一年裁撤。四十五年的复设,不过是为了处理矿工起义问题,与海防几无关系,事罢便裁。

三 天津、登莱海防巡抚

天津巡抚前后共有两次设置,第一次设置时间为万历二十五年(1597)至二十七年(1599),第二次设置为天启元年(1621)。登莱巡抚的设置时间,同天津巡抚的第二次设置时间一样,在天启元年因防范辽东后金势力而置。

天津巡抚的第一次设置,与万历时期丰臣秀吉侵朝,明军入朝作战有着重要关系。天津巡抚始置于万历二十五年,当时日本军队侵入朝鲜,明朝派军入朝援助。在此背景下,设置天津巡抚,主要是为了防备日本军队"北犯中国"[1]。万历二十六年(1598),直隶巡按黄纪贤指出,"天津为京师门户,登莱咽喉,外通旅顺,内达淮阳,制御要害",奏请"以海防巡抚改衔保定而仍驻天津,以山东巡抚加敕防海而移驻登莱"[2]。但并未准行,实以天津巡抚兼管登莱之地。天津巡抚的职责,"带亲兵巡历海上,春汛限以二月初旬为始,六月初旬撤还,秋汛限以八月初旬为始,十一月初旬撤还。择北海适中之处,控扼提衡,无事画地哨防,有警合营邀击"[3]。时任天津巡抚的汪应蛟在奏疏中也说,"臣于是年八月内荷蒙圣恩,叨任天津登莱等处海防巡抚,九月内即躬巡海上"[4]。万历二十七年朝鲜战事结束后,天津巡抚即行裁撤。[5]

---

① 靳润成:《明朝的天津巡抚及其辖区》,《历史教学》1996 年第 8 期。

② 《明神宗实录》卷 329,万历二十六年十二月戊午,台北:"中央研究院"历史语言研究所 1984 年版,第 6083 页。

③ 《明神宗实录》卷 319,万历二十六年二月丁巳,台北:"中央研究院"历史语言研究所 1984 年版,第 5932 页。

④ 汪应蛟:《抚畿奏疏》卷 8《海滨屯田试有成效疏》,《续修四库全书》史部,上海古籍出版社 2002 年版,第 480 册,第 504—505 页。

⑤ 陈洁:《明代天津巡抚设置初探》,《黑龙江史志》2009 年第 18 期。

天津巡抚的第二次设置，和辽东形势的恶化有着重要联系。天启元年（1621）三月，"努尔哈赤率后金大兵先后攻占了沈阳、辽阳，不久，又夺取了镇江（今丹东市）、海州、盖州、复州、金州等七十余城池，占领了包括旅顺口外的一些岛屿，如广鹿岛、给店岛、石城岛等。辽沈战役后，努尔哈赤把南自金州，北达中固，东迄镇江，西至辽河的广大地区视为后金国土，在镇江、金州、海州以及西北与蒙古毗连的边境，派驻重兵戍守"①。辽东半岛被后金控制之后，后金可以从海上直接进攻山东及京畿地区，对明朝廷构成了极大的威胁，故而在天启元年先后设置了天津和登莱巡抚专管海防。天启元年四月，兵部尚书崔景荣言：

> 辽沈之失，皆系内应，广宁城小，奸细难容，倘士民齐心，便能固守。李光荣、窦承武皆一时骁将，见在士马，加以收拾逃兵，鼓以忠义，并力拒三岔河，依然雄镇也。贼得海、盖，则天津、登莱俱当堤防，山东抚道诸臣所当时时预备粮运。陆路艰难，抚臣请将海运，系北岸转饷。此河西命脉所关，督饷部臣已议回部，而新推天津巡抚必兼理粮饷以督海运而后可。②

天启帝从其言，升太仆寺少卿毕自严为都察院右佥都御史，驻扎天津，备兵防海，为天津海防巡抚。显然，天津巡抚的复置，就是为应对辽东战事。至于新设天津巡抚的具体职责，巡抚毕自严在《抚津疏草》中有详细说明，"巡抚天津等处备兵防海，兼理粮饷事务，统辖天津道府属州、县、营、卫并沿海武清、宝坻、滦州、乐亭及附隶卫所。凡一切海防军务并地方官评、兵马、盗贼、保甲、城守事宜，俱听便宜

---

① 赵红：《明代登莱巡抚考论》，《济南大学学报》（社会科学版）2006 年第 6 期。
② 《明熹宗实录》卷 9，天启元年四月丁丑，台北："中央研究院"历史语言研究所1984 年版，第 437 页。

行事。……一应水陆战守事宜，与海防总兵计议酌行。总兵以下，有隐占剥削等弊，俱听查核。官兵不用命者，以军法从事"，听从经略总督节制，与蓟辽、顺保、山东及通州等巡抚和衷共济，经略地方防务。① 其防海职能的指向十分明确，天津道府属州县一切军务及部分民事均归其节制，同时兼理粮饷支援辽东战事。此后，天津海防巡抚便常置不罢。

登莱巡抚的设置同样是为应对辽东局势，明熹宗在重新启用熊廷弼之后，根据其"用马步列垒河上，以形势格之，缀敌全力；天津、登、莱各置舟师，乘虚入南卫，动摇其人心，敌必内顾，而辽阳可复"的策略，在登莱设巡抚，"以陶朗先为之，而山海特设经略，节制三方，以一事权"②。总之，登莱巡抚的设置，是以天津至山东半岛地区为基地，由天津巡抚和登莱巡抚相配合，通过整饬地方兵备并督理粮饷，在布防战略上防御后金从海上进攻，从而保障后方，尤其京畿的安全，同时支援辽东前线战事，配合前线军队重夺辽阳，所以二巡抚自天启后常置不罢。

入清之后，天津、登莱二巡抚均有短暂设置。"顺治元年（1644），设天津巡抚，驻天津卫，析保定巡抚所领之河间府来属，顺治六年五月（1649），裁天津巡抚，其所领归入顺天巡抚管理"③。在这六年中，天津巡抚的防御对象为清初的反抗势力，即地方性农民起义者、残明及李自成残部，与海防已经没有关系。因此在顺治六年，天津地区基本稳定之后，清政府出于经费问题，"裁天津、凤阳、安徽巡抚、巡江御史、天津饷道等官，以裕国家经费之用"④。自此，天津巡抚的职能

---

① 毕自严：《抚津疏草》卷 4《缴·敕疏》，天启年间刊本，第 98 页 a。
② 《明史》卷 347《列传》，中华书局 1974 年版，第 22 册，第 6696 页。
③ 林涓：《清代行政区划变迁研究》，博士学位论文，复旦大学，2004 年，第 18 页。
④ 《清世祖实录》卷 44，顺治六年五月癸未，中华书局 1985 年影印本，第 3 册，第 354 页。

并入顺天巡抚。

登莱巡抚的设置同样是为稳定清朝的统治，"顺治元年，沿袭明制，设登莱巡抚，当时也称为海防巡抚，驻登州府，辖登州、莱州、青州三府州。顺治九年（1652），裁登莱巡抚，原辖地并入山东巡抚"①。登莱巡抚的职责，主要是解决山东地区的灾荒、流贼、土寇及南明对山东争夺的问题。② 由此可见，设置登莱巡抚的目的，在于镇压反清势力，安抚地方百姓，稳定清朝统治。在这些问题基本解决之后，其职能被并入其他职官中。顺治九年，"户部以钱粮不敷，遵旨会议，一山东登莱巡抚宜裁，一宣府巡抚宜裁，以总督兼理"③。

总之，明代设置天津、登莱海防巡抚，主要是为应对后金势力，在清朝入主中原之后，其防御对象随之调整为明朝残余势力及流贼、土寇等。从其职能及裁撤的原因来看，天津巡抚和登莱海防巡抚在清初的设置，是一种权宜之计的应急之需，当"以裕国家经费""户部余粮不足"时，财政难以支持其运作，便行裁撤。这也是清代督抚制度变革、步入正规化的过程之一。

纵观明清两代的海防督抚，均是受命于危难的"临时"职官。虽有总揽地方军政的大权，但处于督抚制度的发展与过渡期，属于监察性质，并非制度化职官。就其作用而言，海防督抚在处理防海事务中，发挥了重要作用，尤其浙直总督的设置，在统筹、协调地方文武，解决东南"倭患"问题等方面，起着举足轻重的作用。但督抚的性质与职官制度的发展，决定了海防督抚摆脱不了"事罢即裁"的命运。

---

① 林涓：《清代行政区划变迁研究》，博士学位论文，复旦大学，2004 年，第 22 页。

② 孙君：《清顺治朝登莱巡抚考论》，硕士学位论文，辽宁大学，2014 年，第 9—11 页。

③ 《清世祖实录》卷 64，顺治九年四月丁未，中华书局 1985 年影印本，第 3 册，第 499 页。

第二节　海防道

一　道制演变

从明代洪武时期开始，在沿海地区逐步建立卫所防御体系之后，为了解决卫所将弁玩忽懈怠的问题，明政府决定以文官进行监督，"其沿海备警，则有墩有堡有营，烽堠相望，互为声援，识之以巡司，守之以备御所，而督察于兵宪焉"①。据《大明会典》载："国初兵事，专任武臣，后常以文臣监督，文臣重者曰总督，次曰巡抚。总督旧称军门，而巡抚近皆赞理军务，或提督，详载都察院。其按察司官饬兵备者，或副使，或佥事，或以他官兼副使、佥事；沿海者称海防道，兼分巡者，称分巡道，兼管粮者，称兵粮道。"② 出于按察司的海防道，负责分巡地方，对武职官员进行监督，行使监察职能。

从道制来看，道是介于省、府之间的一级职官。明代的道员为抚、按二司的佐贰职官。按类别，分为守巡二道和兵备道以及各类专业道。各类道带有二司衔，兵备道既可为守巡二道带兵备衔，亦可与之独立，所以兵备道与布按二司的隶属关系并不明确。明代按察司的职权主要为监察，但是随着时间的推移，按察司各种附带职权随之产生，"由于副使、佥事是分巡道的首长，有时亦因为某一地区内某一特殊事务极为重要，即将此项职务附带于该地区分巡道上，或竟因此而单独成立为一个道，故乃产生所谓管屯、提学、水利、清军、驿传与整饬兵备各种道的名称"③。嘉靖三十二年（1553）六月，六合县知县董邦政在

---

① 嘉靖《山东通志》卷 11《兵防》，嘉靖十二年刻本，第 2 页 a。
② 《大明会典》卷 128《兵部十一·镇戍三·都抚兵备》，《续修四库全书》史部，上海古籍出版社 2002 年版，第 791 册，第 297 页。
③ 李国祁：《明清两代地方行政制度中道的功能及其演变》，《"中央研究院"近代史研究所集刊》1972 年第 3 期。

抗击倭寇中立有大功，为了加强海防监察，强化地方防海能力，抚按奏请设海防道，以六合县知县董邦政升按察司金事，专理海防，① 这便是将海防要务赋予巡道，进而成为专职防海的海防道，亦可称为专业道。

　　海防一事，因倭乱而严于嘉靖时期。在此之前，负责海洋防务的道，一般称巡察海道，"明洪武初设沿海诸卫，领以备倭都指挥使，兼置巡察海道"②，即巡海道。嘉靖时期，因海防事紧，"海防"一词频繁使用，新设的负责海防事务的道，多出于按察使司，称海防副使、海防金事，简称海防道。除巡道之外，兵备道亦会管理海防事务，如淮扬兵备道有整饬淮扬海防、江洋等职责。到明代后期，道与二司隶属关系有明显向督抚转变的发展趋势，马文升在《陈治道疏》中曰：

　　　　臣愚乞敕各处巡抚、巡按等官，今后布按二司分巡、分管官员，每年春二月中出巡，七月中回司，九月中出巡，十二月中回司，务要遍历所属，每处所住不拘日期。凡贪官污吏蠹政害民及一切兴利除害之事，有益地方者，务在举行。每季终，分巡官将问过赃污官吏名数，追过赃罚等项数目，及完过勘合词讼，分管官将催完过钱粮，抚安过人民，并一应合行事件，各开报抚按处查考。③

道虽属监察性质的职官，但在巡视地方，稽查军政事务的过程中，也逐渐参与地方事务的管理，由此在后期与督抚的从属关系发展明显，

---

　　① 郑若曾：《江南经略》卷4下《上海县倭患事迹》，《文渊阁四库全书》子部，台湾商务印书馆1986年影印本，第728册，第301页。

　　② 雍正《山东通志》卷20《海疆》，《文渊阁四库全书》史部，台湾商务印书馆1986年影印本，第540册，第368页。

　　③ 佚名：《御选明臣奏议》卷6《陈治道疏》，《文渊阁四库全书》史部，台湾商务印书馆1986年影印本，第445册，第100页。

是形成冗官的原因之一。

总之，明代管理海防事务的道，其沿袭自明初的巡海道，且名称有多种。海防道可称为巡视海道副使、巡察海道副使、巡视海道、巡视副使、海道、海防副使、海防佥事、海防兵备道等。名称的不统一，反映出此类官员临事而设的特征，也造成明代道员渐呈冗余之势，"藩臬则添设管粮参议、海道副使，官员何重，兵备佥事、屯田佥事，一事添设一官"，以一官养食数十口之家，"则政何有不弊，民何由不穷"，原是"添官以任事"①，后期则成为官以生事的吏治积弊。

明清易代之后，冗余的道制开始被裁撤省并。清初道的设置多沿袭明制，"专管一事的道名类繁多，计有粮储道、盐法道、驿传道、水利道、管河道、巡海道、海防道、江防道、兴屯道、马政道、提学道等等，殊难尽举。经过多次整顿，除盐、粮、河道予以保留、提督学道改为提督学政外，其他各道陆续裁撤，其所管职事概由守巡道兼管"②。其中，守道"每省无定员，粮储、屯田、清军、驿传、水利各以其职为名"，巡道"亦无定员，提学、兵备、清军、巡海、水利、屯田、驿传、盐法诸道，各以事设各省要地"③。实际上，清代道制改革后，除守巡二道之外，还存有专业道。清代道制大致可以分为两类，"一类是有守巡之责，辖若干府、直隶州、直隶厅的道，称为分守道、分巡道（或称区划道）；另一类是专管某一范围内（一般为一省）特定事务的道，称作专业道（或专职道、专务道）等"④。

经过康雍乾时期的变革，"除盐、粮、河道予以保留、提督学道改为提督学政外，其他各道陆续裁撤，其所管职事概由守巡道兼管"⑤，

① 章潢：《图书编》卷85《添设冗官》，《续修四库全书》子部，台湾商务印书馆1986年版，第971册，第541页。

② 朱东安：《关于清代的道和道员》，《近代史研究》1982年第4期。

③ 张廷玉、嵇璜等编纂：《清朝文献通考》卷85《职官考》，浙江古籍出版社2000年版，第5618页。

④ 周勇进：《清代地方道制研究》，博士学位论文，南开大学，2010年，第49页。

⑤ 朱东安：《关于清代的道和道员》，《近代史研究》1982年第4期。

全国基本不再设海防道。地方的海防事务，通常由守巡二道或专业道兼管，如康熙九年（1670），福州府福宁州海防事务，归驿盐道兼管，兴泉二府海防事务，归兴泉道兼管等。① 比较例外的是乾隆元年（1736）"添设海防道一员，驻松（松江）、太（太仓）二属适中之地，专管海塘岁修工程事务，将原管塘工之同知、州同各官，资其调遣"②，因海塘修筑专设松太海防道。至于嘉庆《大清一统志》所云分守兴泉永海防兵备道、分巡汀漳龙海防兵备道，亦非专以海防为主的海防道。③ 这些道的名称中虽含有"海防"或"巡海"等字样，海防实为"兼"理，并非以此为专职，因事之需，随时添加水利、兵备等其他职衔也是常态，这和明代海防道以海防为主的职责有很大区别。此外，乾隆十八年（1753）定各省守道、巡道，不再使用布政使参政参议、按察司副使金事等衔。④

综上来看，海防道肇始于明初，强化于嘉靖时期，临时而设名称多样，分工较细事权专一。至明末，因倭乱已平，而内乱与北虏之患正盛，明政府无暇调整长期以来形成的道制冗员之弊。明清易代之后，清政府开始调整明代以来的道制，经过多次省并裁改，除比较特殊的松太海防道之外，地方海防事务均由地方守巡二道兼管。概括而言，"海防道"一职的特征，受康雍乾时期宁谧的海疆环境及道制变革等影响，由明代的以"海防为主"的专职型过渡为清代以"海防为辅"的兼衔型。

① 光绪《大清会典事例》卷25《吏部·官制·各省道员》，《续修四库全书》史部，台湾商务印书馆1986年版，第798册，第426页。

② 《清高宗实录》卷22，乾隆元年七月己亥，中华书局1986年影印本，第9册，第525页。

③ 嘉庆《大清一统志》卷424《福建统部·文职官》，《续修四库全书》史部，上海古籍出版社2002年版，第622册，第15页。

④ 乾隆《钦定大清会典则例》卷3《吏部·官制》，《文渊阁四库全书》史部，台湾商务印书馆1986年影印本，第620册，第93—94页。

二 明清海防道

自明初至清末，随着世界殖民贸易体系的发展，中西之间的经贸往来成为客观趋势，明清政府不得不调整海洋政策，并融入其中，中国逐渐成为全球海洋活动的重要参与者。随着西方殖民者的到来，中国周边国家，尤其南洋地区成为西方殖民区域，对中国沿海的威胁日益加剧。明代的东南倭乱与东北朝鲜战事，虽为日本所发，但西方殖民者对中国沿海同样觊觎已久。入清之后，初期的三藩之乱、台湾郑氏之扰，中后期的沿海盗患，以及清后期西方国家的入侵蚕食，使海防之事始终是明清政府的要务。除了人祸之外，沿海的自然灾害——海潮侵蚀，对沿岸百姓的生命财产安全造成了重大威胁，尤其长江入海口及杭州湾一带，修筑海塘是保障沿海百姓生存安全的重要举措，也是海防事务的重要组成部分。

面对防务需求，明清政府逐渐建立了军政协同的防御体系。海防道是统筹沿海防务，稽查省府州县文武官员的重要职官，其所辖通常为一省或数府区域，如登青莱海防道，辖登州、青州和莱州府三府海防事务。关于明清司道的史料，主要有《明史》《大明会典》，以及清代顺治时期的《司道职名册》、乾隆《历代职官表》、乾隆《大清一统志》、嘉庆《大清一统志》、康熙《大清会典》、雍正《大清会典》、乾隆《大清会典》、嘉庆《大清会典》、光绪《大清会典》、乾隆《大清会典则例》、嘉庆《大清会典事例》、光绪《大清会典事例》等，此外还包括明清档案史料、帝王实录、地方志、私人著述及晚清时期的《最新清国文武官制表》《宣统三年冬季职官录》等。基于对以上史料的梳理，明清时期所设海防道之置废情形，基本如下。

1. 直隶

京畿地区为以北京为核心的周边区域，明代未设置有以海防为专职的海防道。清后期，为了处理对外交涉及北洋防务问题，工部尚书毛旭熙在同治九年（1870）奏请裁撤通商大臣，新设津海关道，驻天津府，负责直隶一省中外交涉事件。"该关道与各国领事官会商妥办，若事关重大或关道与领事意见不合，始禀请督臣核示饬办，盖显示以昭条约，即隐藉以维体制也"，并将"距海较远各府州县定为关道兼辖"，管理地方海关税务，同时兼理海防事宜，"海防行营、翼长各营自都守以下均钤辖"。其职衔为"办理直隶地方通商事务兼管海防兵备道"①。

2. 山东省

据嘉靖《山东通志》载，山东提刑按察使司有巡察海道一员，"巡察海道，分署莱州府，弘治间建，按察司副使领之"②，辖登莱二府十二县。乾隆《山东通志》又载，明初沿海设卫所，以备倭都指挥使领之，同时兼置巡察海道，"嘉靖四十一年（1562）专设登州海防道"。隆庆年间，又移分守道驻莱州府，"万历二十年（1592）因倭变，分守道加海防"③。据赵树国考证，山东巡察海道即为分巡海右道，驻扎省城，辖青登莱三府。弘治十二年（1499），朝廷始于莱州建巡察海道官署，驻莱州府。④嘉靖四十一年，该道移驻登州，成为登州海防道。⑤

入清之后，延续明制，顺治初"登莱二府各设海防道，青州设分巡道，康熙五年（1666）裁莱州道，归并登州道，改衔为登莱道，六年（1667）裁青州分巡道，九年（1670）复设青州海防道，四十二年（1703）又裁并登莱道，今改衔为登莱青道"，即分守登莱青道一员，

　①　同治《畿辅通志》卷30《职官六·国朝一》，光绪十年刻本，第7页b。
　②　嘉靖《山东通志》卷11《兵防》，明嘉靖刻本，第2页a。
　③　万历《莱州府志》卷2《职官表》，民国二十八年刊本，第6页a。
　④　赵树国：《明代山东巡察海道沿革考》，第十六届明史国际学术研讨会暨建文帝国际学术研讨会论文集，济南，2015年8月，第16页。
　⑤　《明世宗实录》卷509，嘉靖四十一年五月丙午，台北："中央研究院"历史语言研究所1984年版，第8391页。

驻莱州府，兼管通省海防。① 乾隆三十二年（1767）加兵备衔，同治元年（1862）改为东海关监督，驻烟台，光绪三十年（1904）升胶州为直隶州，改衔为登莱青胶道。② 据康熙《青州府志》记载，青州海防道复设之后，于康熙三十八年（1699）被裁改。③《清圣祖实录》又载，康熙三十九年（1700）裁山东青州道，④ 康熙四十年（1701）"升山东青州道张圣猷为云南按察使司按察使"⑤。综合来看，青州海防道应该于康熙四十二年（1703）裁改。

3. 江苏省

江苏在明代为南直隶地区，清初属江南省，康熙六年（1667）划分为江苏和安徽二布政使司。江苏设海防兵备道的时间为明嘉靖三十三年（1554），"以倭寇故，巡抚都御史郑晓奏设按察副使为海防道"⑥，驻泰州，即淮扬海防道，"整饬淮扬海防江洋，仍分管扬州、仪真、高邮等卫，泰州盐城通州等所京操官军"⑦。万历二十一年（1593），淮扬海防道迁淮安。⑧ 入清之后裁撤，设扬州道驻泰州，淮海道驻淮安，淮徐道驻徐州，康熙二年（1663）裁扬州道，康熙六年曾令淮海道专管海防，⑨ 康熙九年（1670）改淮海道为淮扬道，"雍正九

---

① 乾隆《山东通志》卷25《职官》，《文渊阁四库全书》史部，台湾商务印书馆1986年影印本，第540册，第549页。

② 宣统《山东通志》卷50《职官志第四·通志四之二·国朝官制》，《中国地方志集成·省志辑·山东》，凤凰出版社2008年版，第217页。

③ 康熙《青州府志》卷6《兵防》，康熙六十年刻本，第1页a。

④《清圣祖实录》卷199，康熙三十九年五月癸巳，中华书局1985年影印本，第6册，第20页。

⑤《清圣祖实录》卷204，康熙四十年四月甲申，中华书局1985年影印本，第6册，第81页。

⑥ 万历《扬州府志》卷8《职官志上》，万历三十三年刻本，第1页a。

⑦《大明会典》卷128《兵部十一·镇戍三·督抚兵备》，《续修四库全书》史部，上海古籍出版社2002年版，第791册，第301页。

⑧《明神宗实录》卷258，万历二十一年三月丙寅，台北："中央研究院"历史语言研究所1984年版，第4794页。

⑨《清圣祖实录》卷24，康熙六年九月乙卯，中华书局1985年影印本，第4册，第329页。

年以添设太通道，割通州以属之，复改淮扬道为分巡淮扬海道"①。该道分巡管河兵备道加按察使衔，兼河务、漕务、盐法、海防，驻淮安，辖淮安府、扬州府、海州直隶州。乾隆八年（1743），吏部议准原江南总督德沛奏请，将添设的海防道裁改为淮徐海巡道，驻徐州府，专管三府州事务，扬州改为常镇道管理。② 乾隆五十七年（1792）淮扬河道，由淮安府移驻清江浦，兼管漕务、盐法、海防，为分巡淮扬河务兵备道。嘉庆十六年（1811），增设分巡淮海河务兵备道，兼海防河务水利，咸丰十年（1860）裁。③

江苏海防道的设立，是因海塘修筑与管理需求，苏州巡抚顾琮等于乾隆元年（1736）条奏海塘善后事宜，奏请仿浙江塘工添设兵备道之例，"添设海防道一员，驻松太二属适中之地，专管海塘岁修工程事务。将原管塘工之同知、州同各官，资其调遣。遇紧急时，于熟谙工程人员内酌量选委"④。同年，将太仓州并入苏松兵备道，为苏松太兵备道，⑤ 亦称松太海防道，兼管松江府与太仓州一带海塘事务。⑥

4. 浙江省

巡察海道副使，旧制以巡抚都御史领之，洪武三十年（1397）后由按察使副使领之，统领浙海，驻宁波。⑦ 嘉靖三十九年（1560），巡

---

① 乾隆《江南通志》卷106《职官志》，《中国地方志集成·省志辑·江南》，凤凰出版社2011年版，第46页。

② 《清高宗实录》卷189，乾隆八年四月庚子，中华书局1985年影印本，第11册，第430页。

③ 光绪《大清会典事例》卷25《吏部·官制》，《续修四库全书》史部，上海古籍出版社2002年版，第798册，第433页。

④ 《清高宗实录》22，乾隆元年七月己亥，中华书局1985年影印本，第9册，第525页。

⑤ 嘉庆《松江府志》卷37《职官表》，嘉庆松江府学刻本，第1页b。

⑥ 《清高宗实录》104，乾隆四年十一月丙辰，中华书局1985年影印本，第10册，第568页。

⑦ 郑若曾：《筹海图编》，李致忠点校，中华书局2007年版，第300页。

海道分巡宁绍台，先驻台州，后移驻宁波，①"掌凡经略海防，简练水陆官兵，处备粮饷之事"②。入清之后，于"康熙六年裁"，康熙七年（1668）改设分巡宁台温海道一员，"十一年（1672）改台海道"③。雍正十一年（1733），内大臣海望等奏请添设海防道，"将海塘文武官听其调用，并兼辖沿海州县等官，铸给关防，并移揭内阁撰给该道，传敕以昭职守"④。该道驻扎海宁，兼管水利，乾隆十九年（1754）裁，"仁和、海宁、海盐、平湖、四县塘工，归并杭嘉湖道兼管"⑤。分巡杭嘉湖海防兵备道旧驻嘉兴，乾隆十九年兼管海防事，"二十四年（1759）移驻海宁，嗣又移驻杭州"⑥。宁绍台道，兼水利海防，驻宁波，乾隆三十三年（1768）铸给"分巡宁绍台兼管水利海防兵备道"关防。⑦

5. 福建省

明初，福建提刑按察使司有副使二人，后增置三人，有巡海道一职，驻扎漳州，"督理沿海卫所官军，专管兵粮海防，兼理团练，分理军务"⑧。嘉靖九年（1530），因漳州盗患严重，而巡海道遥制于省城，不利海防，于是"开署于漳，亲临调度，庶克有济"⑨。后于万历年间

---

① 民国《临海县志稿》卷5《公廨》，1935 年铅印本，第 21 页 b。
② 嘉靖《宁波府志》卷7《经制志》，嘉靖三十九年刻本，第 2 页 b。
③ 雍正《宁波府志》卷16《秩官下·国朝文职官制》，同治六年刻本，第 1 页 a。
④ 雍正《浙江通志》卷66《海塘五》，《文渊阁四库全书》史部，台湾商务印书馆 1986 年影印本，第 520 册，第 622 页。
⑤ 《清高宗实录》463，乾隆十九年闰四月丁卯，中华书局 1985 年影印本，第 14 册，第 1005 页。
⑥ 《海宁州志稿》卷23《职官表上》，《中国方志丛书·华中地方》第 562 号，台北：成文出版社 1983 年版，第 2453 页。
⑦ 《清高宗实录》卷805，乾隆三十三年二月庚辰，中华书局 1985 年影印本，第 18 册，第 877 页。
⑧ 《大明会典》卷128《兵部十一·镇戍三·督抚兵备》，《续修四库全书》史部，上海古籍出版社 2002 年版，第 791 册，第 302 页。
⑨ 郑岳：《山斋文集》卷12《建巡海道碑记》，《文渊阁四库全书》集部，台湾商务印书馆 1986 年影印本，第 1263 册，第 74 页。

"移驻省城，汛期巡历沿海，兼理边储"①。清初，康熙元年（1662）裁巡海道，其事务归驿盐道兼理。② 康熙九年（1670）设兴泉道，分守兴泉二府，驻泉州，"兴泉二府海防事，归兴泉道兼管"③。雍正五年（1727）移驻厦门，兼衔巡海。雍正九年（1731）改为分巡道，雍正十二年（1734）兼辖永春州，为分巡海防兴泉永道，④ 乾隆三十二年（1767）加兵备衔，"管辖海口，稽查商贩、洋船、驿务，盘放兵饷、监造战船"等。⑤ 此外，粮驿道分巡福州、福宁二府，嘉庆十一年（1806）改为分巡宁福海防兵备道，驻福宁府，十九年（1814）仍改为原缺。⑥

6. 广东省

据崇祯《廉州府志》记载，洪武二十七年（1394）安陆侯吴杰与张金宝等前往广东训练沿海卫所官军，是时方有备倭之名，广东设备倭巡视海道副使一员，节制卫所。⑦ 据《明英宗实录》又载：正统十二年（1447），增置广东布政使右参议一员，负责巡海⑧。天顺五年（1461），又令按察使副使专巡海道，⑨ 巡海道一职变化不定。嘉靖十年

---

① 《明神宗实录》卷140，万历十一年八月辛亥，台北："中央研究院"历史语言研究所1984年版，第2602页。

② 《清圣祖实录》卷7，康熙元年十二月甲寅，中华书局1985年影印本，第4册，第129页。

③ 《清圣祖实录》卷33，康熙九年四月丁亥，中华书局1985年影印本，第4册，第440页。

④ 乾隆《泉州府志》卷26《职官》，光绪八年补刻本，第56页b。

⑤ 道光《厦门志》卷10《职官表》，鹭江出版社2021年版，第328页。

⑥ 嘉庆《大清一统志》卷424《福建统部》，《续修四库全书》史部，上海古籍出版社2002年版，第622册，第15页。

⑦ 崇祯《廉州府志》卷6《经武志·备倭》，崇祯十年刻本，第24页a。

⑧ 添设该道的原因：广东缘海地方，自洪武间设巡兵以捕盗贼，置武卫以防倭寇，三司官巡历以时，提督有方，人知奉法，边境无虞。近闻该司官推托利害，率不经心，备倭官苟且因循，措置无法，遂致边备日就废弛。又缘海卫所中有凶顽之徒，挟制官府偷盗仓粮，所司不能钤束，良善被其扰害。今特命尔巡视海道，整理边务，禁革奸毙，抚恤军民。参见《明英宗实录》卷152，正统十二年四月丙辰，台北："中央研究院"历史语言研究所1984年版，第2986页。

⑨ 《明英宗实录》卷324，天顺五年正月壬戌，台北："中央研究院"历史语言研究所1984年版，第6707页。

（1531），裁海道副使，① 因倭患于"嘉靖十五年（1536），督抚侍郎钱如京议题复设"。嘉靖四十三年（1564），提督侍郎吴桂芳又题添设海防兵备一员，万历五年（1577）移驻潮州，兼理分巡惠潮二府②。至此，海道副使辖东莞以西至琼州，领番夷市舶，海防道巡东莞以东至惠潮，专御倭寇。③ 入清之后，据康熙《广东通志》载，康熙前期，分巡惠潮道与巡海道均被裁撤，④ 在康熙八年（1669）"改巡海道为广肇道，管理盐法"⑤。

三 海防道的职能

永乐时期，经过望海涡一役，以及朝贡贸易的渐次开展，明初逐渐再无倭寇侵扰。与此同时，为了保持沿海的安全稳定，明政府增设了一系列官员，以强化沿海地方的管理。在嘉靖二年（1523）取消日本朝贡资格之前，明代海疆长期处于海不扬波的环境之下，职官设置渐呈冗态，明政府开始裁撤一部分地方官员。正统年间，浙江曾添设分守道参政一员巡海，景泰七年（1456），因"各处添设官员数多扰民"，裁撤浙江府州县管粮、抚民、巡海、河管、民壮、整理文书等官，其中包括巡海道一职。⑥

嘉靖时期，因治倭所需，海防道被再次增设。该类道的职能为巡视海道、监察地方军政官员，亦有领兵备倭提供后勤之责。

---

① 《明世宗实录》卷127，嘉靖十年闰六月己亥，台北："中央研究院"历史语言研究所 1984 年版，第 3031 页。

② 万历《广东通志》卷 8《藩省志八·兵防总上》，万历三十年刻本，第 3 页 b。

③ 《明世宗实录》卷 535，嘉靖四十三年六月戊寅，台北："中央研究院"历史语言研究所 1984 年版，第 8687 页。

④ 康熙《广东通志》卷十三上《职官·皇清文职官制》，康熙三十六年刻本，第 58 页 a。

⑤ 《清圣祖实录》卷 31，康熙八年八月戊辰，中华书局 1985 年影印本，第 4 册，第 426 页。

⑥ 《明英宗实录》卷 269，景泰七年八月丁巳，台北："中央研究院"历史语言研究所 1984 年版，第 5705 页。

　　如广东分巡惠潮兼整饬海防兵巡道，每季需将"水陆官兵有无失事，海防各官有无勤惰，逐一分别开报督抚衙门，量行奖戒。"①

　　广东整饬雷廉二府地方兵备兼理分巡海北道，"稽核文武功罪，每季终将兵卒有无清汰，将领有无失事，海防文职有无怠惰，逐一开报"②。

　　福建兴泉兵备道："稽核文武功罪，每季终将兵卒有无清汰，将领有无失事，海防文职有无怠惰，逐一报督抚衙门，量行奖戒"③。

　　广东巡视海道："如值沿海有警，督率官兵相机剿捕。倘声势猖獗，听征调各守巡所辖寨哨策应，如东西寨哨驰报重大警息，亦督所属将领船兵互相应援，以靖地方。凡一应备御事机，悉听从宜区处，沿海府县卫所文武官员，俱听节制考核殿最。"④

　　嘉靖万历之后，倭患基本消除，明政府为了强化海洋巡视，再次强调海防道专职汛防。万历四十五年（1617），两广总督周嘉谟条议海防事宜，指出"自兵巡并于驿传，海道专以汛防，事权既分，表里不能策应"。即海陆官兵不能协调防海，奏请"陆路官兵仍属巡道管辖，其里海宜并归海道，一切船器兵饷与海上功罪悉属之。汛期则巡视外海，汛毕则巡视里海。贼突外洋，则内兵策济，贼侵内港，则外兵应援"。在春冬汛期，道员需要亲身巡阅，然"承平日久，多有愆期而往，先期而还，甚且高坐郡城"，以虚文应对，为了严行防海，宜令海防道提前驻防地方，如广州海道需要亲临新安县。此外，海防道还需要查核战船制造、官兵训练等事项。至于内地海防事宜，无论汛期，

---

　　① 中国第一历史档案馆、辽宁省档案馆编：《中国明朝档案总汇》，广西师范大学出版社2001年版，第1册，第432页。

　　② 中国第一历史档案馆、辽宁省档案馆编：《中国明朝档案总汇》，广西师范大学出版社2001年版，第47册，第84—85页。

　　③ 中国第一历史档案馆、辽宁省档案馆编：《中国明朝档案总汇》，广西师范大学出版社2001年版，第3册，第295页。

　　④ 中国第一历史档案馆、辽宁省档案馆编：《中国明朝档案总汇》，广西师范大学出版社2001年版，第2册，第213页。

其专管官如广州驻香山，惠州驻海丰，潮州驻潮阳，肇庆驻阳江，高州驻吴川，雷州驻徐闻，廉州驻永安。①

经兵部商讨之后，同意周嘉谟的奏请，强调"海防官常川于分派地方驻扎，每遇汛期不得别委管署，致妨汛务"，督臣亦于汛期，移镇监督。此外，需要注意澳门夷人动向，严行查验夷商，防患未然。海道每巡历濠境一次，宣示恩威，申明禁约。海道一职，综理稽核，责任最重，"必择才品威望夙著者铨补，庶制驭有人，而衅孽可潜消矣"②。

入清之后，清初沿袭设置海防道，或称巡海道。究其原因，顺治及康熙前期海疆形势严峻，海防道的保留是时事所需。将台湾纳入版图之后，海疆环境恢复平静，明代以来所形成的冗员，需要进行裁改。经过康、雍、乾时期的道制变革，"除盐、粮、河道予以保留、提督学道改为提督学政外，其他各道陆续裁撤，其所管职事概由守巡道兼管"③，全国不再设如明代的具备军事职权，专职防倭御盗的海防道。

晚清时期，海防危机加重，清政府再次调整道制。道光三十年（1850），道光皇帝针对军机大臣及安徽布政使的奏疏，就沿海道员兼管兵事一事，谕旨臣工讨论：

> 海疆防范，不容稍疏。如该藩司所奏无事之时，沿海各营将备弁兵，于海洋必亲习风涛，于炮火必亲习点放，于船只器械火药，必力求坚致精利，日日训练讲求。而其最要，尤在沿海各郡守牧令，平时与绅民讲求联络，力行团练之法。并称各省巡道似可仿照台湾定制，凡海疆道府，皆得与闻兵事，以期缓急易于措

---

① 《明神宗实录》卷553，万历四十五年正月乙亥，台北："中央研究院"历史语言研究所1984年版，第10439页。

② 《明神宗实录》卷557，万历四十五年五月辛巳，台北："中央研究院"历史语言研究所1984年版，第10511页。

③ 朱东安：《关于清代的道和道员》，《近代史研究》1982年第4期。

手等语。著各该督抚按照该藩司原奏，各就地方情形，悉心体察，认真筹办，总期海防严密，民气奋兴，无事则相安，有事则相卫，先声可夺众志成城，方为克尽职守。其各该省如何酌核妥办，并道府与闻兵事，果否可行之处。著一并筹议，具奏。①

显然，此次所讨论的，并不是专设海防道一职，而是研究海疆道府是否适宜兼闻兵事。晚清时期，面对西方列强的威胁，整个沿海都面临着防守御敌的问题。在这一背景之下，清政府既需要强化军事力量，整顿防务，也需要调整沿海职官的职能，重塑军政结合的防御体制。那么沿海道员是否兼涉兵事，就是此次讨论的目的。

整体来看，明代海防道的一般职责为督促海防，监察海防文武职官是否尽职，有无玩忽懈怠，并且具有领兵之权。有事，统辖地区海防文武职官进行御敌；无事，则协调文武备御，并对军政官员的表现进行监督考核。在明代，海防道一般驻守省城，有事则分巡地方。入清之后，经过裁改，海防事务由其他道兼管，各道常驻地方，海防已非道之专责。

第三节　府县海防职官

一　海防同知

府县的防海事务，通常由佐职负责。在明清的地方官制中，同知作为一府的佐贰官，协助知府管理各务，如"分掌清军、巡捕、管粮、治农、水利、屯田、牧马等事。无常职，无定员"②。据万历《大明会

① 《清文宗实录》卷13，道光三十年七月辛卯，中华书局1986年影印本，第40册，第196页。

② 《明史》卷75《职官四》，中华书局1974年版，第5册，第1849页。

典》载：明代各府设"知府一员，同知一员，通判一员，推官一员，后同知通判，因事添革，无定员"①。清代明之后，同知通判的官制被沿袭，职掌"督粮、捕盗、海防、江防、清军、理事、抚苗、水利诸务，量地置员，事简之府不设"②，设置原则，同样"因事添革，无定员"③。总之，明清两代，同知是知府的佐职官员，其职务、数量均不成定制。

因同知的设置具有很大灵活性，在嘉靖以来，为了应对"倭患"问题，同知开始专职防海。自此至清末，海防同知便成为常设职官，各府州量地置员，添革无定。与此同时，同为佐贰官的通判，在特殊情况之下，亦兼涉海防事务。如万历三十年（1602），礼部曾铸福宁州海防通判关防一颗，以昭职守。④ 但这只是暂行之事，明代并未真正设立海防通判一职。海防通判的正式设立，则是在清代中期以后，因海防事紧而置，数量较少。

根据傅林祥研究：清朝在继承明代制度的同时，新设了一部分以"厅"相称的地方行政区划，并最终得到清廷认可，即所谓的直隶厅，与之相对的便为散厅。具体区别为隶属于将军、省或其派出机构——道，行政层级与府、直隶州并列，是为直隶厅；隶属于府，行政层级与州、县并列，习称散厅。⑤ 在明至清前期，海防厅为散厅。清中期之后，随着直隶厅的出现，作为正印官的同知，在行政地位上，不再是府的佐贰职官，而是掌某一行政区域内"刑名钱谷"的正职。所谓

---

① 《大明会典》卷4《官制三·外官》，《续修四库全书》史部，上海古籍出版社2002年版，第789册，第87页。

② 乾隆《大清会典》卷4《吏部·官制四·外官》，《文渊阁四库全书》史部，台湾商务印书馆1986年影印本，第619册，第59页。

③ 雍正《大清会典》卷5《吏部·外官》，沈云龙主编《近代中国史料丛刊三编》第七十七辑，台北：文海出版社1994年版，第196页。

④ 《明神宗实录》卷377，万历三十年十月壬子，台北："中央研究院"历史语言研究所1984年版，第7094页。

⑤ 傅林祥：《清代抚民厅制度形成过程初探》，《中国历史地理论丛》2007年第1辑。

"厅"，是佐贰官的公署，一般与知府同驻一地，或是佐贰官被分派到地方，分担知府某一职责而进行办公的地方，后来代指专务某事的同知，如海防厅等。

整体来看，明至清前期，同知替知府分担部分职责。在清代中期之后虽有直隶厅出现，但这一变化对海防厅而言，并无太大影响。海防同知仍为府级佐贰官，海防厅作为府的派出机构，替知府分担海防职能，海防同知在一定权限内可兼理驻地"刑名钱谷"。

二 海防通判

海防通判一职，明代仅见福宁州通判曾一度职司海防。福建北路海防，以福宁州为重。初，"海防旧无专设领之者，福宁州州同也"。万历三十年（1602），巡抚朱运昌与巡按刘应龙请求增设海防专管官，遂将"福州府通判一员移镇本州，专领其事"[1]。同年十月，礼部即铸给福宁州海防通判关防印信。[2] 后福州府增设海防同知一员，驻防福宁州，专辖海防。

入清之后，从雍正十二年（1734）开始，先后设有数位海防通判，按时间线，其置废职司情形如下。

台湾府海防通判。雍正五年（1727）设，驻澎湖。主要负责"稽查海口，征收钱粮。遇有命盗巨案，仍发台湾县定狱，其余寻常案件，仍俱由通判断结"[3]。另据《台湾通志》记载，该通判由台南府粮捕通判移驻。[4]

杭州府海防通判。雍正十二年（1734）设，驻海宁河庄山；乾隆

---

① 万历《福宁州志》卷8《官政志·北路海防》，万历四十二年刻本，第3页a。

② 《明神宗实录》卷377，万历三十年十月壬子，台北："中央研究院"历史语言研究所1984年版，第7094页。

③ 光绪《甲午新修台湾澎湖志》卷6《职官·官制》，扬州古旧书店1959年油印本，第1页b。

④ 光绪《台湾通志》之《官师文职》，不分卷，光绪二十一年稿本，第3页b。

元年（1736）移驻海宁柴塘，十九年（1754）缺裁。① 另据《海宁州志稿》载：雍正十二年八月，总理隆升奏准将海防通判移驻河庄山，专司疏浚。并于海塘左右两营内，拨外委千总一员，带马兵四名步兵二十名，驻防河庄山，听从通判管辖。② 此外，该通判还管理沿海沙地的税收，③ 以及负责弹压地方等事。④

绍兴府海防通判。据《清高宗实录》载，乾隆二十三年（1758），浙江巡抚杨廷璋奏称绍兴府属南岸塘工最为紧要，应令该府通判兼管海防，换给关防印信。⑤ 而乾隆《大清会典则例》则载，乾隆十九年，因"南岸塘工向归绍兴府水利通判管理，终非专官，应将北岸海防通判改为南塘通判"，于是增设南塘海防水利通判，专管南岸塘工，驻三江城，"凡有塘工各县，所设之巡检、典史听同知通判稽查调遣"⑥。也正是在这一年，裁海防道，并重新划分杭州湾海塘管辖区域。另据乾隆《绍兴府志》记载，南塘通判谢庆来于乾隆二十年（1755）上任，⑦ 实录的记载有误。

泉州府海防通判。乾隆四十八年（1783），因渡台水道中，晋江县"蚶江至彰化鹿港最为便捷，一日夜可到"，设海防通判驻守蚶江，"欲渡台者由通判衙门给照，免致偷渡犯法"⑧。据嘉庆《新建蚶江海防官署碑记》载，泉州海防通判是由福宁府通判改驻而设。另，泉州府原

　　① 乾隆《杭州府志》卷62《职官一·府属》，乾隆四十九年刻本，第66页a。
　　② 乾隆《海宁州志》卷5《海塘》，乾隆四十一年刻本，第28页b。
　　③ 《清高宗实录》卷99，乾隆四年八月壬寅，中华书局1985年影印本，第10册，第503页。
　　④ 《清高宗实录》卷166，乾隆七年五月乙丑，中华书局1985年影印本，第11册，第100页。
　　⑤ 《清高宗实录》卷576，乾隆二十三年十二月甲子，中华书局1985年影印本，第16册，第347页。
　　⑥ 乾隆《大清会典则例》卷135《工部都水清吏司·海塘》，《文渊阁四库全书》史部，台湾商务印书馆1986年影印本，第619册，第637页。
　　⑦ 乾隆《绍兴府志》卷26《职官志二》，乾隆五十七年刻本，第40页a。
　　⑧ 道光《晋江县志》卷13《公署志》，待刊本，第2页a。

有驻防马家港通判一员，亦兼辖防海。乾隆五十四年（1789），因马家港所属刘五店，"直达外洋，易滋奸宄"，于是将兴化府莆田县事简之巡检裁改移守刘五店，隶马家港通判管辖。① 光绪六年（1880），"福建莆田县各路械斗滋蔓，黑白旗会匪句结各乡奸民，四出抢劫"，县丞难以镇压，曾提出将"兴化府粮捕通判改为海防通判，移驻平海"，负责弹压。②

漳州府海防通判。乾隆五十四年（1789），改驻龙溪县石码通判为海防通判，该海防通判的设立与漳州府海防同知的移驻有着重要关系。漳州府原"设有南胜海防同知，石码粮捕通判。查南胜近山，石码临海，水陆形势迥异，名实未免不符"③。故而闽浙总督觉罗伍拉纳等奏称将海防同知改为南胜粮捕同知，通判改为海防。

奉天岫岩海防通判。道光六年（1826），因"岫岩凤凰城环山滨海，密迩外藩，烟户众多，讼牒纷繁"④，盛京将军晋昌等奏请，"将奉天府属岫岩理事通判改为海防同知"。吏部认为通判改同知，"衔缺大小不符"，于是将该通判改为岫岩凤凰城海防通判。道光七年（1827）铸给海防关防，⑤ 驻岫岩县。道光二十三年（1843），盛京将军禧恩等奏称岫岩地方讼案繁多，海口商船往来需要稽查，且"与朝鲜海面毗连，密迩外藩，声威宜壮"，鸦片战争结束之后需办理善后事宜，因而奏请改海防通判为海防同知以便弹压，但并未准行。⑥ 光绪二

① 《清高宗实录》卷1338，乾隆五十四年九月戊子，中华书局1986年影印本，第25册，第1139页。

② 《清德宗实录》卷192，光绪十年八月癸巳，中华书局1987年影印本，第54册，第714页。

③ 《清高宗实录》卷1338，乾隆五十四年九月戊子，中华书局1985年影印本，第25册，第1139页。

④ 咸丰《岫岩志略》卷1《沿革》，民国辽海丛书本，第2页a。

⑤ 《清宣宗实录》卷99，道光六年六月丁巳；卷120，道光七年六月戊子，中华书局1986年影印本，第34册，第609、1017页。

⑥ 《遵旨复议宁海县知县改为金州海防同知》，道光二十三年六月初四日，编号：故宫112024，台北"故宫博物院"藏。见台北"故宫博物院"清代档案检索系统：https：//qingar-chives. npm. edu. tw/index. php？ act ＝Display/image/174679003ZN ＝GO#9bu。2024 年 1 月 7 日。

年，岫岩升州，缺裁。①

惠州府海防通判。明嘉靖时期，因捕盗防海需求，惠州府捕盗通判半年驻岑冈，半年驻碣石卫，"一则可以调停抚贼，一则可以备御海防"。嘉靖三十八年（1559）专驻岑冈，任抚民之事，兼管附近五县事。入清之后，该通判兼管海防。② 道光二十五年（1845），正式将广州府永宁通判改为惠州府海防通判。③

此外，据《清德宗实录》，光绪二十九年（1903），曾罢驻防天津芦台的海防抚民通判萧承厚。④ 但据光绪二十五年（1899）刊刻的《天津府志》记载，该府并未设有海防通判，仅有驻沧州粮捕通判一员。⑤ 据此判断，所谓芦台海防抚民通判，应该是在光绪二十五年之后添设，或是原粮捕通判移驻芦台兼衔海防。

另有松江府通判，亦为专司防海之员。据两江总督尹继善等奏称，乾隆二十四年（1759），因松江府海防同知无法兼顾该府五县海塘事务，为了保护民间田庐，将"府城之水利船政通判移驻柘林，专管奉贤县海塘"，同时仍专管松江船厂，为专司防海，定为要缺之员。⑥

总之，有清一代，海防通判的设置数量较少，通常是海防同知职责较繁，无暇兼顾防务时而设；或是地方有防海需求，但非急务，因而增设海防通判以理其事。此外，通过梳理文职海防官员的裁改与添革情形，表明随着海洋环境及管理需求的变化，海防同知始终是防海事务的主要承担者。换句话说，海防同知的置废与职能演变，是体现明清时期深化沿海区域认知与治理需求的直接反映。

---

① 民国《奉天通志》卷 135《职官志十四》，沈阳古旧书店 1983 年版，第 3078 页。

② 光绪《惠州府志》卷 7《建置》，卷 17《郡事》，光绪十年刻本，第 2 页 b、20 页 b。

③ 《清宣宗实录》卷 413，道光二十五年正月乙亥，中华书局 1986 年影印本，第 39 册，第 186 页。

④ 《清德宗实录》卷 519，光绪二十九年七月壬寅，中华书局 1987 年影印本，第 58 册，第 857 页。

⑤ 光绪《重修天津府志》卷 13《职官四》，光绪二十五年刻本，第 4 页 a。

⑥ 《清高宗实录》卷 588，乾隆二十四年六月甲子，中华书局 1986 年影印本，第 16 册，第 541 页。

第三章　海防同知的设置与裁改

中国海岸线绵长，海防区域北起辽东半岛，南至北部湾沿岸，在明清时期分布有七省，沿海府州众多。在这些府州中，海防同知广布期间，是地方行政体系中，执行国家治理海洋方略，维护沿海社会安全稳定的重要力量。根据明清时期不同的需求，相较于其他海防职官，海防同知的设置与裁改，在各个区域和不同时段，具有一定的复杂性。这种复杂性的呈现，又是海防问题由明至清、防务由军至民转变的反映。

第一节　环渤海地区

一　辽东地区

1. 金州厅海防同知

据辽东巡抚赵楫的上疏，受朝鲜战事影响，辽东的防御重心为金州、复州、海州、盖州四卫，"辽左为蓟镇外藩，而金、复、海、盖，乃全辽之腹心"。在这四卫中，倭寇可以泊船入侵的地区为金州和复州二卫的海岸线，"金州之归复堡、红嘴堡、望海埚并三银牛、喝散岛、白庙儿、羊头凹等处各海口；复州之青山嘴、石家岛、奶奶庙等处各海口在在，可以泊船登岸，皆倭奴入犯之地也"。四卫之间海岸线绵长，其中"黄骨岛东接朝鲜，实辽左之咽喉，旅顺口南对登州，为天津之门户，海口冲要，莫此为甚"，所以辽东的防御重心在金、复二卫，二卫的重心便在于此。在加强黄骨岛和旅顺的防御力量之后，赵楫发现"盖州距旅顺口五百里，黄骨岛六百里，于凡传报倭情，该道（注：指驻防辽东的山东海防道）耳目一时难及，且金州地方广阔，愚民山野十勾九抗，奸商违禁私自下海贩卖私货，夹带逃军，而武官不遵明禁贪肆无忌，莫敢谁何"，道员难以兼顾军政事务，金州地方事务又十分繁剧，于是奏请"金州添设海防同知一员"，凡"海防哨探、战守机宜，同游击并金复将官商确计议而行，兼理军民一切事务，稽查往来奸商船只，并覆仓库各项钱粮，悍野官民赖以弹压，水兵海禁俱有责成矣"①。在弥补军事防御不足的同时，"用以廉察奸匿、制驭武悍"②。万历三十年（1602），明政府设立金州海防同知。

万历四十四年（1616），后金对明宣战。钱粮的补给关系着前线战事的成败，运往辽东的钱粮主要靠海运。此外，明代以辽阳为中心有三条驿路，辽东南段驿路是贯穿辽东半岛的重要驿线，自辽阳、鞍山、海州、耀州、盖州、熊岳、五十寨、复州、栾古、石河、金州、木场、旅顺十三驿，正是由海上入辽的必经之路。③ 金州海防厅位于交通要道之上，驻地靠近盖州地区。据《海运摘抄》记载，万历四十七年（1619），为保障辽东前线的后勤补给，"金州海防同知黄宗周督署粮厅事务，就近督收转运"，又因运到金州之粮，"见今堆垛海堰不下万余，泊海守候者不下二万，只因弹压无人，以致艰难万状，合无特委文职正官，速于金州三锁牛等处，比照盖州套委黄同知事例，特委府官一

---

① 《明神宗实录》卷 379，万历三十年十二月辛卯，台北："中央研究院"历史语言研究所 1984 年版，第 7132 页。

② 陶望龄：《陶文简公集》卷 6《新建金州海防厅公署记》，《四库禁毁书丛刊》集部，北京出版社 1997 年版，第 9 册，第 339 页。

③ 江红春：《明清时期辽东半岛建置沿革》，《满族研究》2006 年第 2 期。

员到彼监督，如一时人乏，或将黄同知移驻金州，资其威望以为震叠"①。此时的金州海防同知，主要为前线提供后勤保障。随着辽东战事的发展，后金于天启元年（1621）攻占辽阳至金州整个辽东半岛区域，金州海防同知便失去了存在的必要。

金州海防同知的再次设置，则是到了晚清。第一次鸦片战争开始后，英军舰队由广州北上直抵天津大沽口外，给清政府造成了巨大的防御压力。在此期间，英军派遣军舰在大连等地搜寻给养。大连原属宁海县，后升金州厅，是渤海湾重要门户。于是在道光二十二年（1842）八月结束战争后，道光帝随即饬谕"现在英夷就抚，准令通商，各海口仍应加意防范"②，并于次年六月，"吏部奏奉天宁海县知县等缺，改为金州海防同知"③，以强化沿海防御。

2. 营口厅海防同知

营口厅海防同知的设立，与第二次鸦片战争有着重要联系。1858年，第一次大沽口战役结束之后，清政府与英、法签署《天津条约》，增开牛庄（营口）为通商口岸，随后商议在营口添设海防同知一员，专司租界商务等事。④ 1860年，清政府又与英、法签订《天津条约》的续约《北京条约》，将天津纳为通商口岸。为了便于处理东北海口对外事务，于同治六年（1867）正式增设营口海防同知，除了"刑钱事件，无论巨细，概不由该同知核转，以符体制"外，⑤ 该同知主要负责

————————

① 佚名：《海运摘抄》卷1，明季辽事丛刊本，第39页b。

② 中国第一历史档案馆编：《鸦片战争档案史料》，上海人民出版社1987年版，第6册，第334页。

③ 民国《奉天通志》卷39《大事三十九·清十三》，沈阳古旧书店1983年版，第789页。

④ 民国《奉天新志略一卷》，《稀见方志丛刊》，国家图书馆出版社2014年版，第14册，第30页。

⑤ 《奏为筹议添设海防同知未尽各事宜》，同治六年八月十三日，文献编号：603000435-003，台北"故宫博物院"藏月折档。见台北"故宫博物院"清代档案检索系统：https://qingarchives.npm.edu.tw/index.php? act = Display/image/1749250L = CS5Lw # a6F。2024年1月8日。

海口一带稽查事务，包括地方命盗疏防及寻常词讼等事。

二 京畿地区

1. 河间府海防同知

河间府海防同知设立于朝鲜战事结束之后，明政府将河间原清军同知改为海防同知，驻防天津。天津巡抚汪应蛟在《酌议海防未尽事宜疏》中，对此有详细说明，曰：

> 一议并军储同知。照得天津原设有清军同知一员，自海防开镇，前抚臣题议增设军储同知一员，经时百度草创，一切出纳钱粮、稽核兵马，非一手一足之力，因事设官固宜。然今海防既分并矣，官兵月饷尽属饷司收支，制器造船等务尽停止矣。清军同知原有管理海运一事，今亦报罢矣，所有增设军储同知一员相应裁省，旧管钱粮文卷及逐月稽饷事宜，悉并归清军同知管理，原领军储关防另行缴进。但清军同知设居海滨，向未专责以海防职任，相应比照闽浙及青、登、莱各府同知加以"海防"二字，仍照例请给河间府海防清军同知关防一颗，庶文移之上下、钱谷之出入各有印信可据，而吏胥不得为奸。①

根据汪应蛟记载，河间府在援朝战事期间，设有清军与军储同知二员，清军驻天津，专管海运，增设的军储同知则管出纳钱粮、稽核兵马、建造船只等任务，二者分工明确。朝鲜战事结束之后，海运停止，饷银收支、制器造船等职务，或分委其他官员负责，或即行停止，事简而官冗。故而，汪应蛟奏请比照山东事例，给清军加海防衔，将原军储同知裁撤，其所管职务归海防同知兼理。天启五年（1625），因海防

---

① 汪应蛟：《海防奏疏》，《续修四库全书》史部，上海古籍出版社 2002 年版，第 480 册，第 407 页。

事简，奉诏革除海防同知，海防事务归并粮马同知兼理。[1] 天启六年（1626），受辽东战事影响，再次复设。[2] 入清之后，该同知改属天津府。

2. 天津府海防同知

雍正九年（1731），割河间府天津卫，增设天津府，河间府海防同知改属天津府。关于天津府海防同知的称呼，史料中有多种记载。如《清圣祖实录》记载，康熙六十年（1721），河道总督赵世显将丁忧未满的张秋通判张镐，委署天津同知。[3] 乾隆《河间府志》又载，河间府明代设清军、巡捕二同知，清初期沿袭明制，康熙中仅设河捕同知一人。[4] 此外，在雍正四年（1726），怡亲王及大学士朱轼等奏请添设河道官员时，言："查得天津道驻扎天津州，与二河相近，控制甚便，旧有天津同知、泊头通判以及各地方管河同知、通判、州判、县丞、主簿等员，悉令受其统辖。"[5] 河间府河捕同知驻天津，即天津同知，亦称海防同知。

自康熙中期以后，该同知主要负责管理河务。据《行水金鉴》所载："河间府天津海防河务同知一员，专管沧州、青县、静海三州县、天津卫运河工程。"[6] 雍正九年天津设府之后，"其旧设之河间府海防同知，应就近改属天津"[7]。改属之后的天津府海防同知，本质上已经

---

① 《明熹宗实录》卷57，天启五年三月丁巳，台北："中央研究院"历史语言研究所1984年版，第2615页。

② 《明熹宗实录》卷68，天启六年二月丙戌，台北："中央研究院"历史语言研究所1984年版，第3241页。

③ 《清圣祖实录》卷295，康熙六十年十二月辛未，中华书局1985年影印本，第6册，第866页。

④ 乾隆《河间府新志》卷7《官政志·官师表》，乾隆二十五年刻本，第22页a。

⑤ 陈琮：《永定河志》卷11，清钞本，第52页a。

⑥ 傅泽洪：《行水金鉴》卷168，《文渊阁四库全书》史部，台湾商务印书馆1986年影印本，第582册，第591页。

⑦ 《清世宗实录》卷103，雍正九年二月丙辰，中华书局1986年影印本，第8册，第386页。

是河防同知，后因事简而裁。嘉庆二十二年（1817），因河务需求再次增设，驻守大沽。① 该同知主要是于地方河工丞倅、并沿河州县内拣选升调。说明长期以来，天津府海防同知的主要职责为河务。换句话说，对于天津府而言，河务重于海防，一旦河务事简，海防同知便会被裁撤。道光十二年（1832），因天津海防由登州、锦州遥相拱卫，且有沙涂防护，于是裁撤天津水师营。② 此时的天津府河工不再是要务，又无防海问题，故而在同一年，天津府海防同知一职便被裁撤。③

天津府海防同知的复设，与第一次鸦片战争时期，英军舰队兵临天津大沽口有关。战争结束后，道光帝随即饬谕加强防范，复设天津府海防同知，驻守葛沽，后于同治十三年（1874）移驻新城，④ 除命盗重案外，主要负责"稽察入口出口船只，查验票照，有无夹带违禁货物及兵民强买、盗买、漏税等弊，准理兵民客商词讼"⑤ 等事。

三 山东半岛

1. 登、青、莱州三府海防同知

万历二十年（1592），丰臣秀吉领兵入侵朝鲜，山东海防危机加重。山东半岛位于渤海湾南部，为京畿门户。自明初以来，山东半岛不断增设卫所，戍卫京师，"祖宗盖为京师，非为山东也"⑥。山东海防的重点区域，"惟在登、莱二郡"⑦，后在万历援朝期间，"明朝政府

---

① 光绪《大清会典事例》卷65《吏部·汉员遴选》，《续修四库全书》史部，上海古籍出版社2002年版，第799册，第148页。

② 赵尔巽：《清史稿》卷138《海防》，中华书局1977年版，第14册，第4098页。

③ 《清宣宗实录》卷213，道光十二年六月甲申，中华书局1986年影印本，第36册，第142页。

④ 光绪《重修天津府志》卷24《考十五·舆地六》，光绪二十五年刻本，第5页b。

⑤ 《清宣宗实录》卷384，道光二十二年十一月己酉，中华书局1986年影印本，第36册，第910页。

⑥ 王士性：《广志绎》，吕景琳点校，中华书局1981年版，第59页。

⑦ 顾祖禹：《读史方舆纪要》，贺次君、施和金点校，中华书局2005年版，第1454页。

从战略全局出发，曾一度加强了滨洲河海区域和青州府的海防"①。自此，青、登、莱三府成为山东海防的重心。

明政府在三府设置海防同知的原因，与朝鲜战事有着直接关系。山东巡抚郑汝璧在《由庚堂集》中详细记录了增设登、青、莱三府海防同知的缘由。据其所言，"东省沿海延袤二千余里，防海诸务虽有该道专管，而分理实资之府官，事体烦重，若非专官经理不便责成"。因为"青、莱、登防海事务，如城堡之缮修、军伍之查补、兵饷之收支诸务，填委至为烦重，缘佐理府官向无专职，上司文移随便批发而动致参差，下官承委任意奉行而每多迟滞，甚有一事方委而他事复临，一官方查而别官又理，人无专责势多耽悮，以呼吸之军情、重大之边务疏蓊若此，殊为未便"。当时三府佐贰官无专管海防者，于是郑汝璧奏请，仿照沿海各省添设海防同知的事例，在三府增设海防同知，专理防海事务。"但添官必须增费，又属未便"，三府所设"清军同知事务颇简，合行改为海防，兼摄清军、盐捕事务，仍给关防，行令专心料理"②，于是设立了青、登、莱三府海防同知。万历二十三年（1595），正式"铸给青州、莱州、登州各海防同知兼管清军、驿传、盐捕关防"③。自此之后，登青莱三府海防同知之设，一直延续至清末。

2. 武定府海防同知

雍正十二年（1734），升武定州为武定府，设海防同知一员，驻利津县。④ 据《利津县志》记载，大清河在利津县境内的路程，"东迳县城南关，统至北关，折而北径永阜场、西滩、丰国镇，至牡蛎嘴入海"⑤，

---

① 赵红：《论明代山东海防的特点与得失》，《东方论坛》2011年第5期。

② 郑汝璧：《由庚堂集》卷26《专官足饷留军疏》，《续修四库全书》集部，上海古籍出版社2002年版，第1356册，第654页。

③ 《明神宗实录》卷281，万历二十三年正月癸未，台北："中央研究院"历史语言研究所1984年版，第5191页。

④ 乾隆《武定府志》卷16《官师志》，乾隆二十四年刻本，第22页a。

⑤ 光绪《利津县志》卷2《建置图第一》，光绪九年刻本，第20页b。

且入海口又是"利津泊船处，多商船排列"①。因此，海防同知署先在牡蛎嘴，后移驻丰国镇，② 负责河务与稽查海口等事。

第二节　江浙地区

一　江苏地区

1. 淮安府海防同知

据《淮安府志》记载，万历二十年（1592）倭犯朝鲜，边海戒严，淮安地方增加驻军及战船，添设海防同知一员，驻守庙湾镇，专管海防、捕粮、税课等事。③ 入清之后，淮安府海防同知仍驻庙湾，因防务较简，康熙三十二年（1693）开始兼管河工。④ 雍正九年（1731），海防同知由庙湾移驻童家营，专司河防。⑤

2. 苏州府、松江府海防同知

嘉靖三十二年（1553），因备倭需要，浙直总督张经奏请增设苏、松二府海防同知。具体设置情况，笔者将在第五章第二节详细论述，在此不再赘述。清代初期，受战乱影响，海疆形势再次严峻，在长江入海口，"巨舰可直驶内江，故海口防务，视海滨倍重"⑥，海防同知因故沿袭设置。二府海防同知原驻府治，因位置靠内，并不利于执行防海任务，于是在顺治十八年（1661），时任江宁巡抚朱国治奏请将苏、松二

---

① 宣统《山东通志》卷115《兵防志第八·海防》，《中国地方志集成·省志辑·山东》，凤凰出版社2010年版，第6册，第197页。

② 咸丰《武定府志》卷6《公署·利津县》，咸丰九年刻本，第15页b。

③ 乾隆《淮安府志》卷5《秩官志二·海防同知》，《中国方志丛书·华中地方》第397号，台北：成文出版社1983年版，第1489页。

④ 傅泽洪：《行水金鉴》卷168，《文渊阁四库全书》子部，台湾商务印书馆1986年影印本，第582册，第605页。

⑤ 民国《阜宁县新志》卷3《内政志一·职官》，民国二十三年铅印本，第29页a。

⑥ 赵尔巽等：《清史稿》卷138《志113·兵9·海防》，中华书局1976年版，第14册，第4103页。

府海防同知，分别移驻沿江靠海的常熟、上海二县，"各令其督修沿海桥梁、马路、墩堡，协催兵饷，严行保甲之法，稽查出洋船只。有警，与各营汛将弁相机商酌，庶责任专而事无贻误"①，朝廷允行。

松江府海防同知在雍正后期至嘉庆前期，主要以修筑海塘为要务。雍正四年（1726），江苏巡抚陈琦夏提到松江府海防同知有督捕缉盗之责，又兼理监修海塘事务。乾隆元年（1736）之后，松江府海防同知则是以管理海塘为专职，尤其在乾隆二十四年（1759），海防同知移驻金山城专管华亭、金山二县海塘外，董漕同知同样移驻川沙城，专理上海、南汇二县海塘事务。② 说明此时的松江府，实际有海防同知二，并且以修筑海塘为主要职责。乾隆三十五年（1770），金山同知裁改为苏州府海防同知之后，其原专管海塘事务及兼理的水利、捕务等事由川沙同知、柘林通判管理，川沙同知遂成为松江府海防同知。嘉庆十五年（1810），改川沙海防同知为抚民同知，缺裁。③

第一次鸦片战争结束之后，上海成为通商口岸，因此在道光二十三年（1843）复设海防同知一职，司通商等对外交涉事务，④ 有稽查海口出入船只、弹压闽广游民之责。⑤ 光绪二十九年（1903），因"上海当南洋冲要，市舶往来十倍津沽"，曾议改松江府海防同知为江海关道，但道不辖地方，于"地方交涉事务，未免呼应不灵"⑥，最后并未准行。

---

① 《清圣祖实录》卷2，顺治十八年夏四月癸卯，中华书局1985年影印本，第4册，第62页。

② 《清高宗实录》卷588，乾隆二十四年六月甲子，中华书局1986年影印本，第16册，第540页。

③ 道光《川沙抚民厅志》卷7《官司志》，道光十七年刻本，第1页b。

④ 光绪《松江府续志》卷9《建置志》，光绪十年刻本，第7页a。

⑤ 《奏报以秦锡镇补松江府海防同知》，光绪三十年七月初四日，编号163138，台北"故宫博物院"藏。见台北"故宫博物院"清代档案检索系统：https：//qingarchives. npm. edu. tw/index. php？act = Display/image/1476391Rp = 6 - p1#cfF。2014 年 1 月 8 日。

⑥ 《清德宗实录》卷518，光绪二十九年六月丙辰，中华书局1987年影印本，第58册，第838页。

　　苏州府海防同知驻常熟县，常熟又驻有粮道一员，亦有弹压地方之责，所以在康熙五十五年（1716），苏州织造李煦认为苏州府海防同知稍显闲置，建议裁撤。① 雍正二年（1724），朝廷议准，将苏州府海防同知一职裁撤，但是并没有施行。雍正三年（1725），时任江宁巡抚张楷等在奏疏中，再次认为苏州府海防同知为闲员，奏请裁撤。② 最终在雍正四年（1726），苏州府海防同知一职被正式裁撤，将其海防事务归并督粮同知兼理。③ 雍正八年（1730），因江苏地方事务繁剧，将海防事务由督粮同知兼理，往往会出现推避或难以兼顾等问题，而且向外省借员又多有不便，因此时任户部侍郎俞兆晟上奏，建议并恢复了海防同知一职。④ 需要注意的是，此次恢复海防同知，并不是要说苏州府海防事务繁剧，而是指苏州地方各事比较繁多，如果将海防事务由其他官员兼理，会造成兼顾不周或是推诿等问题，反而会降低了办事效率，因此复设海防同知以协调地方政务。

　　重设之后的苏州府海防同知驻常熟县福山镇，负责巡防海口，⑤ 又在乾隆三年（1738）兼司太厂船政。⑥ 乾隆十九年（1754），因其驻福山镇，既巡查海口又兼司船政，实有不便，因此将其移驻常熟县内主理船政，其巡查海口等务由地方驻军管理。⑦ 此外，这一时期的苏州府

　　① 中国第一历史档案馆编：《康熙朝汉文朱批奏折汇编》，中国第一历史档案馆出版社1985年版，第7册，第284页。
　　② 中国第一历史档案馆编：《雍正朝汉文朱批奏折汇编》，江苏古籍出版社1989年版，第6册，第234页。
　　③ 雍正《江南通志》卷107《秩官志·文职九》，《文渊阁四库全书》史部，台湾商务印书馆1986年影印本，第510册，第166页。
　　④ 中国第一历史档案馆编：《雍正朝汉文朱批奏折汇编》，江苏古籍出版社1989年版，第32册，第372页。
　　⑤ 《清高宗实录》卷461，乾隆十九四月己亥，中华书局1986年影印本，第14册，第986页。
　　⑥ 《清高宗实录》卷62，乾隆三年二月庚寅，中华书局1985年影印本，第10册，第19页。
　　⑦ 《清高宗实录》卷461，乾隆十九四月己亥，中华书局1986年影印本，第14册，第986页。

海防同知，还兼理苏州地方海塘修筑等任务。①乾隆三十三年（1768），
因通州海门县屡涨沙洲，其东南又与崇明接壤，两处居民经常争抢沙
地，通州、崇明地方官难以断理。于是江苏巡抚明德奏请将苏州府海
防同知裁改为海门同知，移设沙洲适中之地，凡通州、崇明新涨各沙，
归并海门同知管理。②裁改苏州府海防同知的理由则是，苏州府海防同
知所驻的常熟县，海塘事务并不紧要，基本没有修筑工程，其所管船
政事务由总捕同知兼理即可。朝廷同意了明德的奏请，海门设直隶厅。
乾隆三十五年（1770）时，又因常熟、昭文二县土塘工程需要，裁松
江府金山同知，移设为苏州府海防同知，专理二县海塘事务，并兼管
太厂船工、稽查海口商渔船只等务。③光绪三十一年（1905），因太平
洲距所辖县治较远，稽查户口、蕃庶、缉捕匪徒、征缴钱粮多有不便，
将苏州府海防同知移驻，改为太平厅抚民同知。④

3. 镇江府海防同知

据《筹海图编》记载，"松江有海防道金事住扎，上海、苏州有
兵备道副使住扎。太仓则常熟、江阴地方，自福山白茆、奚浦诸港进
泊头山，可直趋无锡、武进，此处颇为空缺，应援不及。故设一兵
备，辖至镇江一带，住扎江阴。贼入海口，即为游击；若深入大江，
即从腹里抵京口截御"⑤。隆庆元年（1567），兵部覆巡应天都御史谢
登的奏疏，言："其常、镇二府各设重兵无所统辖，宜令清军同知改

① 《清高宗实录》卷583，乾隆二十四年三月己酉，中华书局1986年影印本，第16册，第464页。
② 《清高宗实录》卷808，乾隆三十三年四月戊辰，中华书局1986年影印本，第18册，第922页。
③ 《清高宗实录》卷867，乾隆三十五年八月戊戌，中华书局1986年影印本，第19册，第635页。
④ 朱寿朋：《东华续录》光绪190，《续修四库全书》史部，上海古籍出版社2002年版，第385册，第474页。
⑤ 郑若曾：《筹海图编》卷6《直隶事宜》，李致忠点校，中华书局2007年版，第425页。

注海防，分地驻守，兼理清军事，从之"①。因而将镇江府清军同知改为海防同知，负责防海及清军事务，"专一点闸官兵、估修船只、稽查粮饷、缉勘盗贼"②，既监督驻军，又为其提供后勤，同时维护地方治安。

清代之后，镇江府海防同知驻府治丹徒县。此时所谓海防，其实是防江，首要是稽查私盐。在地方税务中，盐税占有重要比重，贩卖私盐获利颇重，镇江因地理之便，成为私盐泛滥的重灾区之一。顺治十六年（1659），"盐使者题明京口查盐，令海防同知并城守副将在于沿江闸口亲身巡绰"③，海防同知以稽查私盐为要务。乾隆五十九年（1794），吏部处分则例中，明确镇江府海防同知与常镇道协同稽查私盐。④

4. 常州府海防同知

常州府海防同知在设置原因、时间及职能，与镇江府海防同知相同。关于常州府海防同知在后期的运作情况，目前可见的记载为崇祯时期。崇祯二年（1629），时任常州府海防同知王佐，"因奴酋发难，于崇祯二年十一月内，蒙巡抚曹都御史选委督兵北援，奉旨撤回，又于崇祯三年（1630）二月内督偾漕粮前抵天津"⑤。常州府海防同知在督兵出战与后勤支援等方面，参与了同后金的作战。

清代之后，因常州府既无海塘修筑，又不濒临海洋，海防同知的设置稍显多余。雍正二年（1724），曾议准裁撤常州府海防同知，由捕

---

① 《明穆宗实录》卷9，隆庆元年六月壬子，台北："中央研究院"历史语言研究所1984年版，第269页。
② 施沛：《南京都察院志》卷31《奏议五·江防类上·酌议江防专官以便责成以靖地方疏》，天启刻本，第26页b。
③ 乾隆《江南通志》卷23《舆地志·公署二》，《文渊阁四库全书》史部，台湾商务印书馆1986年影印本，第507册，第666页。
④ 嘉庆：《钦定重修两浙盐法志》卷14《律例二》，《续修四库全书》史部，上海古籍出版社2002年版，第841册，第286页。
⑤ 祁彪佳：《宜焚全稿》卷4，《续修四库全书》史部，上海古籍出版社2002年版，第492册，第348页。

盗兼司海防，① 后在雍正四年（1726），裁常州府总捕通判后，将其事务归并海防同知，并将海防同知由江阴移回府治，雍正九年（1731）又移回江阴。② 对于这一时段的变迁原因，据户部侍郎俞兆晟奏疏，雍正二年议准裁汰苏、松、常一半府佐贰官员，主要是为了解决冗官问题，因而在雍正四年将捕盗归并海防，并将海防同知移回府治。但是江苏地方事务繁剧，由一官兼司多务，容易造成推诿及兼顾不暇等问题，于是俞兆晟奏请重设常州捕盗通判等官职。③ 雍正八年（1730），复设常州府捕盗通判之后，④ 海防同知由府治移回江阴。后于乾隆二十七年（1762）裁改为六塘河同知，专司水利事务。⑤

5. 海门厅海防同知

乾隆三十三年（1768），因通州海门县屡涨沙洲，其地又与崇明接壤，两处居民争抢沙地案件迭发，通州、崇明地方官难以弹压断理，江苏巡抚明德奏请将苏州府海防同知裁改为海门同知，凡通州、崇明新涨各沙，归并海门同知管理。⑥

6. 太仓州海防同知

雍正三年（1725），太仓升直隶州，设同知一员，乾隆十二年（1747）加海防衔，驻茜泾城。⑦ 乾隆二十四年（1759），两江总督尹继善在奏陈松江海塘事务时，指出太仓州同为专司防海之员，应定为

---

① 光绪《大清会典事例》卷26《吏部·官制·各省知府等官一》，《续修四库全书》史部，上海古籍出版社2002年版，第798册，第442页。

② 乾隆《江南通志》卷107《秩官志·文职九》，《文渊阁四库全书》史部，台湾商务印书馆1986年影印本，第510册，第177页。

③ 中国第一历史档案馆编：《雍正朝汉文朱批奏折汇编》，江苏古籍出版社1989年版，第32册，第372页。

④ 《清世宗实录》卷96，雍正八年秋七月癸未，中华书局1985年影印本，第8册，第292页。

⑤ 《清高宗实录》卷724，乾隆二十九年十二月庚辰，中华书局1986年影印本，第17册，第1046页。

⑥ 《清高宗实录》卷808，乾隆三十三年四月戊辰，中华书局1986年影印本，第18册，第922页。

⑦ 嘉庆《直隶太仓州志》卷6《职官·官制》，嘉庆七年刻本，第2页b。

要缺，以修筑海塘事务为要职。① 太仓州作为直隶州，其州同所司职务，兼具"刑名钱谷"，本质与抚民同知无异。

二 浙江地区

1. 嘉兴府海防同知

嘉兴府海防同知，具体设置时间不详，据《乍浦备志》记载："崇祯六年七月，闻海寇刘香连船数百，将犯乍浦，时兵巡道蔡茂德、海防同知扬起凤按乍，同参将江之清督兵戍守。"② 嘉兴府海防同知协同兵巡道、乍浦参将一同御寇，有监督、统御兵弁之权。

清初，嘉兴府未设海防同知一职。嘉兴、杭州、绍兴三府相邻，位于杭州湾。杭州具有湾独特的喇叭状地形，外宽内窄，河口束狭，水深变浅，沿岸的沙坎物质抗冲力差，海潮时大量海水内涌，迅急的潮流极易导致海岸线大涨大淤，从而对沿岸造成巨大破坏。③ 因此，杭州湾各府县沿岸，需要修筑海塘来防御海水侵蚀。据雍正《浙江通志》载，康熙五十九年（1720），福建浙江总督觉罗满保奏陈海潮对浙江沿海侵害严重，必须设立专职官员修筑防御海塘，奏请"绍兴府之上虞、余姚、山、会、萧五县石塘土塘，专交绍兴府同知阎绍管理"，"杭州府之海宁、仁和、钱塘三县石土塘，专交原任金华府同知刘汝梅管理"，并将金华同知裁改为杭州府同知，"嘉兴府之海盐、平湖二县石土塘，专交嘉兴府同知王沛闻管理"④，自此，三府同知均加海防衔，设立海防同知。

---

① 《清高宗实录》卷588，乾隆二十四年六月甲子，中华书局1986年影印本，第16册，第464页。

② 道光《乍浦备志》卷36《杂记》，道光二十三年刻本，第5页a。

③ 陈吉余：《杭州湾地形述要》，《浙江学报》1947年第2期，转引自谭其骧等编《中国自然地理·历史自然地理》，科学出版社1982年版，第240—241页。

④ 雍正《浙江通志》卷64《海塘三》，《文渊阁四库全书》史部，台湾商务印书馆1986年影印本，第520册，第588页。

2. 杭州府海防同知

杭州府位于喇叭状杭州湾的最深处，也是海面最窄的地方，所以海塘修筑任务较其他二府更为频繁，设置的海防同知数量较多。雍正十一年（1733）三月，因杭州一带"海塘不下三百里，若无专管人员，将来不无废弛之患"①，内大臣海望奏请杭州府再添设海防同知一员，驻仁和，称西海防同知。原设海防同知驻海宁，称东海防同知。乾隆元年（1736），因杭州海塘修筑工程繁重，东西二海防同知难以兼顾，大学士嵇曾筠奏请添设协办海防同知。于是在乾隆元年至七年间（1736—1742），临时增设协办东、西二海防同知二员。② 道光三十年（1850），杭州府又于西海防同知辖地内增设中海防同知一员，以此来分担西海防同知繁重的修筑任务。③ 杭州府自此有三位专司海塘事务的海防同知。清后期，光绪三十四年（1908），因行之百年的海塘旧制，不符合当时的管理要求，巡抚增韫奏请创设海塘工程局，裁撤东、中、西三防同知及海防营全营弁兵。④ 至此，海防同知专司海塘的体制正式结束。

3. 绍兴府海防同知

绍兴府海防同知设立之后，在康熙、乾隆时期，除修筑海塘外，更重要的是分防大岚山。⑤ 嘉庆十八年（1813），杭州府海宁州南沙地方划归绍兴府萧山，为了查禁当地私盐及弹压盐贩生事等问题，又移海防同知驻赭山，督理盐务。⑥ 与杭州、嘉兴二府不同，绍兴府海防同

① 雍正《浙江通志》卷66《海塘五》，《文渊阁四库全书》史部，台湾商务印书馆1986年影印本，第520册，第620页。

② 方观承纂：《两浙海塘通志》卷13《职官》，浙江古籍出版社2012年版，第212页。

③ 吴文镕：《吴文节公遗集》卷30《添设塘工厅员折》，《续修四库全书》集部，上海古籍出版社2002年版，第1520册，第399页。

④ 乾隆《海宁州志稿》卷5《兵防》，《中国方志丛书·华中地方》第562号，台北：成文出版社1983年版，第601页。

⑤ 祝太文：《清代浙江行政职官与海防关系研究》，光明日报出版社2016年版，第163—164页。

⑥ 民国《萧山县志稿》卷7《建置上·衙署》，民国二十四年铅印本，第26页b。

知，虽因修筑海塘而设，但在实际运作中，主要是分防地方，以缉盗、弹压等事为主要职责。

4. 宁波府海防同知

关于明代宁波府海防同知的记载，仅见崇祯四年（1631），时任兵部尚书梁廷栋在奏表剿灭闽浙海寇大捷有功官员中，言及宁波府海防同知，"黎民表，原任宁波府海防同知，今升任（台州知府）"①。清初期，宁波府仅设有清军同知一员，由清军兼领海防事。

据《敕修浙江通志》记载，雍正七年（1729），浙江总督李卫奏请移宁波清军同知驻大嵩，改为海防同知。其言：

> 浙省宁波府一郡，三面临海，口岸繁多，商渔贸易采捕等船，出入无常。……查得鄞县之大嵩，地处海口，离城窵远，虽有提标游击驻防，而界连象邑，山海交错，地方辽阔，不可无文员弹压。请将同知移驻大嵩，可以稽查海口，又得就近治理民事，甚与地方有益。②

大嵩地处海口，事务繁杂，武职难以弹压地方，需要文职协同管理。雍正八年，移清军同知驻鄞县大嵩，改为海防同知。③ 嘉庆时期，因东南海盗劫掠频发，南田岛一带"皆系平坦沙涂，质性坚实，潮退之后即可照常行走，又以岛屿丛杂，并无险要可防设"④，一直实行封禁政策。后因管理懈怠，南田土地私垦问题严重，巡检难以弹压，于是在道光三年（1823），时任浙江巡抚帅承瀛等奏请移大嵩海防同知驻象山

---

① 中国第一历史档案馆、辽宁省档案馆编：《中国明朝档案总汇》，广西师范大学出版社 2001 年版，第 9 册，第 105 页。

② 雍正《浙江通志》卷 96《海防二·国朝海防事宜》，《文渊阁四库全书》史部，台湾商务印书馆 1986 年影印本，第 521 册，第 463 页。

③ 《清世宗实录》卷 91，雍正八年二月甲子，中华书局 1985 年影印本，第 8 册，第 227 页。

④ 道光《象山县志》卷 8《海防》，道光十四年刻本，第 22 页 a。

石浦地方，负责管理南田、巡缉象山石浦港诸海口。宣统三年（1911），清政府将海防同知改为抚民同知。①

5. 温州府海防同知

关于温州府海防同知的记载，主要见于崇祯时期所撰《刘香残稿》中的记载："温州府知府陈景潞，兵食咸筹；原任海防同知罗之梅，牧圉是力"②；又据《中国明朝档案总汇》记载，在崇祯时期，时任温州海防同知参与进剿海寇事宜，"前道檄督诸将士，亦在在设伏，并督海防同知廖鹏举躬亲行间，而把总潘和春、颜民泰统兵策应"，因"原任海防同知罗之梅，推官贺久邵共效劻勤同收伟绩"③，后被一体叙录，以诏嘉奖。该同知的具体设置时间不详。

清初，温州府未设有海防同知。康熙元年（1662），巡抚范承谟等奏请于宁、绍、台、温四府设海防同知，并未允行。④ 该同知的设置，不迟于乾隆十二年（1747）。当年，裁玉环同知之后，改温州府海防同知移驻。⑤ 后因移驻之后，难以兼顾本郡事务，于是在乾隆十三年（1748），闽浙总督喀尔吉善等奏陈，温州府海防同知"管山海巡查，本为紧要，今若移驻玉环，远隔大洋，本郡事务必难兼顾而以温郡府佐管辖，台属呼应不灵"⑥。请求恢复玉环同知一缺，并将海防同知移回府治。

---

① 赵尔巽等：《清史稿》卷65《地理十二·浙江》，中华书局1976年版，第8册，第2136页。

② 刘香：《海寇刘香残稿二》，"中央研究院"历史语言研究所编《明清史料》乙编，上海：商务印书馆1936年版，第8册，第703页。

③ 中国第一历史档案馆、辽宁省档案馆编：《中国明朝档案总汇》，广西师范大学出版社2001年版，第48册，第126、135页。

④ 乾隆《八旗通志》卷201《人物志八十一·刘兆麟》，《文渊阁四库全书》史部，台湾商务印书馆1986年影印本，第667册，第696页。

⑤ 嘉庆《大清会典事例》卷24《吏部·官制·各省知府等官二》，沈云龙主编《近代中国史料丛刊三编》第六十五辑，台北：文海出版社1991年版，第1005页。

⑥ 《清高宗实录》卷327，乾隆十三年十月辛丑，中华书局1985年影印本，第8册，第405页。

6. 台州府海防同知

台州府海防同知，具体设置时间不确定，但根据雍正《浙江通志》记载，当时台州府有海防同知，驻府治。① 此外，根据康熙后期有关台州府同知的记录来看，似乎在康熙后期，台州府已经设有海防同知。如康熙五十一年（1712），台州府同知金玉衡奏报地方驻军征缴海寇事;② 五十二年（1723），台州府同知出缺，因沿海"游魂未靖，汛口疏虞，正宜严出入之，防杜接济贼船之患"③，浙江巡抚王度昭奏请补任官员。这些活动表明，台州府同知有明确的防海职责，可能为海防同知。康熙以后，有关台州府海防同知的记载开始明晰，乾隆二十八年（1763），因宁海县亭旁民风刁玩，最易藏奸，实属紧要，而且山径险阻，缉捕不易，原宁海县丞难以弹压，于是移海防同知驻防亭旁，专司弹压。④ 同治时期，台州府海防同知又移驻家子镇，稽查海口。光绪七年（1881），海防同知成邦幹督遣水路兵丁，平定了临海县匪乱。⑤

第三节　闽粤地区

一　福建地区

1. 福宁州海防同知

据《筹海图编》记载，嘉靖"三十八年三月，贼攻福宁州，不

---

① 雍正《浙江通志》卷31《公署中·台州府》，《文渊阁四库全书》史部，台湾商务印书馆1986年影印本，第519册，第806页。

② 中国历史第一档案馆编：《康熙朝汉文朱批奏折汇编》，中国历史第一档案馆出版社1984年版，第4册，第313页。

③ 中国历史第一档案馆编：《康熙朝汉文朱批奏折汇编》，中国历史第一档案馆出版社1984年版，第5册，第159页。

④ 祝太文：《清代浙江行政职官与海防关系研究》，光明日报出版社2016年版，第165页。

⑤ 民国《临海县志》卷41《大事记》，民国二十四年铅印本，第36页 b。

克，遂陷福安县。贼攻州城者凡五昼夜，分守参议顾㹀督兵固守，贼计无所施，乃退往福安"①。福安县位于福宁州境北部，当时正遭受倭寇劫掠。福宁州有州同一员，"海防旧无专设，领之者福宁州州同也"②。万历三十年（1602），因州同难以兼顾所有海防事务，巡抚朱运昌等奏请"改福州府捕盗通判为海防，驻扎福宁州专理汛务"③。万历四十年（1612），福州府海防同知移驻福宁州，"职在诘戎搜卒、治楼船、简器械、干掫海上"，同时"又以治军者治民，革征输之羡，严派盐之禁，绝和买之害，洞肺石之冤"④。入清之后，福宁州的海防事务由盐驿道兼管，福宁州升为福宁府，海防同知缺裁。清晚期，光绪二十六年（1900）增设海防同知一员，驻防福宁府三都地方。⑤

2. 福州府海防同知

万历《福州府志》载，嘉靖四十一年（1562），因浙兵在平倭战争中发挥了重要作用，后留于闽省八郡御倭。其中省会福州府留兵最多，于是"置监军副使一员，郡同知专理海防，通判专管沿海仓粮"⑥，由此设立海防同知。

嘉靖之后，东南倭患基本肃清，但海盗劫掠、百姓私自出海等问题仍比较突出。万历四十五年（1617），时任福州府海防同知陈豸因缉盗殉职，万历皇帝在其诰命中曰："朕惟闽郡吻海泒江，东南一都会，

---

① 郑若曾：《筹海图编》卷4《福建倭变纪》，李致忠点校，中华书局2007年版，第272页。

② 万历《福宁州志》卷8《官政志·北路海防》，万历四十二年刻本，第3页a。

③ 万历《福宁州志》卷3《建置志·公署》，万历四十二年刻本，第13页b。

④ 叶向高：《苍霞余草》卷1《福宁州海防邓公德政碑》，万历刻本，第8页a。

⑤ 《知会军机处为福建候补班前同知张文治补福宁府三都海防同知由》，光绪二十八年十一月十一日，编号152674，台北"故宫博物院"藏。见台北"故宫博物院"清代档案检索系统：https://qingarchives.npm.edu.tw/index.php? act = Display/image/1476258dY5UK = W#8dF。2024年1月8日。

⑥ 万历《福州府志》卷10《戎备》，万历二十四年刻本，第6页a。

而与岛夷共此潮汐之利，出没时有备御为严，故特简丞贰，俾司防海之任，至专且重也。"① 崇祯时期，时人为曾负责福州府海防事务的聂公所做的祝寿序中，言："夫防海者，非防之于海者也，凡海防之职守三，曰岛夷也、海寇也、奸商也。斯三者，在昔则岛夷急，而海寇奸商次之，在今则海寇奸商而岛夷次之。"② 整个明后期，福州府海防同知以缉捕盗贼、稽查沿海奸商为主要职责。

清代之后，福州府海防同知驻府治。③ 康熙二十二年（1683）平定台湾之后，清政府将闽县闽安关税务交由海防同知管理。④ 福州府海防同知的职责，主要包括"禁邪教、惩锢婢、兴义学、慎刑狱、赈灾黎、办军需、谨榷税"⑤ 等事。第一次鸦片战争之后，福州府成为首批通商口岸之一，福州府海防同知开始兼理涉外事宜，其选任比较看重是否具有处理"民夷交涉"的能力。如咸丰二年（1852），福州府海防同知出缺，台湾淡水同知于"民夷交涉事件，均能处置得宜，实属人地相需"⑥，调补福州府海防同知。

3. 兴化府海防同知

据《明神宗实录》记载，万历二十一年"铸给福州、兴化、泉州三府海防同知，山西东路管粮防矿通判各关防一颗"⑦。兴化府仅有同知一员，海防同知应该是清军同知兼衔。据《莆田县志》记载，万历二十四年（1596），为预防日本借侵犯朝鲜之机南寇福建，明政府加强沿海防务，军队会哨时，"提督则有分守巡海二道及总镇游击

---

① 杨守勤：《宁澹斋全集》文集卷 11《福建福州府海防同知陈豸诰命》，崇祯刻本，第 41 页 a。

② 曾异：《纺授堂集》文集卷 1《为福州海防聂公寿序》，崇祯刻本，第 21 页 a。

③ 乾隆《福州府志》卷 19《公署二·福州府》，乾隆十九年刻本，第 1 页 b。

④ 乾隆《福州府志》卷十下《关税》，乾隆十九年刊本，第 23 页 b。

⑤ 同治《徐州府志》卷二十二上之下《人物传》，同治十三年刻本，第 7 页 b。

⑥ 《清文宗实录》卷 72，咸丰二年九月甲戌，中华书局 1986 年影印本，第 40 册，第 944 页。

⑦ 《明神宗实录》卷 261，万历二十一年六月己亥，台北："中央研究院"历史语言研究所 1984 年版，第 4844 页。

等，稽覆则有清军海防同知，制称备矣"①。清代前期，兴化府海防
同知沿袭设置，驻莆田县。据《兴化府莆田县志》记载，康熙六年
（1667），有海防、防粮二厅公署②，海防厅即兴化府海防同知的办
公场所。乾隆六年（1741），其"督捕事务归并通判管辖"③，事简
而裁。

4. 泉州府海防同知

泉州府海防同知的具体设置时间不详，据康熙《同安县志》记载：
"万历七年，两院议将本场各澳盐船丈量长阔，赴海防厅编号，载盐百
石者税银一钱五分，共船税银一百二十两，与垞盘税俱解布政司"④。
据此判断，在万历七年（1579），泉州府已设海防同知，管理盐船及抽
税之事。此外，从天启间任海防同知何舜龄的政绩来看，泉州府海防
同知的主要职责为"筹兵足饷、修器械、造楼船"等。⑤ 清康熙二十
二年（1683）平定台湾之后，因泉州的金门、厦门二地控扼台湾，⑥ 泉
州府海防同知于康熙二十五年（1686），移驻同安县厦门岛，⑦ 管理海
口商贩、洋船出入税收、台运米粮、监放兵饷、听断地方词讼等事
务。⑧ 乾隆六年（1741），因"滨海大姓滋事"⑨，又增设西仓海防同知
一员，⑩ 后于乾隆三十一年（1766）裁撤。⑪

---

① 乾隆《兴化府莆田县志》卷11《戎备》，乾隆二十三年刻本，第11页 b。
② 乾隆《兴化府莆田县志》卷3《建置·公署》，乾隆二十三年刻本，第12页 a。
③ 乾隆《兴化府莆田县志》卷7《职官志》，乾隆二十三年刻本，第26页 a。
④ 康熙《同安县志》卷2《官守志·建官·浯洲盐场课司》，抄本，第18页 b。
⑤ 道光《晋江县志》卷35《政绩志》，清抄本，第10页 a。
⑥ 杨金森、范中义：《中国海防史》，海洋出版社2005年版，第437页。
⑦ 乾隆《泉州府志》卷12《公署》，光绪八年刻本，第5页 b。
⑧ 道光《厦门志》卷10《职官表》，道光十九年刻本，第4页 a。
⑨ 乾隆《晋江县志》卷2《规制二》，乾隆三十年刻本，第12页 a。
⑩ 《清高宗实录》卷155，乾隆六年十一月己卯，中华书局1985年影印本，第10册，
第1210页。
⑪ 嘉庆《大清一统志》卷424《福建统部·文职官》，《续修四库全书》史部，上海古
籍出版社2002年版，第622册，第15页。

5. 漳州府海防同知

据《海澄县志》载，嘉靖时期，"倭奴传警，顽民趁机构逆（自号二十四将），结巢盘踞，殆同化外。四十二年（1563）巡抚谭纶下令招抚，仍请设海防同知专理海上事，更靖海馆为海防馆"①。但是据《谭襄敏奏议》记载，谭纶在嘉靖四十二年的奏疏中，并未提及增设海防同知一事，只是在四十三年所奏《官兵追剿大势倭贼三战三捷地方底宁疏》中提到，因倭寇"据蔡丕岭为巢，意欲窥漳浦"，于是"泉州府同知谭维鼎、漳州同知邓士元临阵计议，漳州府署印同知刘宗寅督运粮饷"②，协同守军防御倭寇来侵。

谭纶提到漳州府有同知二，除署印同知刘宗寅外，还有同知邓士元。据万历《漳州府志》记载，漳州府有同知二员，原设一员佐知府，以理庶务，兼管清军，嘉靖四十五年（1566）添设一员专管海防，正五品；又载：邓士元，四十三年（1564）由本府推官升海防，本府海防同知自此始。③ 处理倭患和"二十四将"叛乱是设立海防同知的重要原因，而"二十四将"叛乱是在四十三年被平定，所以漳州府海防同知应该是在嘉靖四十三年设立，四十五年的记载当为误。设立之后的漳州府海防同知，"编船号立保甲而奸宄有稽，清田产治争讼而攘夺以息"，着力加强对地方管控，消弭盗寇，负责解决民间争端等问题。④

清代初期，海防同知驻龙溪县。雍正十年（1732），时任福建总督郝玉麟认为漳州南胜地方，民风刁蛮任意横行，一时难以治理，而漳州府海防同知又无钱谷刑名之责，惟有海防之任，奏请移海防同知驻南胜，负责治理南胜事务，同时并理海防。⑤ 移驻之后，从其管理

---

① 乾隆《海澄县志》卷1《舆地志》，乾隆二十七年刻本，第2页a。
② 谭纶：《谭襄敏奏议》卷2《官兵追剿大势倭贼三战三捷地方底宁疏》，《文渊阁四库全》史部，台湾商务印书馆1986年影印本，第429册，第616页。
③ 万历《漳州府志》卷3《秩官志上》，万历元年刻本，第3页b。
④ 崇祯《海澄县志》卷17《艺文志》，崇祯六年刻本，第15页b。
⑤ 中国第一历史档案馆编：《雍正朝汉文朱批奏折汇编》，江苏古籍出版社1989年版，第22册，第526页。

事务的性质来说，"海防同知"之名似乎有些名不符实，因此在乾隆五十四年（1789），闽浙总督觉罗伍拉纳等提出南胜海防同知的设置不妥，其曰："南胜近山，石码临海，水陆形势迥异，名实未免不符，请改为南胜粮捕同知，石码海防通判。嗣后陆路失事，开参同知，水路失事，开参通判。"① 海防同知一官正式裁撤，防海事务由海防通判接理。

总之，以上四府一州，海防同知的设置时间较晚，或尚不明确。在未设之前，其防海事务应该由清军同知兼管。嘉靖三十八年四月，巡抚福建都御史王询曾奏称，请将福州、兴化、泉州、漳州四府及福宁州清军同知兼管海防，责之修船练兵。② 据此，此时的清军同知亦可称之为海防同知。

6. 台湾府海防同知

康熙二十二年（1683），清政府将台湾纳入版图之后，随着台湾府的建立，设海防同知一员。因台湾长期处于王化之外，地方番民叛乱问题突出，乾隆三十一年（1766）裁泉州西仓海防同知后，将其改设为台湾北路理番同知，专门负责台湾北路番民事务，台湾南路的防务由专管船政的海防同知兼管。③ 光绪元年（1875），台防同知改为南路抚民理番同知。④ 在台防同知之外，乾隆四十八年（1783），又将所有鹿仔港海口出入船只，责成北路理番同知"查察挂验"，兼有防海职责。⑤

---

① 《清高宗实录》卷1338，乾隆五十四年九月戊子，中华书局1986年影印本，第25册，第1139页。
② 《明世宗实录》卷471，嘉靖三十八年四月乙巳，台北："中央研究院"历史语言研究所1984年版，第7909页。
③ 《清高宗实录》卷773，乾隆三十一年十一月甲午，中华书局1986年影印本，第18册，第490页。
④ 许毓良：《清代台湾的海防》，社会科学文献出版社2003年版，第55、321页。
⑤ 姚莹：《东溟文集》文后集卷三，《续修四库全书》集部，上海古籍出版社2002年版，第1512册，第494页。

二　广东地区

1. 潮州府海防同知

据顺治《潮州府志》载"嘉靖四十六年（1567）添设海防同知一员，给与钦降关防"①，又载"胡廷顺，闽县人，举人，由本府通判升任。嘉靖四十一年（1562）倭乱，添设海防一员。廷顺在任二年，题叙加四品服俸"②。但是根据《吏部职掌》记载，在升职留任一条中，"知府、府佐、州县正官历任年深，著有劳绩，抚按官奏荐加升留任者，本部酌量题覆。隆庆二年，湖广荆州府知府赵贤，题升本布政司右参政，仍管府事。广东潮州府同知胡廷顺、肇庆府同知郭文通，各题加四品服俸，仍管原务"③。据此判断，胡廷顺实际任职时间应该在隆庆元年。而嘉靖四十六年添设海防同知一员，应该是指隆庆元年，所谓嘉靖四十一年添设海防同知，应是记载有误。

清初，潮州府仍设海防同知。康熙五十七年（1718），两广总督杨琳曾言，"粤东沿海要地，以广、惠、潮三府为重，而三府之内，惠、潮尤甚"，潮州府是广东海防重地，而黄冈又为潮州滨海要地，因驻防武职不理民事，巡检位卑职微，奏请"将潮州海防同知移驻黄冈"④。另据《广东海防汇览》载："（雍正）六年六月十一日，奉上谕：潮州府同知移驻黄冈，既于康熙五十六年（注：记载有误）部覆准行，海阳县县丞移驻庵埠，亦经杨琳题准，乃历任同知、县丞竟敢因循偷安，并未移驻，而该督抚漫无觉察，听其规避，俱属不合。著杨文乾逐一查明参奏，其如何严定处分之处，该部议奏，钦此。"⑤ 可见驻防黄冈

---

① 顺治《潮州府志》卷1《地书部·文武官沿革考》，顺治十八年刻本，第42页a。

② 顺治《潮州府志》卷4《官师部·潮州府同知》，顺治十八年刻本，第12页b。

③ 李默、黄养蒙等删定：《吏部职掌》不分卷《文选清吏司》，万历刻本，第28页b。

④ 《清圣祖实录》卷278，康熙五十七年四月庚寅，中华书局1985年影印本，第6册，第729页。

⑤ 卢坤、邓廷桢主编：《广东海防汇览》，王宏斌等点校，河北人民出版社2009年版，179—180页。

事关潮州海防，而地方官又怠忽守旧，于是雍正帝令杨文乾严查相关官员。杨文乾在彻查之后，因黄冈"地属碱潮，难以耕种"，当地百姓主要以出海捕鱼、贸易为生，由此偷运货物及盗匪之事常有发生。又因无文员弹压，"地保乡练无人管束，海口稽查甚属懈弛"，即使逮捕盗贼，因距府县遥远，解运"每有疏虞"，奏请移海防同知驻守，"于地方似有裨益"①。此后，潮州府海防同知分防黄冈。

此外，漳、潮二府疆域相连，尤其南澳地区更为特殊，附近海域经常出事，"实缘海面汪洋茫无畔岸，查勘界址悉属悬揣形边，并无确据"，二府官员据此相互推诿。如雍正八年（1730），福建晋江船户陈得胜货船在附近海域被劫，事后二省官员互相推诿失事地点属于对方管辖，不想承担失事之罪。为了避免此类事件再有发生，广东总督郝玉麟奏请将南澳附近地区，分时段由两府文武治理，以杜其弊。② 但这一方法并不能从根本上解决问题，于是广东布政使王世俊又上奏，请求在这一区域添设海防同知一员。

王世俊认为督臣郝玉麟的建议并不可行，南澳一带"所有户口、生童以及征租散饷等项，惟营员造册移送为凭"，其间是否有虚冒等弊，又无从查核，而且"一切编查保甲、送考生童、散饷监放在在，俱应文员经理"③，武职难当此任，所以奏请添设同知一员负责，由漳、潮二府共管。但因其职低，绕过督抚上奏，不合体制，雍正帝并没有接受这一建议，敕谕告之督抚裁夺。④ 督臣郝玉麟得知之后，认为王世俊的建议更为合理，在雍正十年（1732）再次上疏，奏请添设同知一员，曰"澳内向无文员，一切民事俱附饶平、诏安二县分管，相距各

①　中国第一历史档案馆编：《雍正朝汉文朱批奏折汇编》，江苏古籍出版社1989年版，第11册，第551页。

②　中国第一历史档案馆编：《雍正朝汉文朱批奏折汇编》，江苏古籍出版社1989年版，第18册，第656页。

③　中国第一历史档案馆编：《雍正朝汉文朱批奏折汇编》，江苏古籍出版社1989年版，第19册，第426页。

④　刘灵坪：《清代南澳厅考》，《历史地理》2010年第24辑，上海人民出版社2010年版。

百余里，中隔大洋，偶遇风阻即难飞渡，县令实有鞭长莫及之虞，且武弁不便干预民事，应添设粤闽海防军民同知一员，驻扎南澳"①，负责稽查海口、严行保甲、监放粮饷，并"照厦门同知之例，兼理刑名、钱谷、地方命盗等案，悉归该同知就近勘审"，设置监狱，添设胥役，修筑衙署等，"至防海机宜，令其与总兵官就近商酌，共相防范，严饬胥役，毋得滋事骚扰，如有扶同徇隐，均照专管官例议处"②。在王世俊所奏基础之上，郝玉麟提出了更详细的建议，雍正帝最终同意了奏请，批准添设粤闽海防军民同知一员，直至清末未有变更。

2. 惠州府海防同知

惠州府海防同知的设置时间不详，据《明神宗实录》记载，万历三年（1575），提督两广殷正茂奏请赏赉缉盗有关官员，提到"惠州府海防同知周宗武等，俱宜优加赏赉"③，表明惠州府海防同知在万历三年时就已经设立。另据《万历武功录》记载，惠州府海防同知春冬驻碣石，夏秋屯海丰，负责倭汛。④ 说明惠州府海防同知的设立，与备倭御盗有着重要关系。

清初，惠州府海防同知沿袭设置，后在康熙二十五年（1686），改为广州府理事同知。⑤ 惠州府再次增设海防同知是在雍正七年（1729）。两广总督孔毓珣认为，"碣石为边海要地，兵民繁众，渔船出入，必须文职大员驻扎经理"，增设海防同知，可以"与总兵官就近商酌"，军政协同处理碣石海陆事务。雍正帝同意了该奏请，"裁广东惠州府碣石卫守备一员，添设惠州府海防军民同知一员，驻扎碣石卫；裁海丰县

① 乾隆《南澳志》卷3《建置》，道光二十一年刻本，第21页a。
② 乾隆《潮州府志》卷40《艺文上》，光绪十九年重刊本，第17页b。
③ 《明神宗实录》卷38，万历三年五月戊戌，台北："中央研究院"历史语言研究所1984年版，第881页。
④ 瞿九思：《万历武功录》卷3《惠潮广丹俄诸倭列传》，《续修四库全书》史部，上海古籍出版社2002年版，第436册，第255页。
⑤ 光绪《大清会典事例》卷27《吏部·官制·各省知府等官二》，《续修四库全书》史部，上海古籍出版社2002年版，第798册，第459页。

南丰、平安二驿驿丞各一员，添设巡检二员，分驻河田、汕尾地方，改东海窖驿丞一员，为东海窖巡检，并归新设海防同知管辖"①。道光二十五年（1845），为增强广州防务，惠州府海防同知被裁改为广州府虎门屯防同知。②

3. 广州府海防同知

广州府海防同知设于隆庆六年（1572），据《明穆宗实录》载："增设广州府南头广海海防同知一员，从提督两广都御史殷正茂奏也。"③此处南头指东莞守御千户所驻扎地南头镇，万历二年（1574）改设新安县，广海指广海卫，位于新宁县东南部。《明穆宗实录》又载，隆庆四年（1570），倭寇破广海卫城，④时任巡抚熊汝达在参劾同知常若愚时，言之"广州府同知常若愚，志荒行诡，临事推避，所当降调或令致仕"⑤；又据《台省疏稿》记载，隆庆三年（1569），广州府海防同知常若愚呈报海贼曾一本等劫掠新宁、香山等县事由，⑥可见当时广州府已经有海防同知。但此时的海防同知，应该是广州府同知兼管海防事务，如果其是专理广州府海防事务的同知，那么隆庆六年增设的海防同知，其负责防海范围不应该是广州府沿海区域。由此判断，正是鉴于原同知兼理海防，以致"临事推避"办事不力，所以才另设海防同知，专职广州沿海的防海事务。

清代初期，广州府仍设海防同知一员，驻府治。康熙四十一年

---

① 《清世宗实录》卷82，雍正七年六月甲申，中华书局1985年影印本，第8册，第84页。

② 《清宣宗实录》卷413，道光二十五年正月乙亥，中华书局1986年影印本，第39册，第186页。

③ 《明穆宗实录》卷68，隆庆六年三月癸巳，台北："中央研究院"历史语言研究所1984年版，第1629页。

④ 《明穆宗实录》卷45，隆庆四年五月己卯，台北："中央研究院"历史语言研究所1984年版，第1132页。

⑤ 高拱：《高文襄公集》卷14《参巡抚熊汝达举劾违例疏》，万历刻本，第14页b。

⑥ 张瀚：《台省疏稿》卷8《擒斩山海剧贼报功疏》，《续修四库全书》史部，上海古籍出版社2002年版，第478册，第165页。

（1702），因三江口理猺事务需要移驻其地，改为理猺同知。广州府再设海防同知一职，是在乾隆九年（1744），移肇庆府海防同知移驻澳门前山寨，改为广州府海防同知。对于广州府添设海防同知的具体原因，与澳门夷务繁重需员管理有着重要关系。根据王宏斌的研究，在18世纪中期，英国与西班牙之间因奥地利皇位继承爆发战争，英国借此机会派出两支舰队，其中一支进攻吕宋，试图一举夺取西班牙在亚洲的殖民地。① 乾隆八年（1743）六月，西班牙兵败，英国携俘虏归国，遇风飘入虎门地界，"虎门守将王璋、东莞知县印光任奉檄往勘，至则诸夷以饥乏乞济，其酋安心殊狡黠，光任反复开陈大义，安心悟，释吕宋俘，由澳门伺便还国……至九月风便乃去"②。鉴于此次事件的影响，以及清政府在处理夷务方面的薄弱，时任总督策楞为毖后患，上奏请求在澳门添设海防同知，专理相关防务。

4. 肇庆府海防同知

根据《明神宗实录》记载，万历二年（1574）九月，殷正茂奏请添设肇庆府海防同知，③ 但是据康熙《阳江县志》的记载，万历二年十二月时，倭寇攻陷双鱼所城（注：位于阳江县），总督殷正茂率总兵张元勋、副使赵可怀、参政刘志伊、佥事石盘、参将梁守愚等进剿，④ 海防同知并没有参与其中，由此推断，其设立时间应该在万历二年以后。据崇祯《肇庆府志》记载，肇庆府海防同知设于万历三年，驻阳江县。⑤

另据顾炎武对肇庆海防的分析，也可以得到印证，其言：

---

① 王宏斌：《简论广州府海防同知职能之演变》，《广东社会科学》2012年第2期。
② 光绪《香山县志》卷8《海防》，光绪五年刻本，第20页b。
③ 《明神宗实录》卷29，万历二年九月丙子，台北："中央研究院"历史语言研究所1984年版，第705页。
④ 康熙《阳江县志》卷3《县事纪》，康熙二十七年刻本，第4页b。
⑤ 崇祯《肇庆府志》卷5《秩官表二》，崇祯六年至十三年刻，第1页a。

阳江县滨海。东海、朗西、双鱼，皆海堧也。……隆庆六年，都御史殷正茂以神电、双鱼连陷，奏设东、西巡海参将，以西路参将驻阳江。万历三年，设海防同知，亦驻阳江。……先是总兵戚继光改三哨为三司，每司左、右二哨，中司复有中中哨，凡七哨。今仍左右司之名，而中司止一哨，凡五哨。岭西分守道以右哨原守电白县莲头、赤水等信地，其船九，兵二百四十八，与饷宜属高州海防同知，于是肇庆海防馆所属止船二十六只，官兵七百四十九人。①

由上可知，阳江县因备倭而增置海朗、双鱼等所军士及船只，至万历三年置海防同知后，卫所官兵及船只受其管理，部分巡哨任务由其兼管。

清代之后，肇庆府沿袭明代海防同知的职官设置。肇庆府海防同知，身兼清军、防海二务，捕盗通判裁撤之后，又兼捕盗职务。② 其虽有海防职责，但非海疆要缺，如在乾隆六年至八年间，肇庆府同知一职空缺达两年之久，直到乾隆八年（1743），因东莞知县印光任处理红夷事务出色，才被奏补肇庆府同知缺。③ 随之，乾隆九年（1744）又移驻澳门，改为广州府海防同知，其海防事务，由通判兼理。④

5. 高州府海防同知

万历三年（1575），高州府清军同知改海防，兼理清军。⑤《万历

---

① 顾炎武：《天下郡国利病书》不分卷《广东上·肇庆府志·海防》，《顾炎武全集》，刘永翔校点，上海古籍出版社2012年版，第3225页。

② 康熙《肇庆府志》卷7《秩官一·同知》，康熙十二年刻本，第2页a。

③ 印光任、张汝霖：《澳门记略》上卷《官守篇》，赵春晨点校，广东教育出版社1988年版，第27页。

④ 光绪《大清会典事例》卷27《吏部·官制》，《续修四库全书》史部，上海古籍出版社2002年版，第798册，第449页。

⑤《明神宗实录》卷34，万历三年正月丁未，台北："中央研究院"历史语言研究所1984年版，第785页。

武功录》记载曰：

> 东粤，岁秋末冬初，名为倭汛。先期制置使，以羽檄，饬横海将军戒严。惠州，以同知一人，春冬屯碣石，夏秋屯海丰；潮州，以同知一人屯潮阳；雷州，以同知一人屯通明；廉州，以同知一人屯永安；琼州，以同知一人屯海南；广州，以同知一人屯南头。独吴川、电白实滨海，属高州。高州故无海防乎，于是制置使殷正茂请以同知掌海防，春夏屯吴川，秋冬屯电白，盖自万历乙亥春始也。①

据此记载，广东沿海各府，由海防同知负责倭汛，因高州府旧无海防同知，所以殷正茂在万历三年奏请，将高州府清军同知改为海防同知，"春夏屯吴川，秋冬屯电白"，负责高州地段的防汛事宜。

清代高州府仍设海防同知。据史料记载，顺治二年（1645），同知方象乾协同参将平定双花寨叛乱，② 职司弹压地方。但此时清军并未占领广东，从严格意义来讲，不能算作清代职官。在清政府完全控制广东之后，因高州府海域"海多暗礁暗沙，海防较简"③，盗寇问题并不突出，在康熙五年（1666）即被裁撤。④

6. 雷州府海防同知

关于雷州府海防同知的记载，最早见于隆庆二年（1568）。据《台省疏稿》记载，雷州府海防同知林炌在征缴曾一本一事中，因上峰未进行有效的谋划，致使防守失误，因"责任稍轻"，命其继续"戴罪杀

---

① 瞿九思：《万历武功录》卷3《惠潮广丹俄诸倭列传》，《续修四库全书》史部，上海古籍出版社2002年版，第436册，第255页。
② 康熙《高州府志》卷7《纪事》，康熙十一年刻本，第16页a。
③ 杨金森、范中义：《中国海防史》，海洋出版社2005年版，第439页。
④ 康熙《高州府志》卷1《公署》，康熙十一年刻本，第21页a。

贼"①。此后，曾一本又多次侵犯广东各府县，为增强防御，都御史熊桴"委原任总兵官汤克宽、雷州府海防同知林烁，领往福建福州洪塘、漳州等处地方打造大福船、冬仔船七十余只，即募惯战福兵五千余名"②。说明雷州府海防同知主要以协同驻军防御，并保障军队后勤为要务。

清代前期，雷州府海防同知仍沿袭设置。据康熙《雷州府志》记载："海防同知署，原胡继中民房，顺治丁亥改建。……康熙八年（1669），同知沈公珍生议改造，建头门、仪门、大堂三间，头门扁其额曰海防公署。"③从海防公署改建情况来看，顺治至康熙间，雷州府海防同知仍设，驻府治海康县。但雷州府真正被清政府掌控，应该在顺治十三年（1656）前后，据嘉庆《雷州府志》记载，当时雷州"土寇王之翰，虽缴印投诚，尚无定局。……兼之海寇刘成玉勾党，惨杀人民，捉掳男女，且勒民投顺，征粮比饷，人心汹汹"，于是清政府"遣同知周熛、推官赵永祚亲入巢寨"，最终招降了王之翰。随后王之翰令"彼监纪同知陆问、参将李青、朱海、辛耀、梁元、杨腾并赍户口册籍"④，随同知、推官来降。周熛是在顺治十二年（1655）被任命为雷州府海防同知，⑤从其参与招抚的过程来看，受当时尚未稳定的政局影响，清初雷州府海防同知的职责，以平定地方各种反抗势力为主。雷州府海防同知的设置，沿袭至清末，在光绪三十四年（1908）被裁。⑥

---

① 张瀚：《台省疏稿》卷5《参广东失事疏》，《续修四库全书》史部，上海古籍出版社2002年版，第478册，第94页。

② 张瀚：《台省疏稿》卷6《海贼流劫议处防剿疏》，《续修四库全书》史部，上海古籍出版社2002年版，第478册，第111页。

③ 康熙《雷州府志》卷3《建置志·公署》，康熙十一年刻本，第11页a。

④ 万历《雷州府志》卷18《艺文》，嘉庆十六年刻本，第1页a。

⑤ 康熙《雷州府志》卷6《秩官志》，康熙十一年刻本，第12页b。

⑥ 《清德宗实录》卷586，光绪三十四年正月己酉，中华书局1987年影印本，第59册，第750页。

7. 琼州府海防同知

琼州府海防同知设于隆庆元年（1567），由原同知改设。据万历《琼州府志》载："隆庆元年始设白沙水寨，兵船六十只，官兵一千八百二十二名。该钦依把总一员，有警合海北白鸽寨会兵巡剿，以本府同知兼管，钦降海防关防。"① 设立之初的琼州府海防同知兼管水寨官兵，负责地方防海事务，有统御兵弁之权。在防海任务之外，因特殊的地理环境和社会文化背景，琼州府海防同知还有抚黎职责，并在万历四十三年（1615）裁抚黎通判后，以海防同知兼管琼山黎务。②

清代之后，黎患问题仍然十分突出，陈昌奇在分析广东防海形势之后，认为琼州海防的主要对象是防黎。琼州一带"波浪无警"，当地海盗问题并不严重，但是因地域偏僻，驻防兵力薄弱，所以"内地匪徒"常潜聚肆掠，而且"琼、廉二府与安南接壤"，为"匪徒"提供了销赃之地，更助长了地方匪患问题。受此影响，琼州府海防同知的防御对象，并不是来自海上的海盗，而是时常叛乱、劫掠地方的内陆之民。③ 琼州府海防同知，亦称抚黎同知。后因事简，于同治十一年（1872）被裁。④

8. 廉州府海防同知

根据《万历武功录》记载，至少在万历三年（1575），廉州就已经增设海防同知，或者说是由府原设同知改设海防同知。详文如下：

> 东粤，岁秋末冬初，名为倭汛。先期制置使，以羽檄，饬横海将军戒严。……廉州以同知一人屯永安……独吴川、电白实滨海，属高州，高州故无海防乎，于是制置使殷正茂，请以同知掌海防，春夏屯吴川，秋冬屯电白，盖自万历乙亥春始也。⑤

---

① 万历《琼州府志》卷8《海黎志·海防》，万历四十五年刻本，第2页b。
② 万历《琼州府志》卷7《兵防志》，万历四十五年刻本，第60页b。
③ 道光《琼州府志》卷19《抚黎志·防海条议》，光绪十六年刻本，第25页b。
④ 民国《琼山县志》卷21《职官志·文职下》，民国六年刻本，第34页a。
⑤ 瞿九思：《万历武功录》卷3，《续修四库全书》史部，上海古籍出版社2002年版，第436册，第449页。

根据这段记载，广东为备倭，由各府同知负责倭汛任务，说明驻防永安州的廉州府同知即为海防同知。

廉州府由于与越南接壤的原因，其防务较其他二府具有独特性。廉州府海防同知驻地有过多次变迁，清初驻府治，① 康熙二年（1663）移驻永安，② 雍正二年（1724），又移驻防城。③ 后因乾隆四年（1739）安南内讧，"占城、暹罗、安南入内，必由龙门岛经过，（龙门）则不止为一州之隘口，实为全广西路要区"④，朝廷移守备驻龙门防守，又于乾隆八年（1743）移廉州府海防同知驻龙门，"凡有海疆事宜，与副将协同料理"⑤。对于廉州府海防同知而言，因地理因素，除了缉捕一般盗寇之外，还要协同驻军防御域外势力，后期因海防事简，于道光十三年（1833）被裁撤。⑥

---

① 乾隆《廉州府志》卷6《公署》，乾隆二十一年刻本，第13页b。

② 道光《广东通志》卷127《建置略三》，《续修四库全书》史部，上海古籍出版社2002年版，第672册，第45页。

③ 方东树：《考盘集文录》卷7《永安城重修大士阁记》，《续修四库全书》史部，上海古籍出版社2002年版，第1497册，第373页。

④ 乾隆《廉州府志》卷20《艺文志上》，乾隆二十一年刻本，第75页a。

⑤ 乾隆《廉州府志》卷5《事纪》，载："乾隆四年己未二月，安南内讧，廉防同知由防城移驻龙门，原龙门司移驻防城，改为防城巡检。"（第54页a）又道光《钦州志》卷10《事纪志》载："（乾隆）四年，廉防同知由防城移驻龙门，原龙门司移驻防城，改为防城巡检。移防城守备东兴街。"（道光十四年刻本，第33页a）而道光《廉州府志》卷7《建置一·公署》载："廉防同知署，乾隆十二年移驻龙门。"（光绪十一年刻本，第17页a）按：关于廉防同知移驻龙门的时间，主要为乾隆四年和十二年两种说法。但根据道光《广东通志》卷127《建置略三》，载："谨按：据司册，原管界司巡检于乾隆元年奉准，部覆改为龙门司巡检，移驻龙门，续于乾隆十二年题准，部覆将防城同知移驻龙门，以龙门巡检移驻防城，改为防城司；又据营册，乾隆四年，因安南内讧移守备驻东兴，府志误混。"（《续修四库全书》史部，第672册，第46页）指出乾隆四年移驻龙门者为守备，而非同知。就为防御安南内讧波及边疆安全而言，移守备较同知更有实际意义，所以笔者同意这一看法。但同知移驻龙门的时间，不应该是乾隆十二年，应该是乾隆八年。根据乾隆《廉州府志》卷20《艺文志》载，廉州知府周硕勋在乾隆十六年六月所作《龙门营仓议》中，言："龙门厅署无官已历六载……该同知原驻防城，于乾隆八年移驻龙门。"由此推算，廉防同知在乾隆八年就已移驻龙门，所以定不是十二年移驻。再者，作为廉州知府的周硕勋，其在任时间点与同知移驻时间最近，对此应该有更准确的了解，所以其表述当为可信。

⑥ 道光《廉州府志》卷7《建置一·公署》，光绪十一年刻本，第17页a。

　　总之，在整个明清时期，海防督抚司道逐渐被裁撤，海防同知成为沿海社会治理中，负责防海事务的主体职官。与此同时，根据地方的实际需求，海防同知的设置一直处于不断调整之中，并增设少量海防通判协助处理相关事务。

第四章　海防行政职官的类别、
　　　　职能及其时空演变

在不同时段不同区域，因海防环境的不同，以及海防认知与政策的调整，设置海防行政职官的目的及职掌之事，具有鲜明的时段性与区域性特征。从这些职官设置的历史变迁来看，专职的海防督抚司道，存在时间为明中后期至清前期，基层的海防同知则延续至清末，并在清中期增设了少量的海防通判。其中，海防同知是整个海防行政职官体系中的重要成员，其数量大分布广，是执行明清海防政策的重要基层官员。就此而言，海防同知的地位、角色及其功能的变迁，反映了明清政府对沿海地区治理需求的变化。

第一节　明中后期海防行政职官的调适

一　海防行政职官体系的变化

海疆安全形势的变化，要求沿海地方海陆配合、军政协同，这是设置海防文官的主要原因。从洪武时期开始，受反明势力及沿海倭寇、海盗的影响，明政府在沿海地区广置卫所增强沿海防务。但是长期以来海防环境的相对宁谧，使明政府缺乏在地方行政系统设置专职海防职官的需求，对其重要性认识不足。在此情况下，一旦发生严重的海防危机，单单依靠军事防御的弊端就会骤然凸显。嘉靖时期倭寇东南，军事防御独力难支，引起了明政府的高度重视，为了抵御倭寇入侵，明政府开始意识到专职文官办理海防事务的重要性。此前，虽然自明初以来设有巡海道，但这些官员设置数量少且是监察性质职官，主要负责监督沿海驻军，保障沿海防务的运作，不领实际行政职务，而且在文官体制中，巡海类道员是专门负责防海事务的仅有的品级较高官员。此外，明代施行布、按、都三司分权政策，在分权体制下，一旦遇到重大危机，首要问题就是如何统筹协调三者关系，以便同心协力应对危机。于是在嘉靖、万历时期，为处理"倭患"问题，在省级官员系统中，设立了浙直总督、登莱巡抚、天津巡抚等具有海防性质的"地方"大员，填补了高级海防文职职官设置的空白，将地方三司职权统归其下，总揽辖区海防问题，由此促进了"倭患"问题的解决。

作为高级职官，通常督抚、道员并不执行具体的海防任务，防海任务主要依靠基层政区的官员来执行。具体来讲，在地方防海事务中，长期以来并未设置专门负责海防事务的文官。从防御角度来讲，显然存在不足，因为海防作为涉及军、政、民三方的综合性工程，军队不辖地方，更不治民，而海防对象多是地方百姓、海商等，如倭寇的主体并不是日本武士而是沿海不法之徒，这些人入则为民、出则为盗，仅仅依靠军队来稽查缉捕，并不能有效解决问题。再者，在发生严重的海防危机时，军队的进剿平乱需要地方行政官员的配合。在战争环境下，如何保障后勤及协调军民作战的问题，是海防军队的短板，于是在嘉靖"倭患"最严重时期，明政府开始设置府级海防文官，海防同知由此大量出现，专门承担海防事务，从行政方面来配合军队抵御倭寇，如负责后勤、编练民兵等，大大缓解了军事方面的海防压力。

当然，这一体制也存在相应的问题。海防职官的设置是为了服务海防建设，这就意味着一旦海防事简，很容易出现废弛之状。省级文官在海防方面的参与度，主要体现在海疆危急比较严重的时期。如嘉靖至明末，东南沿海的倭寇、环渤海地区的倭寇及北虏，长期威胁着明朝的海疆安全，因此明政府特设海防督抚，同时增置如浙江海防金事（海防道）等官，专门负责地方防海事务。然而，一旦海防危机缓解之后，省级海防文官的防海职能就会有所弱化，防海意识随之淡化。与之相比，基层海防职官的职责虽然存在强化的现象，但同样会出现不尽心任事的问题。万历二十二年（1594），万历皇帝在谕旨吏部选官时，就注意到了海防文官的这一变化，指出随着时间的推移，海防文职整体存在谈空避实的问题：

　　又如沿海地方备御久疏，倭寇情形未定，一应城池器械练兵战守之备，尤在所急。而近者，将领之权既轻，不免责成于文吏，乃文吏又习为饰虚取誉，首鼠避难，以兵马钱谷之任为劣处，以强力干事之臣为粗材，好议论而不好成功，信耳闻而不信目见，此尤当今第一弊风，最能误事者。弭盗安民，得人为本，以后巡抚官缺，你吏部务要选用老成敏练，曾经扬历外任，著有成效之人，毋得专采虚望。其要害地方，非但司道当择，即府州县及江防海防同知等官，皆宜慎选优叙，毋得尽拘资格。如有前项，不修实政，不饬兵防，纵有浮名小才，于地方百姓何补？若抚按官不亟行参劾，以失职连坐。你部里若咨访的确，亦不必待人奏闻，即便议更议调，以安地方。近来人心玩愒，朝廷诏令通不著实举行，题覆纷然，竟归两可。科道官亦不用心参驳，成何法纪。自今日谕出之后，各务奉宣德意，严立标准，凡遇升迁、行取、考察等项，一以安民、弭盗、实政为抚按有司之黜陟，言简必信，法简必行，如有仍前玩视欺隐，定行重治不宥。①

————
　　① 《明神宗实录》卷269，万历二十二年正月己亥，台北："中央研究院"历史语言研究所1984年版，第5001页。

从该谕旨来看，嘉靖以来逐渐完善的军政协同、一体防御的海防体制，因海防压力缓解而出现了军政官员玩忽懈怠的情况。为了强化沿海防御，万历皇帝要求对负责统辖地方军政事务的督抚、稽查武官的司道，以及负责地方防务的海防同知等官的任用，需要严行考察拔补之法，以求修实政饬兵防，强化沿海防务。

然而，海防之紧并非常态，一旦海疆安全环境趋缓，高级海防职官即成冗余之员，最终面临裁改的问题。如浙直总督在东南"倭患"解决之后，在隆庆元年便被裁撤，登莱巡抚则因明政权的覆灭，在清顺治时期被裁撤。海防道与海防督抚的情况类似，只是时间上较海防督抚的裁撤较晚，直到清中期才基本裁并，将防海职能归并由其他道员兼管。海防同知等基层海防文职官员则与督抚、道员的情况相反，除大量保持外，不断增设，同时还新增海防通判等官。

那么为什么会出现这一现象？其一，在海疆安全环境宁谧的情况下，明清政府所面临的海防压力较小，并不需要专职的高级文职来协调统筹地方军政防务；其二，海防事务的内容及认知在发生变化，明代的海防主要是防倭缉盗，强调盗寇的危险性，而清代的海防则包含对沿海社会的治理，更重视海防行政职官的治理能力。在清人的认知中，河工水利、盐政税收、词讼审理、农业垦殖、口岸管理、中外交涉等各项事务，同样是关系沿海社会安全稳定的重要内容，对这些事务的管理，通常属于海防同知通判的职责范围，进而会根据地方实际情形时有兼理。所以，在高级海防职官被裁并的背景下，基层海防职官的设置反而得到了强化。这种变化，在明后期就已经开始萌芽，至清代则成为常态。

二　明中后期海防同知的空间分布与职能特征

海防同知的设置，始于明嘉靖倭乱时期，分布于沿海、长江下游各府州。明代海防同知并不一定是新增，可以由清军、督捕等同知改设，或是添加"海防"衔后专职防海。

从历史背景来看，据统计，嘉靖三十一年至三十六年是倭患最严重的时期，"倭寇入侵直隶八十九次、浙江六十一次、福建十四次、山东三次、广东两次，共计一百六十九次，每年约二十八次"①，海防压力最大的区域为今江浙地区，其次是福建地区。在此背景下，长江入海口，作为南京等要地防御门户的苏松地区，首先设立海防同知，后逐渐向南直隶长江下游及东南沿海地区发展。

经过第三章的梳理可知，江浙地区首先设置海防同知，其设置原因主要有三点：其一，如苏松二府增设海防同知，起因为倭寇对这一地区侵扰严重，而军事防御力量不足，在强化防御增设战船之后，缺乏统领官员，于是增设同知督领。其二，如常镇二府，海防同知的增设，是出于监督地方武职的需求，由清军同知兼管海防，弥补兵备道兼管不暇的问题。其三，如淮安府海防同知的设立，则是吸取嘉靖时期治倭经验，预防日本由朝鲜南侵，于是在庙湾设防。

在倭乱被平定之后，防御压力缓解，再因江浙地区为财赋要区，海防同知的管辖职能，开始兼涉地方事务。如表 4-1 所示，自隆庆以来，苏松二府海防同知的兼管职务，包括管理滩田沙田、修筑海塘等，并在清代成为二府海防同知的主要职能。

表 4-1　　　　隆庆以来苏、松二府海防同知兼摄职务统计

时间	事件	来源
隆庆四年	巡抚都御史海瑞开吴淞江、白茅港，委本府同知黄成乐（松江海防）、上海县知县张顶刻期开浚	康熙《松江府志》卷 16《水利》，康熙二年刻本，第 12 页 a

---

① 这一统计数据并不一定完整，但也能基本反映出当时的海防压力及其空间特征。参见曾纪鑫《明代倭患真相》，《粤海风》2016 年第 3 期。

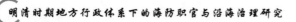

续表

时间	事件	来源
万历五年	苏州府海防同知施之藩,请求下拨钱粮,修筑苏松水利,并清查滩占田地等情况	张国维:《吴中水利全书》卷16《公移·施之藩奉委督浚庞山湖详》,《文渊阁四库全书》史部,台湾商务印书馆1986年影印本,第578册,第560页
万历十九年	松江海防同知燕祖召,晓畅兵事及沿海利弊,军政振举。诸恶少年贩盐行盗者,皆遁迹。又长于治狱,判决无滞,莫不折服。……祖召行视海防至金山卫,首整学宫、浚河,出先师像于深土,卫庠士科名始盛	嘉庆《松江府志》卷42《名宦传三·明》,嘉庆二十二年刻本,第21页b
万历二十六年	巡抚赵可怀檄委署松江海防李同知遑重修城(按:青村城),加高、厚如故,濠面浚阔十丈,底阔六丈,深一丈六尺	康熙《松江府志》卷17《城池》,康熙二年刻本,第5页a
崇祯二年	巡抚曹文衡檄同知钱永澄,疏浚华亭金汇塘、横泾河、吕泾河、徐家浜、上海俞塘等河万余丈,修筑黄浦塘岸二千余丈	嘉庆《松江府志》卷11《山川志·水利》,嘉庆二十二年刻本,第18页a
崇祯七年	同知张赞踏勘新涨沿海沙田	张国维:《抚吴疏草》不分卷《回奏沙田疏》,康熙五年刻本,第8页a

　　闽粤地区海防同知的设置与职能,虽与备倭有关,但在管理海洋贸易、抚夷理番方面,同样具有重要的影响和作用。福州因浙兵戍闽防倭,兵多聚于郡,郡同知专理海防,处理相关后勤问题。其余像福宁州、漳州府等地海防同知的设置原因,也基本是为防倭而设。广东地区海防同知的设置,时间相对较晚。自隆庆万历以来,倭汛制度开始常备运行,沿海驻军及府州官员协同定期巡视,广东地区海防同知的设立与之有着重要关系。所谓倭汛,是从秋末到冬初,海防同知分

防地方，巡视海疆。惠州府海防同知巡视碣石至海丰一带，潮州府海防同知屯守潮阳，雷州府海防同知屯守通明，廉州府海防同知屯守永安，琼州府海防同知屯守海南，广州府海防同知屯守南头，高州府海防同知巡视吴川至电白一带。这样，广东沿海的防御区域基本被覆盖。

在备倭之外，因闽粤地区海岛数量众多，为沿海贸易要区，且番民分布广，数量多，治理难度大，因此海防同知的职能与江浙不同，尤其在管理贸易与抚黎方面，具有独特性。自福建月港开埠以后，漳州府海防同知职司海关抽税，广东则因葡萄牙占据澳门岛，广东海道副使遣广州海防同知管理澳门夷务，并制定五条约束性条款：

一、禁畜养倭奴。凡新旧夷商，敢有仍前畜养倭奴、顺搭洋船贸易者，许当年历事之人前报严拿，处以军法。若不举，一并重治。

一、禁买人口。凡新旧夷商，不许收买唐人子女，倘有故违，举觉而占各不法者，按名究追，仍治以罪。

一、禁兵船编饷。凡蕃船到澳，许即进港，听候文抽，如有抛泊大调环、马骝洲等处外洋，即系奸刁，定将本船人货焚戮。

一、禁接买私贷。凡夷趁贸货物，俱赴省城公卖输饷，如有奸徒潜运到澳与夷，执送提调司报道，将所获之货，尽行给赏首报者，船器没官。敢有违禁接买，一并究治。

一、禁擅自兴作。凡澳中夷寮，除前已落成，遇有坏烂，准照旧式修葺，此后敢有新建房屋，添造亭舍，擅兴一土一木，定行拆毁焚烧，仍加重罪。①

从这些条款来看，海防同知管理澳门，目的在于防止西方殖民者与日

---

① 印光任、张汝霖：《澳门记略》上卷《官守篇》，赵春晨点校，广东教育出版社 1988 年版，第 22 页。

本勾结，以及走私贸易。因澳门的独特性，清代延续设置广州海防同知的体制，专驻澳门执行防务。

广东西南部的琼州府，即今海南岛，与雷州半岛隔海相望，中央王朝对这一地区的管理向来薄弱，而且地方番民习性强悍，时有叛乱发生。如万历间王宏诲所言："珠崖，海外一寰区也，裨海旁罗郡县，而五指、黎婆诸山荆杞其中，酝酿黎岐，世为琼患。自汉两伏波将军启土以来，历代叛服靡常。"① 抚黎成为海防同知的要务，万历十五年（1587），万州、长田等地黎民反叛，海防同知董志毅协同参将王椿等，起水陆兵三千余进剿；② 万历二十六年（1598），海防同知经仁木统兵入剿琼山等地叛黎；③ 万历三十年（1602），海防同知吴俸督汉兵，协同副总兵邓钟进剿生黎；④ 万历四十三年（1615 年）裁抚黎通判后，以海防同知兼管琼山黎务。⑤

廉州府同样存在此类问题。据明人王以宁《勘明钦州失事官员疏》的记载，钦州被攻陷失守后，"致交夷联黎莫之党，窥伺内犯。复因武备久弛，侦报不闻，贼从鳌头龙门直薄城下，由坍城拥入，而官民庐舍俱罹焚劫之惨矣"。于是时任海防同知曾遇署理钦州事务，"值夷贼再犯，能死守以全城及兴师追剿，复捐躯以杀贼，其功委有足纪"⑥。当时廉州府海防同知署理钦州事务，并率军剿杀叛匪而身死，说明廉州的安全隐患主要是来自当地番民，"所谓海防者，谨止内地匪徒潜聚肆掠"⑦，故而以平定地方叛乱为要务。

鉴于东南沿海地区设置海防同知的经验，万历壬辰战争开始之初，为预防倭寇入侵，明政府于东北部沿海区域增设海防同知。山东登、

---

① 乾隆《琼州府志》卷 9《艺文志·记》，乾隆三十九年刻本，第 70 页 b。
② 万历《琼州府志》卷 8《海黎志·平黎》，万历四十五年刻本，第 63 页 b。
③ 道光《琼州府志》卷 22《平黎》，光绪十六年刻本，第 30 页 a。
④ 道光《琼州府志》卷 22《平黎》，光绪十六年刻本，第 30 页 b。
⑤ 万历《琼州府志》卷 7《兵防志》，万历四十五年刻本，第 60 页 b。
⑥ 王以宁：《王以宁奏疏》卷 4，万历刻本，第 24 页 b。
⑦ 道光《琼州府志》卷 19《抚黎志·防海条议》，光绪十六年刻本，第 7 页 b。

青、莱三府作为海防前沿，增设海防同知，管理军务后勤。直隶河间府天津卫、辽东地区的金州，海防同知的设置相对靠后，基本在朝鲜战事将要结束或是结束之后。概言之，因战火没有蔓延中国境内，这一地区海防同知的设置，主要是为了支援出兵朝鲜以及预防倭寇入侵。后期，因明与后金的辽东战事，这一区域的海防同知，转向参与强化京畿防务。与江浙和闽粤不同，北部地区既无出海贸易的合法港口，又无海潮侵蚀受灾及番民叛乱的问题，受朝鲜及辽东战事的影响，海防同知主要以军事职能为要。

综上来看，嘉靖大倭乱和万历壬辰战争是沿海设置海防同知的主要诱因。明中期以来的海防问题不断，武弁缺乏相应的监督管理，卫所废弛，将官营私舞弊，腐败成风。明政府为应对海防危机，强化明初以文制武、军政协同的防御策略，从上至督抚下至同知，构建了一套相对完整的海防体系。在此背景下，海防同知的设置随海防局势变化，由江浙、闽粤向东北部沿海地区分布，职能为管理钱粮、调度指挥、监督纪功、规划善后、管辖弹压、征收洋税等，① 弥补了军不治民，行政系统中无专职防海官的不足。但是，因区域不同、环境不同，北部、江浙与闽粤地区的海防同知，既存在共性又有差异。

概言之，备倭是海防同知职能的共性，但倭患终有结束之时，即明代海防行政职官的设置，主要是为了应对当时的海防危机，一旦防务危机缓解，海防同知的分布与职能必然出现差异，并根据各地的实际需求而做出调整。尤其到了清代之后，随着海洋环境的稳定以及防海政策的变化，海防同知的设置与职能的分化，在各个地区间更加明显。

---

① 黄友泉：《明代海防同知初探——兼论明代镇戍权力格局》，《历史档案》2018 年第 4 期。

第二节　清前期海防同知的分布与职能变化

明清时期的海防，"防在外者，以海为主"，防在内者，则以府州县为主，"世平则防外，世乱则防内。防在已乱则乱大民残，防于未乱则乱弭民安"，而防外"始于防倭，终于防盗"①。台湾问题的解决及清政府施行开禁政策之后，大量沿海商民出洋贸易，中外贸易日臻繁荣，海盗问题随之严重，"岁岁为商民之患"②。和明代不同，清政府的海防采取内外并重的策略，将海面划分为内外洋两个部分，水师在海洋上巡哨，稽查商船缉捕盗匪，沿海口岸及府州县则由海防文职负责，旨在保民生而防乱于未生。随着海洋环境的变化及国家海洋政策的调整，海防同知的分布与职能出现了更明显的区域性与多样化特征。根据第三章梳理，海防同知在这一时期的变化主要如下。

一　环渤海地区的海防同知

环渤海区域相对东南沿海地区，在晚清之前，海防事务并不紧要，海防同知的数量较少且设置相对固定。由明至清之后，这一地区海防同知的职能，开始转向治理民生。清前期，金州海防同知因清政权的建立，以及盛京行政建制的调整而废止，河间府海防同知则因天津设府，就近改属天津。后因海防事简及治河需求的变化，在嘉庆二十二年（1817）复设，道光十二年（1832）被裁，主要负责管理沧州、青县、静海三州县、天津卫的运河工程，海防同知的铨选也以懂河务为主。山东半岛，因政区调整，于雍正十二年（1734）设武定府，海防

---

① 康熙《漳州府志》卷 32《艺文四》，康熙五十四年刻本，第 86 页 a。

② 蓝鼎元：《鹿洲初集》卷 1《论海洋弭捕盗贼书》，沈云龙主编《近代中国史料丛刊续编》第四十一辑，台北：文海出版社 1974 年影印本，第 403 册，第 41 页。

同知驻利津。利津为大清河入海口，商舶停泊较多，武定海防同知以管理海口事务为主。此外，登、青、莱三府为京畿防御门户，海防同知在负责督造战船、巡海、捕盗之外，开始管地方水利等事务，职能有所泛化。整体而言，清前期的环渤海地区，海防并非急务，海防同知的置废受政区调整的影响较大，且职能并不固定，整体不再像明代一样，以军事职能为专责。

二　驻地非临海的海防同知

此类海防同知具有特殊性，或是所属府州并不靠海，或是驻地离海较远。如位于长江下游江苏的镇江、常州二府以及黄河流经的淮安府。雍正初期，为解决因长江下游江防事简而形成的冗官问题，曾议裁撤常州府海防同知，后因兼管江阴、靖江、无锡、金匮四县水利事务而留存，并最终在乾隆二十七年（1762）被裁改为专司水利的六塘河同知。与之相似，淮安府海防同知虽驻庙湾，后因治河需要，移驻童家营专司河工，并于嘉庆十六年（1811）改为阜宁厅管河同知。镇江府海防同知比较特殊，因稽查淮盐走私问题而得以留存。总体来看，在明代因防倭而设的非滨海驻防的海防同知，在海防需求发生变化之后，最终演变为专司某务的地方职官，已非一般意义上的海防同知。

三　海岸地区的海防同知

所谓海岸地区，主要指沿海、大河入海口及较大海湾地区。在这些地区分布的海防同知数量较多，职能因区域环境不同而各具特色，与明代的差异性更加明显。

其一，以管理海塘、沙田为主，主要集中在地理环境特殊的长江入海口和杭州湾区域。在长江入海口一带，苏州府海防同知先后分管稽查海口、督理船政及修筑海塘等事务，职能无定。松江府海防同知的变化同样如此，其驻地多次变迁，专司海塘修筑与管理，直到嘉庆十七年（1812）改为抚民同知。邻近的海门厅和太仓直隶州同知，同样也是以管理海塘沙务为要务。太仓直隶州州同在乾隆十二年加海防衔，职司海塘事务。乾隆三十三年（1768），因通州海门县屡涨沙洲，又设立海门同知，管理沙田。在浙江杭州湾地区，因地形外宽内窄，河口束狭，且两岸沙坎物质抗冲力差，急需修筑海塘抵御海潮侵蚀。康熙五十九年（1720）设置杭州、嘉兴、绍兴三府海防同知，专理海塘事务，并增设协办东、西海防同知二员，负责海塘修筑。

其二，以管理海口、缉捕海陆盗匪为主，主要集中于闽粤地区。宁波府在雍正八年（1730）设海防同知驻大嵩，负责"稽查海口，治理民事"。道光三年（1823），因南田私垦问题严重，盗匪易生，又移海防同知驻石浦。台州府海防同知原负责稽查海口，后因宁海县民风刁玩，盗匪滋生，移驻亭旁专司弹压。温州府海防同知同样以缉捕盗匪为要，管山海巡查。漳州府海防同知，因其无钱谷刑名之责，在雍正十年（1732）移驻南胜，管理当地缉盗等事。后于乾隆五十四年（1789），改为南胜粮捕同知，防海事务由石码通判管理。在广东地区，潮州府海防同知移驻黄冈治盗，惠州府海防同知驻防碣石防海。广东西南部的高、雷、廉、琼等府，高州府海防同知在康熙五年裁撤，琼、廉二府与安南接壤，为盗匪接应销赃之地，因此"自古迄今，无不以防海捕寇为要务"①。

四　驻防海岛的海防同知

明代海防同知基本不驻防岛屿，相较而言，在清代驻防海岛的海防同知分为两类，一类是台湾和海南岛等具有府级行政机构的大型岛屿，一类是沿海的小型岛屿，通常为海防紧要之地。在福建地区，康

---

① 佚名：《皇清奏议》续奏 4《筹缴捕洋匪章程》，《续修四库全书》史部，上海古籍出版社 2002 年版，第 473 册，第 637 页。

熙二十二年（1683）收归台湾之后，因控扼台湾需求，泉州府海防同知于康熙二十五年（1686）移驻厦门。再如漳潮二府交界之处的南澳岛，因盗匪劫掠事件不绝，于是在雍正十年（1732）设立南澳海防同知，负责稽查海口、严行保甲、监放粮饷，协同总兵官防海。广州府海防同知在乾隆正九年（1744）复设之后，专门负责澳门贸易及民番事务。总之，这些驻防海防同知的岛屿一般距府治较远，海防事务繁巨，而县官、巡检等难以有效管理，因此移驻同知防御。而台湾及海南等大型岛屿的海防同知，因岛上社会环境复杂，抚黎是琼州海防同知的重要职责，台湾海防同知同样兼理地方民番事务。

综上，清前期海防同知的空间分布与职能变化，大致有以下几点：一是清政府在"因事添革""量地置员"的原则下，集中于长江入海口和杭州湾地区，增设海防同知以满足地方治理需求；二是海防同知的职能，相较明代已经多样化，包括修筑海塘、管理河工水利、监理地方词讼、征剿权税、兴办文教、督理船政、稽查海口、缉捕盗匪等事项。即使渤海区域的海防同知，同样出现了这样的变化。按今天的定义，这些事务多属于海事管理的范畴。狭义的"海事"通常指造成航海财产损失或人身伤亡的事故，包括船舶碰撞、海难救助、残骸打捞、共同海损等；广义的"海事"，则泛指与海有关的活动，[①] 其管理范围还包括与内河、湖泊和水库相关的事项。[②] 从海防同知的多样职能来看，这一时期的海防，显然是海防与海事的杂糅，同时也反映出当时长江以北地区海防事简，长江入海口及其以南的闽粤地区，海防事务相对较重的分区特征。

到了晚清之后，随着海防形势的骤变，面对西方的坚船利炮，中

①　关正义、李婉：《海商法和海事法的联系与区别——兼论海商法学的建立与发展》，《法学杂志》2012 年第 6 期。
②　杨帆：《我国内河海事管理体制研究》，硕士学位论文，大连海事大学，2014 年，第 2 页。

外通商口岸开埠，意味着海禁政策已经废弛。此时的海防，主要是引进、仿造西式器物，重点建设新式海军，基层海防职官的作用受到冲击，海防同知受此影响，出现了不同以往的变化。

第三节　晚清时期的海防同知及其职能

一　海防需求及其近代化转型

第一次鸦片战争后，林则徐认为应该坚持"弃大洋，守内河，以守为战，以逸待劳"的近岸防御策略。但是随着对西方军事力量认知的深入，林则徐逐渐摒弃徒守内陆的想法，意识到西方战舰在海上来去自如，"不与水战，此常不给之势"，必须加强外海防御，提出建设近代海军的构想。魏源进一步提出"师夷长技以制夷"的防御思想，但反而认为"守外洋不如守海口，守海口不如守内河"。魏源认为西方的优势在于船坚炮利，对海洋地理信息熟悉，但是我国海岸条件复杂，港汊交错，不适合西方大型战舰航行，因此可以利用地理之利进行内岸防御。①

洋务运动时期，在林则徐、魏源等前人思想的基础上，受德国海防论著《防海新论》的影响，清政府认为中国的海防环境和德国相似，海防应以岸防为主，依托口岸防御才是上策。② 究其原因，两次鸦片战争的失败，得到的教训是中国的水师力量难以与西方在海洋上决战，因故只有依托沿岸形势，战舰与水雷、炮台、陆兵配合才能有效抵御

---

① 何新华：《晚清海防与海权思想论略》，中国社会科学出版社 2018 年版，第 79—92 页。

② 西方船坚炮利，"中国虽亦有其船，有如其炮，而实不能有如其驾船发炮之人，此所以难与海上争锋也"。参见杨家骆主编《洋务运动文献汇编》，台北：世界书局 1963 年版，第 3 册，第 427 页。

入侵。① 在此情况下，水师建设为海防急务，人才培养与运用又是水师的根本所在，军事近代化的转型成为清政府建设海防的重心。1874 年日本侵台事件后，总理各国事务衙门奏请开始一次关于海防建设的大讨论。

随后，广东巡抚张兆栋转奏丁日昌《拟海洋水师章程六条》的奏折，对海防建设提出了六条建议。一是建设外海水师，引进新式轮船；二是在沿海要地修筑炮台；三是选练陆兵，水陆协防；四是在沿海地方挑选干练之员主持海防事务；五是设立北、东、南三洋提督；六是建设机器局。主要观点为引进、仿造西方新式武器，以岸防为主要策略，同时培养海防军事人才。对于海防人才这一条，丁日昌认为应该在沿海地方官中，"精择仁廉之员而又才具干练者，为之拊循士民，以时修筑城堡，编行保甲，教练乡民，使其事不扰而集。如其功效卓著，督抚特奏优保，即令帮办水师，庶储备边材，可资缓急"②。就这一建议而言，其内容比较符合海防同知等基层海防职官的基本职能。然而左宗棠认为这一建议并不可行，因为"吏事、兵事，所长亦异"，采用此法挑选的官员，"御流贼、土匪尤易见功；至办巨贼，御强敌，未可恃矣"③，左宗棠实际上已经指出海防同知等官员存在的问题。正如前文所述，自清中期以来，海防同知的职能更偏向于民事，和军队关系已经弱化。再者，晚清时期的海防重心，不再是普通盗匪而是西方列强，海防人才的任用标准已经发生变化。

李鸿章进一步指出，在三千年未有之大变局的时代背景下，"近时拘谨之需，多以交涉洋务为浼人之具"，而当前"小楷试帖，太蹈虚

---

① 如郑观应认为"于沿海要隘，多筑炮台，悉如西式，环之以水雷，护之以水中冲柜。沿海断续之处，补之以浮铁炮台，使之与外洋之师、战船相表里"。参见夏东元编《郑观应集》上册，上海人民出版社 1982 年版，第 214 页。
② 杨家骆主编：《洋务运动文献汇编》，台北：世界书局 1963 年版，第 1 册，第 31—33 页。
③ 杨家骆主编：《洋务运动文献汇编》，台北：世界书局 1963 年版，第 1 册，第 114 页。

饰，甚非作养人才之道"，要想选拔治世之才，应该于考试之中添设洋务一科，并在沿海省份设立洋学局，开设格致、测算、舆图、火轮、机器、兵法、炮法、化学、电气学等数门。在学员学成之时，"分别文武，照军务保举章程，奏将升阶，授以滨海沿江实缺，与正途出身无异"①。李鸿章认为清政府所需要的海防人才，应该与时俱进兼备西学知识。对于李鸿章提出的人才培育和选拔方式，大理寺少卿王家璧予以批驳，他认为清朝"以弓马开基，文德武功，远轶前代"，选拔洋务人才只是备一时之需，"非谓体国经野之才皆在此中"，坚持国家仍应固守科举选才之法。② 面对争议，清政府一时无法决断，也没有改变传统的科举旧制，③ 但从争议的发展来看，清政府大力推行洋务运动，对海防人才的需求发生了明显转变。

二　海防同知的存留与分布变化

其一，海防同知的分布逐渐移向北洋地区。经历过两次鸦片战争之后，清政府开始重视北洋防务。第一次海防大讨论时，丁日昌首次提出分区防御的构想，认为应该加强北洋防务。此后，实际主导北洋防务的李鸿章采纳这一建议，并吸收《防海新论》的观点④，认为沿海万里，"惟有分别缓急，择尤为紧要之处，如直隶之大沽、北塘、山海关一带，系京畿门户，是为最要；江苏吴淞至江阴一带，系长江门户，是为次要。盖京畿为天下根本，长江为财赋奥区，但能守此最要次要地方，其余各省海口边境略为布置，即有挫失，于大局尚

① 杨家骆主编：《洋务运动文献汇编》，台北：世界书局1963年版，第1册，53页。
② 杨家骆主编：《洋务运动文献汇编》，台北：世界书局1963年版，第1册，130页。
③ 季岸先：《同光之际海防人才政策研究》，中国海洋大学出版社2017年版，第27页。
④ 《防海新论》中言：如沿海数千里，敌船处处可到，若处处设防，以全力散布于甚大之地面，兵分力单，一处受创，全局失势，故必聚积精锐，只保护紧要处，即可固守。李鸿章评价：所论极为精切。参见李鸿章《李鸿章全集》，时代文艺出版社1998年版，第1067页。

无甚碍"①。1884 年福建水师覆灭后，清政府将防务重心完全放在了北洋。在这一过程中，在武定、登州、青州、莱州府之外，北洋地区先后增设天津、营口海防同知与岫岩海防通判，负责稽查海口、弹压地方及处理中外交涉等事。

与之相比，其他沿海省份的海防同知则或裁或改，数量在逐渐减少。以闽粤地区的广州和厦门海防同知为例，王宏斌指出自 1849 年之后，澳门同知虽然拥有对澳门民番事宜、行政、司法管理的权力，但实际上已经无法履职。② 而作为负责闽台互动及稽查过往船只的厦门同知，在清晚期可以说基本背离了海防的本意。第一次鸦片战争期间，面对英军的炮击，厦门地方官根本无法组织抵抗，驻防厦门的兴泉永道和厦防同知逃往同安。③ 战后厦门成为通商口岸，后随闽台之间的班兵制度废弛，移民渡台禁令废除，厦防同知的职能大为削弱。随着中外事务增多，厦防同知负责处理中外交涉事务，但并无处置涉事洋人之权，④ 实际已经处于被动地位。光绪二十五年（1899），日本要求割虎头山沿海一带为租界，引发当地百姓不满，"已有暴动之酝酿，闻划界命下，群作抵抗之筹备"⑤，清政府随即令时任海防同知方祖荫弹压。从厦防同知职权的变化情况来看，已经丧失了对地方行政、司法的绝对管辖权。这些海防同知的作用，与其说是对外，不如说是治内，某种程度上已经成为清政府维护列强在华利益的工具。

其二，海防同知的铨选开始考虑是否熟悉洋务等因素。以福州海防同知为例，其有弹压地方稽查商船之责。福州自成为通商口岸之后，

① 丁守和等主编：《中国历代奏议大典》，哈尔滨出版社 1994 年版，第 4 册，第 525 页。
② 王宏斌：《简论广州府海防同知职能之演变》，《广东社会科学》2012 年第 2 期。
③ 鲍中行：《中国海防的反思——近代帝国主义从海上入侵史》，国防大学出版社 1990 年版，第 65 页。
④ 左宗棠：《左宗棠全集》奏稿二，岳麓书社 2009 年版，第 62 页。
⑤ 民国《厦门市志》卷 18《外交志》，鹭江出版社 2021 年版，第 491 页。

"华洋杂处，商贾繁盛，为各国领事驻扎之区，保护巡访在在，尤管紧要"，因此福防同知的铨选以通达洋务为要。光绪三十三年（1907）福防同知出缺，南平县知县姚步瀛，因有在同文馆学习洋文及就读大学堂的经历，并在闽地任官多年，"于海疆风土民情最为熟悉，历任首要各县办理交涉因应得宜，洵为洋务中不可多得之员"，遂补授福防同知。再如厦防同知的铨选，亦看重是否对"各国约章亦夙知研究，为通晓洋务之员"①。但要说明的是，即使海防同知拥有懂洋文晓洋务的能力，能否发挥作用，以及发挥怎样的作用，还是取决于清政府的需求。对于所谓的处理中外交涉事务，两广总督李瀚章的一番话可以很好地概括，"遇有交涉事件，务仍悉心按约妥办，勿稍率误，致滋藉口"②。海防同知可能只是清政权寄希望于通过签署各项不平等条约，由其负责条约的执行，以维持统治的工具。

总之，海防同知的留存与分布受当时海防布局北移影响较大。清前期的海防对象主要为海盗，只要加强海口与重要岛屿的稽查，在剿和抚的政策下，便可基本维持海疆的稳定。③ 晚清以来，在时局发生根本性转变后，海防对象发生变化，面对西方的坚船利炮，传统措施实无所用，清政府开始大力建设近代化军事力量。再者，在坚守近海防御的总体决策下，对于需要何种海防人才的问题，晚清时期强调海防之才，或是掌握西方海防知识与技能，或是学习近代自然科学、外交、法律等知识，需要能够满足近代防务需求。在此情况下，海防同知作为科举铨选之官，并不具备相关能力，即使某些时候选拔一些具备相关能力的同知，也非一种常态。从实际效果来看，所谓的追求"内治

---

① 台北"故宫博物院"图书文献处编：《宫中档光绪朝奏折》，台北"故宫博物院"1975 年影印本，第 24 册，第 350、388 页。

② 中国第一历史档案馆、澳门基金会、暨南大学古籍研究所合编：《明清时期澳门问题档案文献汇编》，人民出版社 1999 年版，第 3 册，第 473 页。

③ 如嘉庆前期对海盗问题的处理，在缴捕和相对宽松的投首政策下最终得以解决。参见王日根、曹斌《明清河海盗的生成及其治理研究》，厦门大学出版社 2016 年版，第 214—239 页。

外交两有裨益"，也仅限于治内，于外事处理实际并无防的作用。晚清时期的海防同知，可以说是防内胜于防外。

综上，从宏观的历史角度，整体分析了以海防同知为基础的海防行政职官的历史变迁。那么，这些职官在历史运作的过程中，究竟发挥了怎样的作用，存在哪些问题，能够给后人带来哪些反思，还是要以具体的历史事件来分析。制度的制定与职官的设置，能够长存于历史时期，一定有着相应的作用。对于历史问题的分析，既不能以偏概全，也不能以整体来否定部分。深入到历史背景之中，结合具体案例的分析，有助于我们更深入地认识和评价明清时期的防海与治海行为，发掘出有益于今天治理海洋的价值认知和思考。

第五章 府级海防文官的政务运作
（上）——军事防御

通过前四章的梳理可知，明清时期海防文职官员的设置，随着海洋安全环境的变化、地方行政官制的调整，府级以上的专职防海官逐渐被裁撤或裁并，除少数兼理海防的海防道之外，至清中期不再设置专职的高级海防文官。与之相反，府级海防职官不仅得以保留，甚至不断增设，以及出现海防通判一职。这一现象表明，随着海防文职的职官体制调整，开禁之后的海洋管理问题，逐渐由府级海防职官承担。同时也说明，在清代的海防认知逐渐发生转变，民生问题的处理成为海防的重要内容之后，海防同知的军事功能受到了冲击。

第一节 分防之制——府级海防文官的职能演化

一 分防制度的发展

海防同知的职能与佐贰官分防制度的发展有着重要关系，分防驻地的变化影响海防同知的具体职能。从明清两代各府州海防职官的设置情况来看，明代海防同知通常驻守府城，清代则多驻守于府治之外，并随着治理需求的变化，其驻守之地多次变迁。正如胡恒所言，明代已经出现了同知、通判分驻到府城、州城之外的趋势，但其分防数量尚不太多，①且时间并不长久。清代佐贰官的设置，更看重地方需求，"量地置员"是设官的首要原则。②

清代海防同知的置废，主要根据各地的实际需要而定，并且所辖事务繁多。雍正皇帝曾谕旨，国家治理，务在得人，"道府州县等官尤属要职，其有才干素著廉洁自持者，不得以时上闻，何以示劝"，谕旨各省督抚题保其中的才具干练之人，以澄清吏治爱养民生。同知等佐贰官之所以能够得到如此重视，在于此类官员可以灵活派遣，随时处理要事急务。如福建浙江总督觉罗满保，在保举驻扎乍浦的嘉兴府海防同知曹秉仁时称："该同知善能设法巡缉，跟拿盗贼，力除纵盗、窝盗、诬良积弊。凡查勘海盐、平湖海塘并查勘泖湖、太湖地方形势，委署大县及审烦难之案，历来上司所委用之"③，为才具强干之员。相较于明代，清代的海防同知，可以在统筹、协调、兼管不同区域的各项事务中，解决基层政区间互不统属所造成的无法协同处理事务的问题，进而发挥出更加丰富的作用。

随着分防制度的发展，明清两代各府州海防同知的管理区域，通常并不固定。明代海防同知大多驻守府治，除少数分防一定区域的海防同知外，一般没有长期固定的管辖区域。入清之后，这一情况发生了转变，大多数海防同知驻防府治之外，所以在史料中通常会看到某同知专管某一地区，同时兼管某些地区某些事务的记载。这些海防同知既有专门性管理区域，又有泛辖区域，与明代浙直总督辖江浙，同时兼管山东等省相类似。所谓"专门性"管理区域，主要是指海防同知驻守及主要管理地区。在此区域内，海防同知专管几项事务，甚至有"刑名钱谷"的全责，具有相对的稳定性；而"泛辖"区域，是除

<hr>

① 胡恒：《厅制起源及其在清代的演变》，《文史》2013年第2辑。
② 乾隆《钦定大清会典》卷4《外官》，《文渊阁四库全书》史部，台湾商务印书馆1986年影印本，第619册，第59页。
③ 中国第一历史档案馆编：《雍正朝汉文朱批奏折汇编》，江苏古籍出版社1991年版，第3册，第700页。

"专门性"管辖地区之外的其他地区，一般并不稳定，职务多为兼理。如松江府海防同知，在乾隆二十四年（1759）移驻金山卫城，专管"华亭、金山二县海塘"①，乾隆三十五年（1770）裁撤时，将"所管土塘工程归并柘林通判兼管，华亭、金山二县水利捕务亦归该通判管理，其青浦县水利捕务就近归川沙同知兼管"②。金山、华亭二县即松江府海防同知的"专门性"管理区域，而青浦县则是其兼管区域。除松江府外，其他府州，大多数有此类情况，如驻守利津的山东武定府海防同知，驻防澳门的广州府海防同知等，同时兼管周边县的水利等事务。

那么为什么在明清两代，海防同知的驻地及辖区会发生如此变化？

其一，设置原因的不同。明代海防同知的设置，主要是为应对嘉靖以来的"倭患"问题。自嘉靖三十三年至万历二十六年，从渤海湾至北部湾的整个沿海地区，长期遭受"倭寇"的威胁，所以自苏、松增设海防同知以来，沿海各府州先后增设海防同知一职。但是，倭寇对沿海的侵扰，时间与地点并不固定，甚至内陆州县都会遭受劫掠。以《筹海图编·福建倭变纪》的记载为例：

> （嘉靖）三十四年十一月贼攻镇东卫城……三十六年三月贼犯省城……十月贼攻连江县……三十七年四月贼入安海城……五月贼攻泉州府……入南安县……攻崇武所……犯惠安……攻镇东卫城……三十八年三月贼攻福宁州不克，遂陷福安县……三十九年三月贼攻平和县……八月贼入安溪县。四十年正月安溪倭贼流犯长泰、同安等县……五月贼攻宁化县、攻诏安县。③

① 《清高宗实录》卷588，乾隆二十四年六月甲子，中华书局1986年影印本，第16册，第541页。
② 《清高宗实录》卷867，乾隆三十五年八月戊戌，中华书局1986年影印本，第19册，第634页。
③ 郑若曾：《筹海图编》，李致忠点校，中华书局2007年版，第269—275页。

根据倭寇侵犯福建的路径来看，其劫掠活动十分灵活，并不以固定地点为目标，从沿海州县到内陆州县，如汀州府宁化县等，都处于倭寇侵扰的威胁之下。从《筹海图编》的记载来看，江、浙、粤等省都存在此类情况。① 在这一环境下设置的海防同知，通常驻防府治，统筹整个府区的防海事宜。

明清易代之后，随着台湾问题的解决，清政府的海防目标，逐渐转移到了地方治理之上。盗寇、偷渡民人、海商、渔民及西方殖民者，成为海防同知的主要防御对象。沿海治理问题主要集中于商贸繁忙的海口地区，或是靠近山区的难治之地。在此背景下，海防同知出防各地，便成为现实需求。

其二，分防制度的发展。海防同知作为佐贰职官，自明代以来就承担首印官的部分职能，其性质与州县佐贰（如州同、县丞等官）相似。在明后期，州县佐贰出现了分防外地的趋势，在此之前，"从辅佐到分防之间还经历了一个分职的环节"。具体来讲，佐贰一般有两方面的作用，"一个是赞政，一个是分职，赞政是指辅佐长官施政，分职是指分担具体职能事务"②。分职一般是同地办公，而分防则不同，主要是分派佐贰官驻守外地，承担某一项具体职能。府级佐贰官和州县级佐贰官的变迁形势相似，如前文所述，万历《大明会典》载明代各府"同知通判，因事添革，无定员"③，而清朝乾隆《大清会典事例》则记载同知、通判，"分理督粮、捕盗、海防、江防、清军、理事、抚苗、水利、诸务，量地置员，事简之府不设"④。显然，明代同知等佐贰官，主要是因事设置，分担知府的部分职能，并不强调管理地域，

① 郑若曾：《筹海图编》，李致忠点校，中华书局2007年版，第241、320、400等页。

② 王泉伟：《从分职到分防：明清州县佐贰官略论》，《四川师范大学学报》（社会科学版）2015年第6期。

③ 申时行等修：《大明会典》卷4《官制三·外官》，《续修四库全书》史部，上海古籍出版社2002年版，第789册，第87页。

④ 乾隆《大清会典》卷4《吏部·外官》，《文渊阁四库全书》史部，台湾商务印书馆1986年影印本，第619册，第59页。

处于"分职"的阶段。清代则不同，同知等佐贰官，在承担知府的某一项具体职能外，突出"量地置员"的需求，即依据各地区的实际需要而设，强调驻守区域。因此，明清两代府级佐贰官的设置体制发生了明显的变化，这种变化是同知等佐贰官由常驻府治向分防外地发展的反映。由此，佐贰官可以分防一定区域，以分担知府某一项因辖区偏远或自身事繁而难以兼顾的具体职能。海防同知，即分担知府防海职能的专职佐贰官。

其三，国内外安全环境的变化。从嘉靖后期至明末，明王朝长期处于风雨飘摇的境地，先是倭寇对沿海地区长达几十年的劫掠，后是东北女真的不断寇边，以及国内大规模农民起义。对于明王朝而言，在消弭"倭患"之后，其主要目标不再是防海，而是处理更为紧要的辽东和农民起义问题。从时间上来看，虽然朝鲜战事在万历二十六年结束，但随之而起的辽东叛乱及农民起义一直延续到明朝灭亡。在这短短四十六年的时间里，东南海疆再无大的安全问题，且地方的海防行政体系基本形成，受客观环境影响，明政府也无暇对海防同知的体制进行调整。

和明代不同，清王朝统治中国长达二百七十多年，海防同知一职的设置一以贯之，清政府有充足的时间，根据海防需求的变化调整海防职官的功能。具体来讲，在平定台湾之后至鸦片战争之前，清政府的海防目标主要是沿海盗寇，其影响力与明代的倭乱有着本质差异，故而海疆长期处于相对"宁谧"的环境之下。此外，自康熙皇帝解决"三藩"及台湾问题之后，清朝国力蒸蒸日上，虽然在此期间也出现西部边疆及内地白莲教叛乱等事，但最终都得以解决。因而在这样的条件之下，清政府有大量时间对海防设置做出调整。到了鸦片战争之后，国门大开，海疆安全环境大变，西方列强纷至沓来，逐渐成为清王朝的主要防御对象。随着通商口岸的开通，中外交涉事宜增多，在原有的海防同知之外，新增的海防同知，通常设置在中外交涉集中的通商口岸地区，驻防口岸职司交涉。

综上所述，随着海防环境的转变以及分防制度的发展，明清时期海防同知的沿海治理方向与职能逐渐发生变化。在"量地置员"的原则下，海防同知不再局限于满足设置之初的军事之需，而是转向管理地方行政事务。那么，就设置之初的军事作用而言，海防同知发挥了怎样的作用？对于这一问题，因海防同知属于基层职官，在军事防御中承担协同配合的角色，因而对于此类职官的参与程度与具体影响，尤其在明代史料中缺乏详细的记载，通常只是简略提及，这也造成我们缺乏充分的案例进行具体分析。但是，海防同知的设置具有长期性特征，如海防重镇的山东半岛和财赋要地的松江府等地区的海防同知，从它们的置废与演变历程，我们可以揭示其军事职能及其影响力的变化，从而发掘出军事层面的作用。其中，台湾岛具有重要的海防战略地位，是清代的海防要区，也是海疆治理的重点区域。台湾设府之后，发生过多次地方叛乱，有海防同知一员，并参与了平叛治乱的过程。就海防而言，因明至清前期的海防对象没有本质性差异，故而通过分析台湾案例，基本能够反映出这一时期的海防同知，如何发挥它的军事职能。基于此，本章将进行以下内容的探讨。

二　登、青、莱海防同知

就区域而言，东部沿海的防御重心，在明中后期至清前期，主要为东南沿海地区，尤其作为财赋重地的江浙与出海贸易要地的闽粤地区。相较而言，在北部海域，除了万历时期丰臣秀吉侵朝、清后期列强进入中国，这一地区的海防环境比较稳定，并无大的防海问题。究其原因，在特殊阶段之外，明清时期的海防对象主要为沿海盗寇。正如前文第一章所述，闽粤地区因独特的地理环境、方位及海洋贸易的发展，是海盗的主要活动区域，故而北部海域长期以来较为宁谧。虽然如此，山东半岛作为保障京畿安全的第一防线，长期以来为海防重镇，明清政府出于布防需求，设有同知职司防海。那么，随着海洋环境的变化，在这一地区设置的海防同知，其能够发挥怎样的作用？

明后期以来，以海防重地山东半岛为例，设置有登州、青州、莱州三府海防同知。据第三章第一节可知，三府海防同知开设于万历朝鲜之役期间，主要负责清军、驿传、盐捕等务，从事山东备倭的后勤工作。在援朝战事结束后，倭寇的威胁缓减，但来自辽东的威胁逐渐加剧。天启元年（1621），后金占领辽阳至金州整个辽东半岛之后，山东成为防御后金的前沿海疆阵地。从地理条件来看，后金在占领辽东半岛之后，可以从海陆两方面进攻京畿地区，而山东半岛与辽东半岛隔海相望，因而成为防御后金从海上进攻的重要阵地。在此背景下，从朝鲜战事结束至明末，三府海防同知的职能，主要是协同军队防御。如万历四十七年（1619）九月十六日，登州府海防同知出缺，山东按察副使陶朗先奏请中央尽快批准福山知县补缺，其云："海防一缺，职专练兵防海，御虏御倭，且又当运饷募兵，该厅非闲署可比。"① 青、莱海防同知同样肩负这一重任。如万历四十七年九月十七日，陶朗先又奏陈辽饷问题，言及莱州府海防同知鲍孟英对海运问题的看法，认为"剿兵四集，辽左需饷甚急"，而与辽东隔海相望的山东则是支援前线的重要基地，虽然"青、济近海州县，固难辞矣"，但山东一省难以承担"三倍于去年"的运量，所以鲍孟英提出由近及远，开启淮运的建议。② 天启元年之后，后金占据辽东半岛，为辽东运饷事务即行停止，三府海防同知的职责发生转变。

崇祯三年（1630），升任登莱巡抚的陶朗先，在其《题为犯抚查勘已明钱粮销算既确仰祈圣慈垂怜昭豁事》中，言：

---

① 佚名：《海运摘抄》卷4，明季辽事丛刊本，第8页a。
② 佚名：《海运摘抄》卷3，明季辽事丛刊本，第31页a。

又威海等处防守，并青莱二府马，共三百二十四，不在登州。……据海防同知贾名杰行令各营官查照历年巷册，一一查对明白……其在青莱二府者，俱有该府印册存卷，一一都有凭据。又造船项下，查得登州造买龙骨座船并沙鸟唬船，共二百零二只，莱州府沙唬船八只，青州府沙唬船九十三只……又动民屯银买运船改充兵船二百二十二只，后因沈总兵出海防汛，将船带赴海外三百六十六只，又兼东镇留用船一百五十九只。彼时勘科查点，各船俱未回登，止有现在水城旧营老船四十九只，竟以此数回奏，致将出海及东镇留用者，俱不准销算，一概坐赃。今据海防同知贾名杰行令各营逐一查验，得见在登州船一百零八只，东镇留用船一百五十九只，拨防觉华岛船四十二只，历年出汛海外，陆续被风打坏二百一十六只，俱有申报卷案并原存册卷可考。①

此时，青、登、莱三府马匹、船只等事务由海防同知负责，在天启元年之后，山东作为战争防御的前沿，不再承担海运粮饷任务的海防同知，将工作重心重新投入到了提供后勤保障的工作中。

清前期，因"东北境之登、莱、青三府，地形突出，三面临海"②，是由海入京畿的必经之道，所以自清代初年开始置舟师设防，③三府海防同知因袭而置。据乾隆《莱州府志》记载，明代三府海防同知分领海汛任务，到乾隆时期仍然延续。④ 所谓海汛，分文汛和武汛，武汛由武将领兵定期巡视沿海某一固定区域，巡查海疆安全状况，并缉捕海盗、稽查奸商等。文汛由文职官员负责，负责稽查海口，打击

① 毕自严：《度支奏议》新饷司卷三十《议复登抚陶朗先赃罪疏》，《续修四库全书》史部，上海古籍出版社 2002 年版，第 486 册，第 352 页。

② 赵尔巽等：《清史稿》卷 138《志一百一十三·兵九·海防》，中华书局 1977 年版，第 14 册，第 4101 页。

③ 杨金森、范中义：《中国海防史》，北京海洋出版社 2005 年版，第 433 页。

④ 乾隆《莱州府志》卷 5《兵防·海汛附》，乾隆五年刻本，第 6 页 b。

走私、防御外侵等。此外，山东沿海战船的修造任务，向来归三府海防同知承修。如"雍正三年，胶州南汛大修各号战船……巡抚陈世倌批发藩司动支耗羡银一千两，发与承修官莱州府同知董□等办料修造完工，报明在案"①；雍正六年（1728），布政使岳濬参登州府海防同知李向荣，承修战船任意迟延，逾限两月有余，奏请降级调用；② 雍正九年（1731），岳濬在奏陈稽查海岛奸匪的奏疏中，言登州海防同知"管辖八属海疆，又有□次承修战船要务，颇称繁剧，势难远离"，所以需要通判外赴岛屿，稽查"本省商民船只出入，查封照票点验货物，如有违禁之物，并形踪税私等弊立即详报"。③

从岳濬的多次奏疏来看，在雍正时期，登、莱二府海防同知的重要职责，是为地方水师修造船只，而且是一种定例。到乾隆时期，修造战船事务仍是海防同知的重要职责，如乾隆五十九年（1794），时任山东巡抚福宁在奏陈山东修造战船的一些弊端中，称山东水师战船一直是以各府海防同知来承修，因同知是佐贰微员，在涉及较大的经费开支时，应该由登莱青道直接管理。④

除修造战船等要务外，清中期以来，三府海防同知通常兼理地方其他事务。乾隆七年（1742），登州裁盐捕通判，将其原管事务归海防同知兼管；⑤ 三十五年（1770），又使登州海防同知兼管水利、

---

① 中国第一历史档案馆编：《雍正朝汉文朱批奏折汇编》，江苏古籍出版社1989年版，第11册，第146页。

② 《清世宗实录》卷73，雍正六年九月己巳，中华书局1985年影印本，第7册，第1093页。

③ 中国第一历史档案馆编：《雍正朝汉文朱批奏折汇编》，江苏古籍出版社1989年版，第21册，第632页。

④ 佚名：《皇清奏议》卷68《筹海防疏》，《续修四库全书》史部，上海古籍出版社2002年版，第473册，第582页。

⑤ 光绪《大清会典事例》卷27《吏部·官制·各省知府等官二》，《续修四库全书》史部，上海古籍出版社2002年版，第798册，第449页。

盐捕事务①等。究其原因，在康熙朝，盛京及山东一带，因洋面冷清或水师严整，在一年之中，发生的海盗事件不过一两次，而且多是为了避风，② 即使从康熙以后至道光前期的山东海疆情况来看，盗寇事件也并不多，海防同知属于简缺，故而兼职较多。这一点从海防同知的铨选亦可得证，如乾隆四十二年（1777）登州府海防同知出缺，山东布政使国泰称该职为简缺，奏请以五十九岁的墨琛调补。③ 该员并无任职海疆的经历，而且年龄明显偏大，反映出该职的重要性已经不复从前。再者，山东海防的特征是海禁加军事防御的二元结构，④ 海防同知在整体海防事务中，只是协同配合，而清前期的山东海防，并无紧要之事，这也造成海防同知在打造战船、稽查海口之外，开始兼涉他职。

清后期，因西方列强的到来，北部海疆再现危机。山东沿海三府，位于渤海湾南部，为护卫京师的前线，战略位置重要。就当时的海疆环境而言，山东海防形势不容乐观，主要面临两方面的威胁，一是海盗问题突出，"山东洋面盗匪，屡肆劫抢"。二是列强对山东的侵扰与蚕食不断加剧，各自划分势力范围，防御形势骤然加重。但山东地方官的防御却并不理想，"道协各员，畏葸推诿，文武员弁束手无策……登莱青道、登州府知府诸镇，于所属洋面盗匪肆劫之时，并不亲至海口督查"⑤，海防同知等官玩忽职守，防御废弛。在此情况下，清政府在渤海湾的布防，着重军事力量的建设，对海防文官的作用缺乏重视，仅是强调山东巡抚负责海防事宜，但其重心在于调整军队驻防、武器

---

① 《清高宗实录》卷855，乾隆三十五年三月戊戌，中华书局1986年影印本，第19册，第456页。

② 许毓良：《清代台湾的海防》，社会科学文献出版社2003年版，第157页。

③ 台北"故宫博物院"图书文献处编：《宫中档乾隆朝奏折》，台北"故宫博物院"1985年版，第38辑，第530页。

④ 赵红：《明清时期的山东海防》，博士学位论文，山东大学，2007年，第207页。

⑤ 《清文宗实录》卷8，道光三十年四月戊寅，中华书局1986年影印本，第40册，第146页。

更迭以及军事人才的招纳与培养，① 在重视军事变革的同时，忽视了对文官防海职能的整顿。

具体而言，山东主要防御区域为登莱二府，核心区域是登州府，"盖登州为烟火繁盛之地，得之则后路之食物易通，且为南北扼要之区，得之则津海之咽喉可塞"②，尤其在第二次鸦片战争中签署的《北京条约》，将烟台列为通商口岸之后，登州地位进一步提高，对外交涉事务开始增多。甲午战争之后，德国又侵占胶州湾、英国租借威海卫，对外交涉更加频繁，海防形势呈现一种"以威海、登州为最吃重，烟台次之，胶澳又次之"③ 的形势。但是，长期以来，登州海防同知并未移驻烟台、威海等地管理对外交涉事务，直至在光绪二十四年（1898），山东巡抚张汝梅才奏请将海防同知由府治移驻威海，"专司海防、水利、稽察弹压，遇有中外交涉事件，随时禀承巡抚关道妥筹办理"④，以期内治外交两有裨益，并将其官缺改为要缺。

由此可见，虽然登州是山东海防重地，却明显存在海防同知移驻海口滞后的问题。而且从职缺的重要性而言，作为海防重镇的登州，其海防同知一缺在光绪二十四年之后才由简改繁，说明此时的山东海防，海防同知所能发挥的作用有限。

总而言之，明清时期，因山东海域海洋环境相对宁谧，潜移默化中造成了山东沿海各府海防同知防海职能的逐渐弱化，其参与军事防御及后勤支持的力度在不断下降，并且对于巡查海口出巡海岛之事，多以应付交差，甚至不以治之。与山东相比，向来为海防重心的江南地区，海防同知因备倭而设，其军事职能的变迁，又出现了哪些变化？

---

① 赵红：《晚清山东海防研究》，硕士学位论文，山东师范大学，2004 年，第 35—58 页。

② 丁日昌：《丁文诚公奏稿》卷 8《欲筹海防情形片》，《续修四库全书》史部，上海古籍出版社 2002 年版，第 509 册，第 249 页。

③ 秉衡：《李忠节公（鉴堂）奏议》卷 5，上海：文海出版社 1930 年版，第 443 页。

④ 朱寿朋撰：《东华续录》光绪一百五十二，《续修四库全书》史部，上海古籍出版社 2002 年版，第 385 册，第 122 页。

第二节　军事功能渐弱的松江府海防同知

一　海防同知的设置与需求

根据史料的记载情况来看，最早设立海防同知的时间为嘉靖三十三年（1554），浙直总督张经奏请设立苏州、松江二府海防同知。史料中关于初设苏州府海防同知的记载不详，故而笔者以松江府海防同知的设立为例，详细阐释明代设置海防同知的原因及其必要性。

嘉靖三十三年，因苏松地区"倭患"严重，时任浙直总督张经奏请设立苏、松府海防同知，专门负责防海事务。其言：

> 吴淞江口及黄浦一带，皆通海要路，兵船既设，统领无人，请于苏、松各增设海防同知一员。……诏允行。①

根据张经奏疏，嘉靖三十三年新设苏、松二府海防同知，是为了统领通海要路上的兵船，以便于防倭。但乾隆《上海县志》记载，嘉靖三十五年（1556），因松江府御倭特设海防同知于县，② 而崇祯《松江府志》则记载"嘉靖甲寅（嘉靖三十三年）设海防道，以佥事董邦政领之，募战兵三千名备倭。丁巳（嘉靖三十六年）改海防道为海防同知，存兵一千二百名"③。两则史料分别指出松江府海防同知设立于嘉靖三十五、三十六年，自此后世文献对于松江府海防同知设置时间的记载，基本与上述年代之一相同。

---

① 《明世宗实录》卷417，嘉靖三十三年十二月辛巳，台北："中央研究院"历史语言研究所1984年版，第7241页。
② 乾隆《上海县志》卷7《官署》，乾隆十五年刻本，第8页b。
③ 崇祯《松江府志》卷25《兵防》，崇祯三年刻本，第9页a。

根据《松江府志》记载，罗拱辰在嘉靖三十五年任松江府海防同知。① 那么该海防同知究竟设立于哪一年，这一问题仍需要考证。

追溯前事，嘉靖三十四年（1555），罗拱辰任按察司领兵佥事，因为御倭无功，同年七月被胡宗宪弹劾，降浙江按察司"佥事罗拱辰二级，升左参议许东望为副使代拱辰"②；嘉靖三十五年三月（1556），兵部奉旨议复九卿科道条陈御倭事宜，谈到文职任用问题时，曰："教授韩崇福、通判罗拱辰、佥事董邦政皆知兵，不宜以讹误废弃"③，说明在嘉靖三十四年，罗拱辰由佥事降二级为松江府通判。此外，根据罗拱辰的传记记载，"拱辰，马平人，为松阳令，御贼有功，奉檄来援松，以功升浙江备兵佥事，后降再迁松江海防同知，统兵海上有劳，加运司同知衔，仍治兵也"④。

由此推断，罗拱辰的任职，是由佥事降为松江府通判之后，因功再升松江府海防同知。根据崇祯《松江府志》记载，罗拱辰任松江府同知一职是在嘉靖三十五年，所谓海防同知由海防佥事所改，应当是罗拱辰由佥事降职后任海防同知的讹误；同时万历《上海县志》亦云，"海防厅在县治西，嘉靖三十五年，因倭寇特设海防同知于县。三十六年（1557），同知罗拱宸（辰）建……后事平，司海防者仍驻府治"⑤。

所以，结合崇祯《松江府志》、万历《上海县志》《明世宗实录》等关于罗拱辰的记载，可知其于嘉靖三十五年任职松江府海防同知。在罗拱辰任海防同知之前，松江府曾增设巡捕同知一员，海防同知应该由巡捕同知所改。根据《筹海图编》载：

① 崇祯《松江府志》卷26《守令题名》，崇祯三年刻本，第21页a。

② 《明世宗实录》卷424，嘉靖三十四年七月甲午，台北："中央研究院"历史语言研究所1984年版，第7344页。

③ 《明世宗实录》卷433，嘉靖三十五年三月丙子，台北："中央研究院"历史语言研究所1984年版，第7470页。

④ 张萧：《宝日堂初集》卷24《十德传》，崇祯二年刻本，第39页b。

⑤ 乾隆《上海县志》卷7《公署》，乾隆十五年刻本，第8页b。

今吴淞口，即为黄浦口子，既经设备，而吴松江所亦设兵一枝以防深入矣。而至于上海之高仓渡、沈庄塘、周浦、闸港、闵行，华亭之叶谢、曹泾、张堰等处，贼一登岸，抢船渡浦甚易。除松江府先后打造双塔船、鹰船，各发上海、华亭，各召募水兵，分布沿浦各港，巡逻把截。又华、上二县，各募乡兵，护守城池，有警调至浦边协守。但前项兵夫，官无专职，则事难责成。而沿浦二百里之远，本府巡捕官一人，势难管摄。合令清军同知一员，带管华亭乡兵水兵。自丰泾以至闵行，皆其信地。再设巡捕同知一员，住扎上海，专管该县乡兵水兵。自闵行以至嘉定界首，皆其信地。无事率兵操演，有事统兵防守。①

《筹海图编》最早刊刻于嘉靖四十一年（1562），其所载信息当为可靠。此中所言巡捕同知管辖闵行嘉定一带，与原张经奏设之海防同知辖区相似。另据《松江府志》记载，都文奎任松江府同知一职是在嘉靖三十二年②（1553），据此判断，都文奎应为松江原设之清军同知。据嘉靖三十四年（1555）巡按御史周如斗的奏报：

苏松旧倭去者未尽绝，新倭来者益众，节犯黄浦等处，杀游击周藩，请治诸臣失事罪。因言佥事董邦政寡谋轻进……把总娄宇望风奔溃，同知都文奎、洪以业防守疏虞，总督张经、提督周琉、操江史褒善均有兵戎之任，不能御寇门庭，皆属有罪。③

洪以业在嘉靖三十四年（1555）任松江府同知，④而此时松江府有同

---

①　郑若曾：《筹海图编》卷6《直隶事宜·江南诸郡》，李致忠点校，中华书局2007年版，第422页。

②　崇祯《松江府志》卷26《守令题名上·同知》，崇祯三年刻本，第20页b。

③　《明世宗实录》卷423，嘉靖三十四年六月乙亥，台北："中央研究院"历史语言研究所1984年版，第7334页。

④　崇祯《松江府志》卷26《守令题名上·同知》，崇祯三年刻本，第20页b。

知二，除都文奎外，洪以业当为《筹海图编》所云新设之巡捕同知。由此看来，松江府海防同知，首先在嘉靖三十三年（1554）由张经奏请设立，实际设立的是三十四年（1555）的巡捕同知，并在嘉靖三十五年（1556）时改为海防同知，后于三十六年（1557）建治所于上海县。其主要职责为统领兵船，操练军士，带兵防倭，与清军同知共同承担松江府的备倭任务。概言之，军队不辖地方，不便利用地方资源，如招募民兵等，故而海防同知的定位则是配合地方驻军防御，弥补军事防御的不足，这也是明政府在基层政区增设海防同知的根本原因。

二 驻地变迁与军职弱化

明代海防文职官员的任用，尤其在嘉靖倭乱时期，尤其看重相应职位所需要官员的军事素养。罗拱辰担之所以能够任松江府海防同知，和其所具备的军事能力有着重要关系。据《筹海图编》记载，罗拱辰对于守防之法有着丰富的经验，他认为：

> 频年贼来，野获多得，是以无攻城之志。今各镇劫掠迁移已尽，如其再来，宁不垂涎于城哉！切照各城，虽有濠河之险，必须附城濠边挑起淤土，离城脚丈余，临堤围筑五尺高墙，使贼虽或渡濠，难抵城下。此古人羊马墙之制也。况不时出奇兵数十人于城下，得此遮蔽，可以藏伏窥视。如贼近在对濠，我兵即于墙内潜发火器，使彼不知我兵在城下者多寡有无。所谓有有无无，虚虚实实者此也。且四乡逃难男女，得此可以暂客其身。既有此墙，只须谨闭城门，候贼到城外，方去吊桥，亦不为晚。况贼畏城上铳炮，决不敢近。每敌台左右各置小吊车四五架，以便兵士上下，及乡民逃难者，吊人之法，妇女随即吊上。若系男子，须审其声音贯址，方许吊入。其城无敌台，则不能眺远顾下，何以

言守？必贴城增筑，每座相去五六百步，或七八百步，或二三百步不等。各随城势曲直，以为远近，台下须离濠水丈余，有近濠水者，钉品字椿木百余根于水中，高出水面尺许，防其楼船临冲我也。各城楼设游兵二队，每队约兵二十五名为率，左右往来，交相巡警。每垛口派兵夫一名，专守之。其敌台上垛口，每垛用兵三名。选择精勇者，倾身外望，以背向里，远近彼此互相顾视。其守之之法，最禁喧哗，庶临敌不乱。①

罗拱辰的这些理论并不是纸上谈兵，如嘉靖三十六年在上海县城，"于城四门益以敌楼三楹，沿城益以箭台二十座，环濠益以土墙，又于要害处，益以高台层楼"，将理论应用于实践。② 此外，罗拱辰对于不同弓箭的使用亦有认知，如"用弩必须力重而机巧，其矢之长短轻重大小，要与弩弦相比，乃能命中而及远。若敌在百步之外，我兵必先用弓弩及边铳，以制其锋。及至来近，短兵相接，尚在三十内外，则用镖枪以飞击之"③。可见，在特殊环境下，海防同知的军事认知能力较为突出。

入清之后，在康熙二十二年（1683）清政府将台湾纳入版图之前，清廷在沿海地区面临的主要反抗势力为三方，即南明政权、台湾郑氏和海盗势力，海盗多依附前二者。顺治三年（1646），南明隆武政权覆亡后，郑芝龙投降清朝，但其子郑成功随后起兵反清，于是海盗多投在郑成功名下拥护南明，与郑氏结合继续进行反清斗争，正如总督陈锦所言："浙东舟山海寇及各山寨之寇，皆以故国为名，狼狈相倚。海

---

① 郑若曾：《筹海图编》卷12上《严城守》，李致忠点校，中华书局2007年版，第800页。

② 郑若曾：《江南经略》卷4下《上海县城池考》，《文渊阁四库全书》子部，台湾商务印书馆1986年影印本，第728册，第289页。

③ 郑若曾：《筹海图编》卷13上《经略六·兵器》，李致忠点校，中华书局2007年版，第933页。

寇登岸，则山寇为之接应；山寇被剿，则入海以避兵锋。交通闽、粤，窥伺苏、松，久为东南之患。"① 海寇配合郑成功对沿海地区的侵袭，让清政府疲于应对，顺治在上谕中就指出 "海逆郑成功等窜伏海隅，至今尚未剿灭，必有奸人暗通线索，贪图厚利贸易往来，资以粮物，若不立法严禁，海氛何由廓清"②，海防形势的严峻程度可见一斑。康熙二十二年（1683），清政府将台湾纳入版图之后，海疆环境虽有所缓解，但海盗仍为沿海重要忧患，如康熙皇帝在上谕中云 "即如海防，乃今之要务"③，而海防的主要防御对象即 "防御海盗"。在顺治、康熙朝的客观环境影响下，松江府海防同知一职，其驻地、辖区发生了变化。

1. 顺治至康熙时期

清顺治二年（1645）正月，多铎率领清军南下，攻占南京之后连下苏松地区，松江府海防同知一职沿袭而置，驻府治华亭县。此时，松府海防同知的具体运作情况，和当时的海疆形势有着密切联系。于清政府而言，退守海岛的郑氏是东南海疆安全的长期威胁。顺治十三年（1656），鉴于郑成功对沿海地区的不断袭扰，顺治皇帝饬谕浙江、福建、广东、江南、山东、天津各督抚镇：

> 申饬沿海一带文武各官，严禁商民船只私自出海……不行盘诘擒缉，皆革职从重治罪，地方保甲通同容隐不行举首皆处死。凡沿海地方大小贼船，可容湾泊登岸口子，各该督抚镇务要严饬防守各官，相度形势设法拦阻，或筑土坝，或树木栅，处处严防，

① 魏源：《圣武记》卷8《国初东南靖海记》，《魏源全集》，岳麓书社 2005 年版，第 3 册，第 327 页。
② 张伟仁主编：《明清档案》，台北："中央研究院"历史语言研究所 1986 年版，第 28 册，第 B16535 页。
③ 《清圣祖实录》卷270，康熙五十五年十月壬子，中华书局 1985 年影印本，第 6 册，第 649 页。

不许片帆入口，一贼登岸。①

根据顺治皇帝的饬谕来看，当时东南沿海一带安全形势不容乐观，于是严令地方文武加强防御，如有渎职，从重处罚。而濒临吴淞口的上海县更是重要防御之地，"上海与华亭形胜迥异，贼多从海子口入，不五十里为吴淞江、为黄浦。黄浦逼县东门，贼至即抵城下，然后分艐，或循浦而南，或由江而西，皆可达郡城，是一郡之要害在上海"②。因此在顺治十八年（1661），江宁巡抚朱国治议复巡按苏松六府马腾升的上疏，将"松江海防同知移驻上海县，各令其督修沿海桥梁、马路、墩堡，协催兵饷，严行保甲之法，稽查出洋船只。有警，与各营汛将弁相机商酌，庶责任专而事无贻误"③。松江府海防同知移驻濒临江海的上海县，正是在反清势力一时难以剿灭，面临里通外合的忧患之下做出的调整。

移驻上海之后，海防同知以督捕缉盗、协守防御为主要职能，在台湾问题解决之后，其职能发生了缓慢的变更。如雍正四年（1726），江苏巡抚奏陈"今有松江府海防同知一缺，有督捕缉盗之责，兼有监修海塘工程"④，表明松江府海防同知移驻上海之后，督捕缉盗虽为主要职能，同时也有监修海塘工程之责，并逐渐成了其专司之职。

2. 雍正至嘉庆时期

雍正时期作为康乾的承接期，松江府海疆安全环境较为宁谧，国家日渐强盛，盗寇问题并不突出，松江的防务转移到了海塘修筑之上。据王大学研究，雍正帝为了整治吏治和巩固统治，动用国帑大规模修

---

① 张伟仁主编：《明清档案》，台北："中央研究院"历史语言研究所1986年版，第28册，第B15535页。

② 嘉庆《松江府志》卷33《武备志一·海防》，嘉庆二十三年刻本，第22页b。

③ 《清圣祖实录》卷2，顺治十八年夏四月癸卯，中华书局1985年影印本，第4册，第62页。

④ 中国第一历史档案馆编：《雍正朝汉文朱批奏折汇编》，江苏古籍出版社1989年版，第8册，第485页。

筑江南水利、海塘工程，① 而松江府作为海塘修筑的重点地区，原为防范、缉捕盗寇的海防同知开始成为专司塘务之官。如苏州巡抚陈时夏在分配任务时，"委令苏巡道孔毓邲跟随钦差李淑德，听其指示督理河工，松江府知府周中宏、松江府同知金文宗分工监理"，而金文宗"正在监修海塘，其塘工规模已定且相去不远，可以往来料理"②。从金文宗同时兼理海塘、河工二务的情况来看，说明在当时松江府海防同知的职责中，修筑海塘等事务已经成为其重要任务。

乾隆时期，海疆环境整体安宁。如乾隆五年（1740），谕"东南沿海一带，如山东、江南、浙江、福建、广东、广西等省，俱设有战船，以为海防之备。今承平日久，官弁渐觉疏忽"③；乾隆十年（1745），又命江南督抚轮阅海防，曰"江南地居腹内，无深山穷谷藏奸聚匪之薮，所最宜加意者，莫如海防，我国家承平日久，海疆宁谧，中外习为固然"④；乾隆三十四年（1769），在敕谕捏造海粮假票一案中，又曰："本朝百余年来，时际升平，海疆宁谧"⑤ 等。根据乾隆皇帝的上谕，可知当时的海疆并没有大的盗寇问题，海防同知以负责海塘修筑与管理为主。到嘉庆时期，松江府地区海防环境与前期相比，盗寇及地方治理问题突出，这可以从松江海防同知改为抚民同知的决策看出。因上海、南汇二县交界处"民俗习于强悍，讼狱纷繁，钱粮拖欠，尤称难治"，县令无法兼顾，于是在嘉庆九年（1804），时任松江府知府赵宜喜奏请改川沙海防同知为抚民同知，将"原管海塘、捕务、水利

---

① 王大学：《皇权、景观与雍正朝的江南海塘工程》，《史林》2007 年第 4 期。
② 南炳文、白新良主编：《清史纪事本末》第 4 卷《雍正朝》，上海大学出版社 2006 年版，第 1065 页。
③ 《清高宗实录》卷 125，乾隆五年八月己未，中华书局 1985 年影印本，第 10 册，第 831 页。
④ 《清高宗实录》卷 233，乾隆十年正月戊子，中华书局 1985 年影印本，第 12 册，第 8 页。
⑤ 《清高宗实录》卷 832，乾隆三十四年夏四月庚申，中华书局 1986 年影印本，第 19 册，第 95 页。

仍照旧兼理，惟关防应请改为'松江府川沙抚民同知兼管海塘捕务水利'字样"①。嘉庆十年（1805），两江总督陈大文奏割"上海高昌乡之十五图，南汇长人乡附堡置十图，属川沙同知管辖，改为川沙抚民厅"②。吏部奏陈覆准，将川沙海防同知改为抚民同知，"其原管海塘捕务水利，照旧管理"③，嘉庆十五年川沙同知开始通管刑名钱粮，嘉庆十七年（1812）正式改为川沙抚民同知，建川沙抚民厅。④ 虽然由海防同知改为抚民同知，但其防海治疆的责任反而更重。

　　这一时期，也是松江海防同知的驻地和管理区域变迁较为频繁的阶段。乾隆元年（1736），驻守上海的海防同知移驻奉贤县柘林地方，专管"金山、华亭、奉贤、南汇、上海五县"海塘事务。乾隆二十四年（1759），由于海防同知难以管辖整个松江府海塘事务，时任两江总督尹继善等奏称"彼时止有金山、华亭二县土石塘工一百余里，继因海潮为患，接筑奉贤、南汇、上海土塘，共二百五十余里，同知一员，照料难周，必得厅员就近分管。查金山卫川沙营，系近海要地，请将柘林海防同知，移驻金山卫城，专管华亭、金山二县海塘；府城之水利船政通判移驻柘林，专管奉贤县海塘；董漕同知移驻川沙城，专管上海、南汇二县海塘"⑤，将松江府海塘事务分而管理，海防同知管理范围缩小至华亭、金山二县。乾隆三十五年（1770），鉴于苏州府海防塘务需要，时任总督高晋奏请裁撤金山同知，改设苏州府海防同知，将金山同知"所管土塘工程归并柘林通判兼管，华亭、金山二县水利

---

①　道光《川沙抚民厅志》附一卷《分隶详议》，道光十七年刻本，第 1 页 b。

②　道光《川沙抚民厅志》卷 1《疆域志·沿革》，道光十七年刻本，第 2 页 a。

③　道光《川沙抚民厅志》附一卷《分隶详议》，道光十七年刻本，第 7 页 a。

④　《清仁宗实录》卷 256，嘉庆十七年夏四月癸亥，中华书局 1986 年影印本，第 31 册，第 462 页。

⑤　《清高宗实录》卷 588，乾隆二十四年六月甲子，中华书局 1986 年影印本，第 16 册，第 540 页。

捕务亦归该通判管理,其青浦县水利捕务就近归川沙同知兼管"①,其海防"分属川沙同知、柘林通判"②。川沙同知前身为董漕同知,乾隆二十四年改为川沙清军同知,专管上海、南汇二县海塘,在乾隆三十五年裁撤金山同知之后,改为川沙海防清军同知,与柘林通判分管松江府海塘事务。可见在这一时期,海塘事务是松江府同知的首要职责,而改设之后的川沙海防同知,其职责为"专管海塘兼管水利、捕盗、缉私事务"③,其辖区还包括原松防同知管理地区。

总之,从乾隆到嘉庆中后期,松江府海防同知的主要职能为负责海塘事务,同时兼管水利、捕盗、船政等任务,即使改为抚民同知之后,其海塘事务并未废止。就其驻地而言,则呈现一种灵活变迁的特点,辖区则随驻地变化,主管松江府部分县区,并兼管其他区域。

3. 道光至清末

鸦片战争之后,国门大开,沿海沿江地区不断增开通商口岸,传统的海防体系被打乱。从地理环境来看,由于吴淞口险要,黄浦为由海入口之冲,所以上海实为松江屏蔽,而"川沙、南汇诸处海塘外,涨滩日宽",不利于船舶停留,所以"自泰西通商,粤匪窜扰以后,凡盗贼之出没,与夫各国之往来,莫不以上海一隅为数事,势与前迥异,而防海之兵亦倍加周密"④。由此来看,此时的松江府海疆及地理环境发生了巨大变化。光绪《松江府续志》对明清时期松江府海防环境的变化,有如下认知:

> 松江海防,今与昔异。昔之海防,自上海外,川沙、南汇、

---

① 《清高宗实录》卷867,乾隆三十五年八月戊戌,中华书局1986年影印本,第19册,第634页。

② 嘉庆《松江府志》卷15《建置三·古署》,嘉庆二十二年刻本,第11页a。

③ 台北"故宫博物院"图书文献处编:《宫中档乾隆朝奏折》,台北"故宫博物院"1982年版,第33辑,第337页。

④ 光绪《松江府续志》卷18《武备志一·兵制》,光绪十年刻本,第16页a。

奉贤、华亭、金山，俱为要地，故明嘉靖间倭寇犯境，诸处均守重兵。今则以吴淞海口为险要，而黄浦乃由海入口之冲。上海城在吴淞黄浦交汇处，实为郡境屏蔽，故同治年间，增设外海、里河各水师及陆兵各营，咸注重于上海。而川沙、南汇诸处，海塘外涨滩日宽，不必如前严防矣。盖自泰西通商，粤匪窜扰以后，凡盗贼之出没，与夫各国之往来，莫不以上海一隅为蔽。事势与前迥异，而防海之兵亦倍加周密。①

具体而言，道光二十二年（1842），中英签订《南京条约》之后，上海成为通商五口之一。此后各国领事不断入驻，中外经济联络增多，华洋交涉事件频繁，因此在道光二十三年（1843），为应对上海通商之后的华夷交涉事件，"将苏州府督粮同知改为松江府海防同知，奉命移驻上海专管通商"②。据前文，虽然松江防务同样集中于此，但防务问题不再是海防同知的职权范围，而是以水师官弁主理。此外，传统的海塘事务也不再是复设海防同知的职责，直至清朝覆亡，松江海防同知一直以管理华洋通商交涉事件为主，借此防止因贸易等问题引起争端，加重中外矛盾。据《清德宗实录》记载，在光绪二十九年（1903），办理商约大臣工部尚书吕海寰等，曾议裁改松江海防同知为江海关道，管理上海商贸事务，但最终并未施行，因为"江海关道不辖地方，于交涉事务未免呼应不灵"③，客观反映出海防同知在处理中外交涉事务中起着重要作用。由此来看，自道光二十三年（1843）复设松江府海防同知之后，专门处理上海对外事务，已经不再是传统的海防同知。

综上所述，松江府海防同知的驻地变迁，在整个清代呈现一种稳

---

①　光绪《松江府续志》卷18《武备志》，光绪十年刻本，第15页b。
②　光绪《松江府续志》卷8《建置志·官署》，光绪十年刻本，第6页b。
③　《清德宗实录》卷518，光绪二十九年六月丙辰，中华书局1985年影印本，第58册，第838页。

定—频繁—稳定的变化趋势，其职司区域呈现逐渐缩小的趋势，职能由军事为主逐渐转移为治理民事。这种变化表明，即使海疆的安全形势发生变化，清代松江府海防同知的职能也不再恢复其军事属性。究其原因，清代长期处于海疆宁谧之期，而开禁之后，事关地方民生的问题突出，海防同知的职责重心在于如何维护地方百姓的生存需求，如松江的海塘修筑，是保障沿海百姓生命财产安全的重要举措，而不是缉盗治乱。晚清之后，海防对象的转变以及通商口岸的开通，华夷交涉问题成为地方要务。面对西方的坚船利炮，传统的海防体系已经无法应对，于是清政府将整顿海防的重心，放在了近代军事力量的建设上。对此，通晓西方知识的新式海防人才，成为清政府的客观所需。在此背景下，虽然海防危机加重，但随着传统海防体系的衰落，防御对象的转变，海防同知的职能不可能再如明之旧制。那么，海防同知在传统的军事防御中，究竟能够发挥怎样的作用？

第三节　平定林爽文叛乱中的台湾府海防同知

一　林爽文的叛乱

对台湾林爽文叛乱的处理，是清代巩固海疆的重要事件，台防同知等海防行政职官发挥了积极的作用。海防同知因备倭而设，自明代以来就与地方驻军有着密切联系，不仅为军队提供后勤支持，甚至还拥有监督领兵之权。但是经过长期的发展，海防同知的军权已经严重削弱，即使在平定叛乱的特殊时期，海防同知也很少率兵直接参与军事行动，多是负责军队后勤及地方治安。其中，台湾因其独特的地理位置，以及复杂的民情，情况相对特殊。从康熙末年至同治时期，先后发生五次大规模匪乱，海防同知的平叛事务因而较巨，并多次参与军事行动。

其中，林爽文叛乱事件持续时间长，影响力最大。林爽文集团内部由两部分组成，台湾北部由林爽文负责，率部先后陷彰化、淡水、诸罗等地区，与之呼应的是南部庄大田势力，攻陷南路凤山后，以之为据点北上进攻府城。因林爽文叛乱所造成的局势牵动整个东南台海形势，故而清政府不得不先后派大员、重兵入台平叛，台湾海防同知杨廷理、吴元琪等先后协同剿乱，在军政两方面发挥了重要作用。

林爽文，福建漳州人，后徙居台湾彰化大里杙。时发端于漳州的天地会传入台湾，入会者甚多，林爽文亦为会员。乾隆五十一年，天地会会员杨光勋等内讧，官府乘机镇压，于是会党悉入大里杙，企图啸聚抗法。当年十一月，台湾镇总兵派遣游击耿世文领军三百人前往彰化捉拿贼众，知府孙景燧同行。林爽文等夜袭官军，游击耿世文、北路副将赫生额、彰化县令俞峻皆被杀。此后，林爽文乘势率众攻陷彰化，杀摄县事刘亨基、知府孙景燧、同知长庚等多位官员。十二月攻陷淡水之后，林爽文被推为盟主，带领属众与清政府对抗，并率众攻陷诸罗，台湾局势趋紧。

叛乱爆发之后，郡城戒严，时台湾知县有病不能办事，继任海防同知杨廷理率领员弁，昼夜修葺城栅，要求街巷居民，每数十家添置木栅。又率经历罗伦、晋江监生郭友和步行于市，手执大书招募义民，招得八千余人，再至海口招得水手一千人，制造武器分给民番以备战守。林爽文进攻府城的警报传来后，杨廷理每天督促台湾总兵出兵，但该总兵没有出兵之意，于是自己每天巡城警戒，防备林爽文进攻府城。五十二年（1787）正月，台湾南路匪庄大田攻陷凤山，意图进攻府城，于是杨廷理派人到澎湖告警，请求援兵驻防府城，澎湖游击蔡攀龙遂领兵八百人戍守城南桶盘栈。时南路叛匪接踵而来，同知杨廷理与经历罗伦、外委王国志领民番出击败贼。鉴于此次失利，南北两路叛匪欲合谋进攻，而郡东北大武垄为南北要冲，是双方必争之地，于是同知杨廷理与守备王天植、千总沈瑞前往防御，遇贼于大湾，沈瑞战死，杨廷理、王天植突围，返回郡城。后南北叛匪合谋进攻东门，用蔗叶枯藤灌硫黄，密置于城下，意图在夜间烧毁城栅，因当夜遭逢大雨，计划失败。于是叛匪开始从四面直接攻城，并在大东门纵火，杨廷理率义民沿城扑救，又率众出小东门，协同守备邱能成、李步云进攻，当时蔡攀龙领番兵至，合击之下，大败贼匪，人心逐渐安定。

在府城被围攻期间，海坛镇总兵郝壮猷领兵二千人出征南路，被困于大湖柴，杨廷理告急于提督黄仕简，请求救援郝壮猷，郝遂被救至凤山。然而因轻敌疏防，在五十二年二月，凤山再次被叛匪攻占，郝弃城而逃。① 时总督常青知凤山复陷，即飞札调兵，令同知杨廷理选募义民六千人协守郡城，游击蔡攀龙领兵九百人仍守桶盘栈，游击曾绍龙、守备李步云领兵六百人守东门外草店尾，游击邱维扬、守备林象新领兵七百人守北门外柴头港，副将丁朝雄领兵三百人防护海口，参将潘韬领兵五百人与廷理守城中，将府城作为重点防御对象。

在凤山兵败之后，杨廷理于三月将兵败原因及对形势的分析上报闽浙总督李侍尧，李侍尧上奏乾隆帝言："接到海防同知杨廷理禀报，较臣所访更为详悉，所云现在兵数合之则多分之则少，尤觉切中窍要，并称台郡与凤山连界之水底蓁等处，尚有庄大田等贼出没焚掠，则南路之兵似不能尽撤，致府城有单薄之虞。"对于凤山兵败原因，据杨廷理禀称：

> 贼匪滋事以来，大兵仅属固守，皆以兵单难于远捕为辞，如彰化早经恢复，而任承恩驻兵鹿仔港，普吉保驻兵埔心庄；诸罗收复月余，柴大纪驻兵城外，凤山甫经收复，郝壮猷分驻四门静守，黄仕简驻守郡城，以致贼匪各路啸聚。现在台湾之兵统计一万三千有余，合之则多分之则寡。

---

① 嘉庆《续修台湾县志》卷5《外纪·兵燹》，嘉庆十二年刻本，第55页—58页 b。

乾隆帝认同杨廷理的分析，曰："可见兵力以分而见单，伊等贻误实由于此"，并根据杨廷理奏陈府城、诸罗、彰化之间各处皆有贼人屯集的信息，谕旨常青"痛加殄戮，俾贼匪闻风胆落，路途无阻，直指贼巢"①。

此外，杨廷理又上报闽浙总督李侍尧，自凤山被叛匪再次攻占之后，贼势日盛，渐逼府城，"北路贼连日焚劫各庄，涵西港为米粮通郡之路，被贼梗塞，府城米价益昂，南路贼又沿村迫胁日积日多。督臣虽堵剿二次，而贼匪遍地滋扰，弥觉增多，是台湾府城目下需兵甚急"②，请求打通运粮之路，增派防守驻军。与此同时，在三月二十七日，庄大田等带万余人进攻府城，分派庄锡舍攻大南门，但庄锡舍早有投诚之意，巡道永福了解之后，"使杨廷理讯问，得其实，乃使赍札谕之降"③。是日，庄大田攻小南门桶盘栈营盘，庄锡舍随同蔡攀龙、特克什布、杨廷理队伍勇往杀贼，叛匪见庄锡舍反戈倒击，遂陷入混乱，官兵乘机施放枪炮，大败庄大田。④

五月，在上次杨廷理通过闽浙总督奏禀增兵之后，清政府紧急调兵援台，但兵力仍显单薄，⑤ 总督李侍尧意欲再于闽省各营挑剩之兵中，短中抽长，派往台湾，但杨廷理认为"不如浙省预备战兵较为得用，奏请仍调温衢等处官兵配渡进剿"⑥。李侍尧分析该意见之后，改变了原先的部署。六月，庄大田自上次战败之后逃往南潭，其伙匪千余人到府城大北门外十五六里茑松等地方，聚党焚劫，副将蔡攀龙等与同知杨廷理亲带的台湾道府分派的义民共同前往截杀。

---

①　《钦定平定台湾纪略》卷11，《文渊阁四库全书》史部，台湾商务印书馆1986年影印本，第363册，第164页。

②　《钦定平定台湾纪略》卷14，《文渊阁四库全书》史部，台湾商务印书馆1986年影印本，第363册，第194页。

③　嘉庆《续修台湾县志》卷5《外纪·兵燹》，嘉庆十二年刻本，第58页b。

④　《钦定平定台湾纪略》卷15，《文渊阁四库全书》史部，台湾商务印书馆1986年影印本，第363册，第202页。

⑤　许毓良：《清代台湾的海防》，社会科学文献出版社2003年版，第148页。

⑥　《钦定平定台湾纪略》卷16，《文渊阁四库全书》史部，台湾商务印书馆1986年影印本，第363册，第217页。

七月初十日，叛匪二千余人复攻小南门之桶盘栈，常青一面派拨在营将弁分路截杀，一面飞饬副将丁朝雄等齐赴桶盘栈堵御，台湾道永福、同知杨廷理带领义民随后接应，击退入犯之敌。① 此外，笨港作为运输钱粮到府城的港口之一，于七月初一日被攻陷，驻守诸罗的柴大纪派游击李隆带领兵民，还没有来得及与游击杨起麟会合夹攻，便于中途竹仔脚等处遇匪交战，虽剿杀较多，但自身也损失不小。诸罗县曾被林爽文攻陷，后于一月二十一日由柴大纪收复驻守，但一直处于困守的状态。此次作战使诸罗县城更加空虚，所以柴大纪请求增兵援助。随后，总兵魏大斌、副将詹殿、都司刘振唐、守备姚国泰等带兵一千五百名，在同知杨廷理备齐船只之后，于十五日黎明上船开行，前往协防。② 二十七日壬辰，驻防将军常青等考虑到在南潭一带的庄大田势力负隅顽抗，遂于二十八日令侍卫乌什哈达等率同游击孙全谋等前往剿杀，台湾道永福亦派同知杨廷理等督率义民协同官兵前往搜捕，击退贼众。③

八月，平叛已经进入中后期，官军在进剿诸罗时，地方官"禀报甚少"，督抚等官一时难以知晓情况，杨廷理上禀郡城北路运道及诸罗贼情，称原先被匪占据的部分重要道路已经疏通，钱粮可以运往府城。④ 此外，在官军进剿南潭之后，杨廷理又奏禀南潭只有地瓜无米粮的情况后，总督李侍尧据杨廷理的禀报上奏乾隆帝，认为台湾叛乱已呈涣散之势。⑤ 这次奏报也为后面的战略部署提供了信息参考。九月，

---

① 《钦定平定台湾纪略》卷23，《文渊阁四库全书》史部，台湾商务印书馆1986年影印本，第363册，第292页。

② 《钦定平定台湾纪略》卷24，《文渊阁四库全书》史部，台湾商务印书馆1986年影印本，第363册，第309页。

③ 《钦定平定台湾纪略》卷27，《文渊阁四库全书》史部，台湾商务印书馆1986年影印本，第363册，第340页。

④ 《钦定平定台湾纪略》卷28，《文渊阁四库全书》史部，台湾商务印书馆1986年影印本，第363册，第354页。

⑤ 《钦定平定台湾纪略》卷30，《文渊阁四库全书》史部，台湾商务印书馆1986年影印本，第363册，第378页。

杨廷理因功升台湾知府,① 海防同知一职由吴元琪署理。②

十一月，带兵入台的福康安等将凤山贼匪基本肃清后,"南路大势已定"，但原先投降的庄锡舍在凤山意图反叛，同知吴元琪上禀总督李侍尧防范的同时，积极联络地方熟番和生番，切断了叛匪逃入深山之路，配合军队肃清残匪。③ 月底，李侍尧在接据吴元琪关于福康安、海兰察等收复诸罗县的奏禀后，上奏乾隆帝大局已定，即日可移捣贼巢擒拿贼首。④ 后于五十三年一月四日擒林爽文，二月五日捕庄大田，本次叛乱被平定。

二　台防同知的作用

纵观乾隆晚期的这一次台湾之乱，可以看出台防同知，在整个平叛过程中发挥了重要的作用。概而言之，主要有两个方面的重要表现。

其一，信息传递。

自乾隆五十一年十一月叛乱开始，原任海防同知被杀之后，继任海防同知杨廷理，在上至皇帝督抚，下至驻防将领之间，架起了一座信息传递的桥梁。如在林爽文叛乱前期，彰化、诸罗等要地先后被攻陷，府城被攻击的威胁骤然上升，杨廷理敏锐地感觉到危机的严重性，一面加紧府城防御，一面派人到澎湖，通传台湾本岛战情，澎湖游击蔡攀龙在得知情况后，遂领兵驻防府城外围，这一措施为五十二年三月份的防御战胜利，提供了重要支撑。此外，在乾隆五十二年一月，叛匪庄大田攻占台湾南路凤山县之后，清政府为了打通台湾南北要道，在二月发动了攻击凤山的军事行动，但总兵郝壮猷在进攻凤山途中被

---

① 《钦定平定台湾纪略》卷36,《文渊阁四库全书》史部，台湾商务印书馆1986年影印本，第363册，第453页。

② 嘉庆《续修台湾县志》卷2《政志·政官》，嘉庆十二年刻本，第72页a。

③ 《钦定平定台湾纪略》卷42,《文渊阁四库全书》史部，台湾商务印书馆1986年影印本，第363册，第534页。

④ 《钦定平定台湾纪略》卷46,《文渊阁四库全书》史部，台湾商务印书馆1986年影印本，第363册，第591页。

困，杨廷理遂将这一情况通报提督黄仕简，郝因此才被救出。在此次军事行动失败之后，杨廷理又将失败的原因以及台湾驻军的情况上报闽浙总督李侍尧，李原文转呈乾隆帝，乾隆帝看后，结合杨的奏禀，调整了台湾驻防官员。五十二年八月，官军进剿诸罗一带，战况胶着，杨廷理将府城周围及南潭情况禀报总督李侍尧，李侍尧根据杨廷理的上报再次奏陈乾隆帝，认为此时林爽文势力已经出现溃败趋势，于是乾隆结合当时情况，令福康安带兵入台，最终消灭诸罗一带逆匪，自此战事彻底转变，林爽文的叛乱已是强弩之末。

由此看来，杨廷理对战局形势信息的汇报，以及与地方驻军之间的信息联络，在整个平叛过程中发挥了重要作用，不仅为府城的防御提供了保障，甚至影响到了乾隆帝本人的决策。也正是因为结合了杨廷理的信息汇报，清政府才能整体掌握台湾战情，使平叛得以相对顺利地进行。

其二，配合作战。

所谓配合作战，可以概括为两个方面，一是直接参与军事行动，二是为地方驻军提供后勤保障。根据前文叙述，在林爽文叛乱前期的乾隆五十二年一月至三月间，海防同知杨廷理戍守府城，既率领员弁巡城警示，安置防御设施，又积极招募义民，弥补兵员的不足。此外，在三月份的防御战过程中，杨廷理率领民番多次出击，协同守军最终击退围城之匪。六七月份，杨廷理又率领民番在府城外茑松、桶盘栈和南潭等地方，协同军队剿杀叛匪。在官军救援诸罗过程中，杨廷理积极筹备战船，保障运输，为解围诸罗战役的进行提供了巨大支持。十一月份之后，平叛进入尾声，继任海防同知吴元琪，积极联络台湾本地百姓，配合军队剿灭叛匪。可以说在整个平叛过程中，海防同知一官，虽无指挥正规军的职权，但有招募带领民番之权，既直接参与作战，又为军队提供战船等服务，是平叛过程中的重要参与者。

此外，要说明的是，虽然在平定林爽文叛乱的过程中，未看到海防同知接收内陆兵弁及粮草的详细内容，其似乎参与后勤事务的情况较少。但根据笔者在前文中关于台湾海防同知的研究内容，有理由认为此时的海防同知应该是参与了这些事务，而且应该是在平叛的后期，这是因为根据当时制定的防御战略，此时的海防同知主要负责戍守府城，府城外要道又多被叛匪切断，当时台湾知府负责后勤，"于一切堵御巡防及经理粮饷等事，均属奋勉出力"①，所以海防同知的职责可能不完全在后勤。另外，沿海地区的众多港口也被叛匪占据，② 因此海防同知巡查海口也受到了限制。综合影响下，直到府城、凤山、诸罗的危机解除之后，海防同知才有可能更多地参与后勤事务。

整体来看，此次林爽文事件的平定，如果仅仅依靠武弁，可能面临信息不畅、保障不及、防御不足等问题，台防同知正是在这三个方面发挥了稳健的作用。对于此次所酿成的海防危机，乾隆皇帝认为是"福建吏治亦复废弛，营伍毫无整顿，以至海洋劫盗频闻，酿成林爽文等滋事巨案"。其中，福建巡抚杨景素不能实心任事，以"致通省官吏贪黩懈弛，相习成风，日甚一日"③，故而归根结底是地方官员不尽心用事、吏治腐败所致。虽然历史时期的吏治问题，始终不能得以很好地解决，但海防职官体制的设置，无疑为危机的处理提供了制度上的保障。当然，影响这一体制运作成效的重要因素，很大程度上在于皇帝个人的决策能力，一是是否可以判别地方所提供的信息，进而做出正确的认知决策。二是对地方官员的要求是否严厉，以至其不敢虚弥应付。此外，地方官员的个人素质，也是不可忽视的影响因素。

总之，因明代备倭而设的海防同知，初期看重所任官员的军事素养与能力，这一群体通常具有带兵、督兵之权。但是入清之后，随着

---

① 《钦定平定台湾纪略》卷36，《文渊阁四库全书》史部，台湾商务印书馆1986年影印本，第363册，第453页。

② 许毓良：《清代台湾的海防》，社会科学文献出版社2003年版，第150页。

③ 《清高宗实录》卷1316，乾隆五十三年十一月乙丑，中华书局1986年影印本，第25册，第789页。

海洋环境的变化，清代长期以来的防务对象调整为一般盗寇，其性质与破坏力远不如明代倭乱，故而海防同知的军事职能整体在逐渐弱化。再者，清代开禁之后，如何管理沿海行政事务，保障百姓的生命财产安全成为地方防务的重心，这也造成海防同知所辖之事，不可能再以军事为重。在此情况下，海防同知在参与造船等涉军后勤事务中，已经出现了贪黩腐败的现象，表明海防事简下的军事防御废弛，与之配套的文职官员同样随波逐流，已经难以发挥与明代类似的军事职能。但是，一旦地方防务危机加重，如出现了林爽文等类似的集团式的，对沿海造成长期威胁的叛乱群体，引起皇帝的高度重视，海防同知的职能便会偏重于军事，并发挥出相应的积极作用。

简言之，海防同知毕竟属于行政职官，其军事职能只是在特定历史环境下被赋予的属性，而且海防之事，就军事需求而言，对于海防同知来说，并不是一个常态。所以，在军事防御作用方面，海防同知并不具备持续发挥积极影响作用的特征。换言之，影响力是建立在海防对象为普通盗寇叛匪，传统海防体系没有废弛且正常有效运作的前提下，并且需要基于地方的军事防御需求以及引起皇帝的高度关注。如果地方需求发生变化，皇帝的注意力转移，以及出现如清后期防御对象拥有先进军事技术的现象，即在海防需求转向民生治理，以及在坚船利炮面前，海防同知不再或无法发挥军事作用。如最早设立的松江府海防同知，逐渐以修筑海塘为要职，并在清后期上海通商之后，将职责转向了对外交涉，而这并不是孤例。

第六章　府级海防文官的政务运作
（中）——民生需求

由明至清，随着海防环境与地方治理需求的变化，海防同知的军事职能在逐渐弱化，并将重点转移到了民生方面。那么，为何仍称之为海防同知，这还要从清人的海防认知观念来看。从社会治理的角度出发，无论是修筑海塘、征税，刑狱、缉盗等，都事关沿海社会的安全稳定。所以，对于清人而言，沿海府州县的事务，通常可以被视为海防内容的一部分。其中，河工水利、稽盐治沙与修筑海塘，是海防同知在沿海发挥治理作用的重要领域。

第一节　淮安、镇江府的河工盐务管理

一　淮安府的河工需求

淮安府滨海，属江苏布政使司，北与山东沂州府接壤，南与扬州府相邻，其境内海州为直隶州，为黄河入海所经之地。淮安府海防同知的设立与日本侵朝有着直接联系，据崇祯《淮安府志》记载，万历二十年（1592）倭犯朝鲜，边海戒严，淮安地方增加驻军及战船，"又添设海防同知一员"，驻守庙湾镇，二者协同配合，"南援如皋、通、泰（按：通州、泰兴）；北援海、赣、安、沭（按：海州、赣榆、安

东、沭阳）；中援淮、扬、盐城（按：淮安、扬州），如山东有警，听调策应"①。

从地理位置来讲，淮安府位于山东半岛以南地区，受倭寇影响要小于山东。因朝鲜位于东北部，在东北信风的影响下，倭寇可以顺风南下，殃及淮安等沿海一带，所以明政府在庙湾增设文武驻防，是一种防患未然的安排。庙湾是淮安府的"出入门户"，为沿海要区，从防御策略来讲，庙湾驻防可以连通山东至淮扬二府海岸线的防御。海防同知的设立，既可以提供后勤支援，又能配合军队强化沿海布防，从而保障沿海军事部署能够有效运行，设防也属必然。

海防同知驻防庙湾镇，除了军事要素之外，还和这一地区特殊的地理环境有着重要关系。据《大清一统志》载：

> 庙湾镇，在山阳县东北百八十里，盐场所在，有城。……庙湾镇城在射阳湖滨，去盐城、宝惠、海州皆百八十里。淮北盐运分司所属场，为淮郡极险门户。诸场适中之区，海舟鳞集，商货阜通。明初，设巡司戍守，嘉靖二十六年、三十八年再经倭寇，万历十九年添设游击驻防，二十二年筑城，周四里，高二丈余，门五。又设海防同知，与游击协守。②

《江南通志》又载：

> 淮安府滨海三县，北则安东，中阜宁，南则盐城。安东，宋涟水地，隔河与庙湾相对，河淮之流从此入海。其地有白阳、盐

---

① 天启《淮安府志》卷 10《兵戎志》，天启六年刊刻，顺治六年修录本影印，第 9 页 a。

② 嘉庆《大清一统志》卷 94《淮安府二·关隘》，《续修四库全书》史部，上海古籍出版社 2002 年版，第 614 册，第 533 页。

场、团墟、七里、平望、遏蛮等河，纵横连络，俱西接官河，东入一帆河，以达于海，俗谓之七条港。其东有云梯关，自一套以至十三套，前明时大河卫指挥驻防于此，盖河海交会之冲。云过大河口而南为庙湾，旧本属山阳县，今为阜宁县地。①

淮安府是黄河入海流经之区，河海交汇之处，地处南北贸易之地，集海洋贸易、海盐煎煮、河堤修筑于一地，庙湾镇居其要冲。这一区位特征，也为清代淮安海防同知的职能转变埋下了伏笔。明后期，在朝鲜战事期间，这一地区的防务主要以军事为重，此后则因其独特的地理环境，海防同知的职能偏向于地方治理。朝鲜战事结束之后，淮安府海防同知并未因战事消弭而裁撤，职能反而有所拓展。如万历三十八年（1610），刘复初任淮安府海防同知，驻防淮安庙湾：

> 凡小船，自山东沿海来贸易者，税原薄，以军兴增税，事过不减。复初至，汰苛征，革奸胥。有小寇出没海涛，以计掩捕之。均徭役，除供给，摄郡事则创文峰，凿巽关以培植士气。郡有宿恶，结党害民，缚其渠魁，杖毙之，迄妖贼乱作，淮晏如也。②

由此可见，其实自明代以来，因淮安的特殊环境，海防同知的职责包含管理贸易、负责税收、巡捕盗寇、管理徭役及赈济等。③ 此时，因朝鲜战事而设立的淮安府海防同知，在战争结束后，随着海疆状况有所缓和，更多地参与到了地方行政事务管理之中，大致辖淮属海防、军

---

① 乾隆《江南通志》卷96《武备志》，《文渊阁四库全书》史部，台湾商务印书馆1986年影印本，第509册，第641页。

② 光绪《淮安府志》卷27《仕迹》，光绪十年刻本，第48页 b。

③ 毕自严：《度支奏议》四川司卷5《复盐城兴化等州县水灾赈恤疏》，《续修四库全书》史部，上海古籍出版社2002年版，第488册，第518页。

务、词讼、巡捕、兵粮、税课等事。①

清初，淮安府海防同知仍驻庙湾。据光绪《阜宁县志》记载，因台湾明郑势力及禁海政策影响，在康熙朝开禁之前，海防同知的职务主要为："一曰监军情以严出没，二曰稽兵饷以清冒克，三曰听词讼以理冤抑，四曰征税务以裕军国，五曰练乡勇以卫城池，六曰缉盐盗以惩奸宄，此海防旧制也。"② 这些职务正是明万历至康熙前期，淮安府海防同知的职掌，重心在于军政协同，御盗防海。

康熙二十二年之后，淮安府海防同知的工作重心发生了转变，逐渐向河务工程转移。这一时期，海疆环境逐渐宁谧，清政府开始将注意力转移到了沿海的治理之上。淮安府的"盐城、阜宁、安东，三县皆并海，安东云梯关，本淮黄入海之路，今则淤为十套，去海益远。惟盐、阜二县，东境为潮汐出入之乡，民田场灶易致淹没"③。此时的河防，已经成为淮安府的急务。

自清初以来，黄河在淮安府境内多次决口，虽有修筑河堤之举，但始终不能解决问题。如雍正元年（1723），总河齐苏勒挑筑黄河南岸堤坝，雍正三年（1725）即决口。黄河屡屡决口的问题，除了因黄河泥沙量大，淮安府地平易淤积等自然因素之外，管理体制亦是重要的影响因素。基于此，雍正六年（1728），清政府增设河营参将游击官，负责巡察河道，雍正七年（1729）又改河道总督为江南河道总督，驻清江浦，专门负责江南境内的河道堤坝修筑，以及挑淤疏通河道等问题。④ 正是在这一背景下，随着治河官制的调整，淮安府海防同知的职能转向河工。

据乾隆《淮安府志》载，当时淮安府的海防环境已经发生根本性

① 天启《淮安府志》卷5《秩官志二·海防同知》，天启六年刊刻，顺治六年修录本影印，第7页a。
② 光绪《阜宁县志》卷7《职官》，光绪十二年刻本，第1页a。
③ 光绪《淮安府志》卷5《海防附》，光绪十年刻本，第30页a。
④ 光绪《淮安府志》卷5《河防》，光绪十年刻本，第13页b。

变化，海防已非要务。

> 论曰：河防专以防水，而海防兼以防盗。前明，倭寇频为滨海之患，而庙湾乃其出入门户，故特建立城池，设游击统兵驻防。又设海防同知一员，兼管海关，所以靖海氛、卫民生也。今沿海一带，虽设有盐城、小关、庙湾、佃湖四营，战船水师更番巡哨，而海防厅已移管河务。幸庙湾添设阜宁县，文武共济，足资弹压，而范堤各闸座，遇警坚闭，即有射阳、黄河南大口可通出入，外有五条沙环绕限阻，内有各营汛联络星布，岛屿宴然，生民乐业，以此防海固严，如长城保障，岂但潮汐不警而已哉。①

由此看来，淮安海防事务，因宁谧的海洋环境与独特的地理环境，由阜宁县文武官员协同沿海一带驻军共同防御，即可足资弹压，故而防务较简。雍正、乾隆时期的水师将领陈伦炯，在其海防著述《海国闻见录》中，对淮安沿海一带的海疆环境有如下评论：

> 海州而下，庙湾而上，则黄河出海之口，河浊海清，沙泥入海则沉实，支条缕结，东向纤长，潮满则没，潮汐或浅或沉，名曰五条沙。中间深处，呼曰沙行。江南之沙船往山东者，恃沙行以寄泊。船因底平。少（阁）〔搁〕无碍。闽船到此，则魄散魂飞。底圆加以龙骨三段，架接高昂，（阁）〔搁〕沙播浪则碎折。更兼江、浙海潮，外无藩扞屏山以缓水势，东向澎湃，故潮汐之流，比他省为最急。乏西风开避，舟随溜（阁）〔搁〕，靡不为坏。是以海舶往山东、两京，必从尽山对东开一日夜，避过其沙，方敢北向。是以登、莱、淮、海稍宽海防者，职由五条沙为之保

---

① 乾隆《淮安府志》卷7《海防》，乾隆十三年刻本，第6页a。

障也。①

淮安之地为黄河入海之口，因黄河泥沙沉积而形成的海洋沙障，成为保障该地区的重要屏障。在此情况下，海防同知防海压力大为缓解，这也是淮安府海防仅需县级官员协同驻军防御的重要因素。在此情况下，于淮安府而言，解决黄河决口所造成的危害，才是事关地方百姓生命财产安全的要务。

淮安府海防同知兼理河务，应该始于康熙三十二年（1693），时总河于成龙建议淮安府海防同知兼管盐城、海州二县河务，康熙皇帝允行，海防同知由此开始兼管河工。② 雍正八年（1730），随着管河体制的调整，河道总督嵇曾筠又奏改淮安府海防同知专理黄河南岸河务，这标志着淮安海防同知专司河务的开始。详文兹录如下：

> 查有海防同知驻扎庙湾，并无紧要工程，应将外河厅南岸工程之内，自新港工头起至山安交界陈家社止，计工长一百五里六分零。又山安厅南岸工程之内，自陈家社起至陆家社灶工堤尾止，计工长六十一里八分，二共工长一百六十七里四分零，分归海防厅，移驻童家营适中之处，就近管理，仍可兼管沿海各州县墩台，并海、盐二州县虾须二沟河道，请将该厅改为分管山安南岸河务海防同知。……海防同知应换给"淮安府分管山安南岸河务海防同知"字样。……雍正八年十一月初八日题奉旨该部议奏，钦此。部议准行。雍正九年三月十五日，奉旨依议，钦此。③

---

① 陈伦炯：《海国闻见录》校注，李长傅校注，陈代光整理，中州古籍出版社 1984 年版，第 20 页。

② 傅泽洪：《行水金鉴》卷 168，《文渊阁四库全书》史部，台湾商务印书馆 1986 年影印本，第 582 册，第 605 页。

③ 嵇曾筠：《防河奏议》卷 4《厅员分管黄运工程》，《续修四库全书》史部，上海古籍出版社 2002 年版，第 494 册，第 85 页。

根据嵇曾筠的奏疏来看，雍正时期，淮安府海疆环境平静，同知稍显闲置，因此奏请海防同知分管黄河南岸河务工程，同时仍兼管各县墩台（军事防御设施）、海州、盐城河道。雍正九年，该建议被正式施行，海防同知由庙湾移驻童家营，专司河防。①

二 镇江府的盐务管理

镇江府处长江下游，属江苏布政使司，北与扬州府接壤，以长江为二府分界。其京口地滨江海，为浙西门户，是历代屯戍重镇，又因"京口为舟车络绎之冲，四方商贾群萃而错处，转移百物以通有无"②，为长江下游的贸易中心之一。明代于镇江设海防同知，其原因与御倭有关。

据《筹海图编》记载，位于长江下游的镇江至苏松一线，是防御海寇入侵的重点区域，其云："松江有海防道金事住扎，上海、苏州有兵备道副使住扎。太仓则常熟、江阴地方，自福山白茆、奚浦诸港进泊头山，可直趋无锡、武进，此处颇为空缺，应援不及。故设一兵备，辖至镇江一带，住扎江阴。贼入海口，即为游击；若深入大江，即从腹里抵京口截御"③。可见当时的倭寇可以从苏松地区沿长江直插至镇江府，海防形势较为严峻，于是增设兵备一员，负责自镇江以下防御事务，并将镇江府清军同知改为海防同知，负责防海及清军事务。

至于海防同知的具体职责，都御史董尧封在万历二年（1574）上奏长江中下游防御情况时，指出长江"下流以防海寇"，所以增加兵弁防守，而镇江海防同知则"专一点闸官兵、估修船只、稽查粮饷、缉勘盗贼"④，负责监督驻军，为之提供后勤支持，同时管理地方治安。

---

① 光绪《阜宁县志》卷7《职官》，光绪十二年刻本，第3页b。
② 乾隆《镇江府志》卷4《风俗》，乾隆十五年刻本，第16页a。
③ 郑若曾：《筹海图编》卷6《直隶事宜》，李致忠点校，中华书局2007年，第425页。
④ 施沛：《南京都察院志》卷31《奏议五·江防类上》，天启刻本，第26页b。

在嘉靖之后，东南沿海的大规模倭寇劫掠问题基本解决，董尧封所谓的海寇，指的是江洋盗贼。如万历五年（1577），时任镇江府海防同知杜其骄，"捉获强犯周润三、马良才等三十五名……同知杜其骄、把总朱先虽曾失事一次，盗不旋踵就擒，且朱先当任之初，而其骄多擒获之绩，似难以一青遽掩其功，亦应并论者也"①；再如万历九年（1581），万历皇帝批饬镇江屡次失事，而地方官却俱不申报，既不许失主告认，还不及时捕盗，于是将"海防同知张廷榜、杨栋等，当照例降调"②，惩处了相关人员。

入清之后，长江下游防务需求发生了变化。镇江至长江入海口的苏松地区，其海防自明代就有紧密联系，苏松是镇江海防的前沿，苏松安则"镇江、瓜洲、仪征、天宁之堂奥安矣"③，而清初的海疆危局正需要镇江设立海防同知以备不测。如负责征缴地方钱粮，参与平"三藩"之乱，趱运南下平叛军队、输送粮草等。④ 但是随着三藩及台湾问题的解决，镇江的治理需求发生转变。在地方税务中，盐税占有重要比重，政府不允许民间私自买卖食盐，然而贩卖私盐获利颇重，地方贩卖私盐的情况十分严重，镇江即为私盐泛滥的重灾区之一，而且私盐贩卖给地方社会治安带来了巨大隐患。

那么，海疆承平之后，镇江府海防同知为什么没有被裁撤？镇江府和常州府一样，地理位置上并不临海，后者在乾隆二十七年被裁改，所以镇江府海防同知的留存，一定有其特殊原因——镇江和东南盐政的治理有着密切关系。雍正六年（1728），时任浙江总督李卫指出，"江南苏松常镇四府，民间食盐，定例行销浙引。至京口一带地方，接

---

① 施沛：《南京都察院志》卷31《奏议五·江防类上》，天启刻本，第51页a。
② 《明神宗实录》卷112，万历九年五月戊辰，台北："中央研究院"历史语言研究所1984年版，第2139页。
③ 全国图书馆文献缩微复制中心：《清代（未刊）上谕、奏疏、公牍、电文汇编》，2005年版，第359页。
④ 雍正《河南通志》卷60《人物四》，《文渊阁四库全书》史部，台湾商务印书馆1986年影印本，第537册，第611页。

壤两淮，仅隔一江，私贩易于偷渡。是以从前镇江闸口，责成文武各员，盘验搜查。但日久法弛，以致私贩潜滋，浙盐壅滞"①，请求严查私盐。李卫在《修建搜盐厅碑记》中说明了具体原因，自顺治十六年（1659）以来，盐政即为镇江海防同知等官的要务之一。

> 国家惟正之供，田赋而外则盐策所入为最巨。两浙都转运，当长芦、河东、两淮、闽广之一，每岁销数百万引。行盐之地，东南濒大海，西际豫章之广信，江南之广德，其北则以京口大江为关锁。疆界攸分，巡查是亟，盖必私禁严而后正引可以流通，裕课恤商本计，诚莫重乎此也。余总督越中兼摄巡抚节制江南捕务，又奉命绾巡盐使者之篆，仰惟圣天子爱养百姓，澄叙官方之至意，立纲陈纪各有敷施，而盬政所关首谨私贩。固已申饬汛防，凡山陬水澨实心搜察，罔有漏遗，独深念京口与仪、扬仅隔一衣带水，舟船往来络绎不绝，枭徒贪利，冒网夹带淮盐潜售于镇江一郡三县之间，根深蒂固莫可穷诘，致使嘉、松引盐每多壅滞，不有整顿何以革奸。用是具疏题请盘查之责，属在大吏，文职则江常镇道及镇江海防同知，武职则京口将军、镇标副将及镇江城守参将，按日分曹更番巡剿。又添设巡兵若而人，巡船若干只，楼橹器械必备必坚，众商急公捐增工食，兵役用命昼夜稽查，自教令风行奸徒亦敛迹，不敢涉江生觊觎，以故年来嘉、松掣盐较往时增倍，是盘查之有功，于盐政为甚大也。

盐税为国家税收的重要来源，但民间私盐问题屡禁不止，给国家税务造成了极大的损失，而镇江府一带，尤其"京口与仪、扬（按：仪征县、扬州）仅隔一衣带水，舟船往来络绎不绝，枭徒贪利，冒网夹带

---

① 《清世宗实录》卷68，雍正六年夏四月庚戌，中华书局1985年影印本，第7册，第1040页。

淮盐潜售于镇江一郡三县之间，根深蒂固莫可穷诘，致使嘉、松引盐每多壅滞，不有整顿何以革奸"①。因镇江和仪征等地紧邻，水路通达，得地理之便，而且"淮盐味重价廉，最易飞越浸灌"②，所以盐贩将淮盐潜销镇江地区，促使该区域成为私贩泛滥的重灾区。

在李卫奏陈之后，当年议准"镇江闸口盘察私盐，责成江常镇道督同镇江府及海防同知就近分班轮流盘验，无论粮艘兵船大小差船，均令亲身察验，如有夹带整包私盐即行拿究，照兴贩律治罪。其一切水陆私贩并严饬该管官分头缉拿，如有疏纵失察照例参究"③。可见，在沿江口岸稽查私盐是镇江海防同知的重要任务，也正是这一因素，才使其免于被裁撤的命运。

综上来看，这一时期的海防，主要是稽查京口私盐贩运，所以从严格意义上来讲，称作江防更为合理。道光十二三年，淮北、淮南先后施行票盐法，在改变行之百年的盐引制度之后，民间贩盐合法化，④"虽请运之民贩，间有昔日贩私之辈，然已一一凛尊法度"⑤，但稽查私盐仍为要务。据《续丹徒县志》有关盐政的记载，清后期"以徒邑运河之丹徒口，与淮岸一水相通，海防同知、参将、守备兼任缉私，势难周顾，爰由浙省缉私总局，详准于该口分设巡私局，并会提营委员带兵巡缉。"⑥盐务的管理，始终是镇江府的地方要务之一。虽然镇江的防务需求发生了变化，但是镇江海防的军政协同体制没有改变，只是防御对象由明代的倭寇、江洋之盗逐渐调整为盐贩，海防重心由

① 乾隆《江南通志》卷 23《舆地志·公署二·镇江府》，《文渊阁四库全书》史部，台湾商务印书馆 1986 年影印本，第 507 册，第 666 页。

② 王守基：《盐法议略》，清涉卷斋丛书本，第 42 页 a。

③ 乾隆《大清会典则例》卷 18《吏部·考功清吏司·盐法》，《文渊阁四库全书》史部，台湾商务印书馆 1986 年影印本，第 620 册，第 385 页。

④ 陶敏：《明清淮安漕运与地方社会》，硕士学位论文，北京师范大学，2008 年，第 16 页。

⑤ 陶澍：《会同钦差复奏体察淮北票盐情形折子》，《陶澍集》（上），岳麓书社 1998 年版，第 216 页。

⑥ 民国《续丹徒县志》卷 5《食货志》，民国十九年刊本，第 36 页 b。

防外转为治内。

总之，由明至清，长江以北海防事务较东南沿海而言，并不紧要。淮安府海防同知专司河务，仍有海防职衔，其原因与兼理部分防海事务有关，但较明至清初而言，军事方面的防海职能已经弱化。镇江府海防同知的情况同样如此，虽然盐政不属传统意义上的海防事务，但镇江私盐贩运与海陆私盐销售有着重要联系。此外镇江府为清代造船之地，同知有兼理船政之责，所以某种程度上，仍可视之为海防同知。概言之，自明代而来，随着海洋环境的变化，清政府对沿海府州县的治理，更加重视地方的实际需求。所谓海防，需量地置员，所辖事务，要因地制宜。从治理需求来看，河工与盐务问题的解决，与清代的技术水平以及经济发展能力有关。海防同知的转职，更主要的功能在于分担地方正印官的工作，强化相关事务的管理，于问题的解决，其实并无本质性影响。如淮安府，除了海防同知，设有多位同知分管黄河各段工程。从严格意义上来看，这些事务并不属于传统的海防职责。

本节之所以对以上海防同知的转职进行阐释，原因在于此类变化是清代调整海防同知驻防与职能的结果之一，也是海防同知职能泛化的反映。沿海社会的治理，虽然不仅仅局限濒海地区，但沿海沙田的管理与海塘修筑，与海洋的关系更为紧密，也更能体现海防同知等官的海洋治理能力与管理成效。

第二节　海门厅的沙田治理

一　海门、崇明的沙地争端

东南沿海地区山多田少，而沙田是自然淤涨所形成的土地，因塌涨无定，百姓争夺频仍。其中，位于长江入海口的通州、崇明，因沙地塌涨问题，二地之民争地频繁，故而词讼不绝，社会紊乱，治安问题突出。

从具体的地理环境来看，长江下游地区，江水挟泥沙而下，"海水逆之，则流缓而沙淀，故自江陵以下洲渚极多，况江海之交尤众流骈，集泥沙奔委之处，则其有崇明也"。江流缓急无常，"缓则沙日涨，急则土日削"，涨削既频，形势时异。明代以来，崇明为江海防重镇，清代之后，为中外互市之场，地方治理事务繁重。就管理而言，崇明"地悬巨浸，流徙坍涨，疆域靡得而定"，定制以流水与周边府县分疆。然而沙地坍涨并没有规律，以致崇明与通州等地争讼不绝。崇明土性松浮，易于坍涨，"使徒以地形为界，则被坍者既付洪流，而新涨者又遭强食"，流水分界之例，"指浩渺无涯之水为疆域而已，以浩渺之区偶有微尘泡影，而犹有觊觎之攘夺之者"①，虽将新涨沙地"北归通州，南归崇明，分界管辖"②，但并不能解决问题。江苏按察使温迩逊就指出：

> 崇明县孤悬海外，周围五六百里，民习兵悍。更有难治者，县之东北水中涨出沙洲数处，其势绵长，远接邻境。土人名之为沙，如薛家沙西近常熟县，扁担沙北近通州，沙上皆可耕种。因其地为水中涨出者，百姓视为公物，人人皆得踞占，以致崇明与通州，通州与常熟互相忿争，且有沙上田地已经纳粮，每到秋成之日，附近居民竟将禾稻任意刈割，少（按：稍）有阻挠即聚众执械互相格斗，控告于官，一处有司又不能断结。③

于是在乾隆三十二年（1767），江苏巡抚明德奏请设海门厅，以处理两

---

① 民国《崇明县志》卷2《地理志》，民国十九年刊本，第1—3页a。
② 《清高宗实录》卷785，乾隆三十二年五月壬辰，中华书局1986年影印本，第18册，第663页。
③ 台北"故宫博物院"图书文献处编：《宫中档雍正朝奏折》，台北"故宫博物院"1979年版，第14辑，第795页。

地的争沙纠纷问题：

> 窃照通州直隶州逼近海滨，东向有海门县，自明季嘉靖年间，因海水为患，遂废县治归并通州管辖。自我朝以来日渐涨出沙洲，延袤数十里，悉皆报部升科，归于通州管辖，此系海门县旧治。迤南又复屡涨沙洲，因沙洲东南即系崇明县，于是两邑民人动辄纷争，有断归通州者，亦有断归崇明者，更有断两邑民人分垦者，两处民人争竞无已，牧令各限疆界，不能摄服，题准添设巡道一员，统辖太仓通州二州，驻扎崇明，遇有争沙事件秉公剖断。嗣以该道鞭长莫及，奏准将太通道改驻通州，就近清理。旋又因民间争沙之岸，该道并未亲勘亲审，仍需地方官勘详，奏请将太通道裁汰，崇明县添设半洋司巡检一员，驻扎半洋沙管理该县沙务。通州添设州同一员，驻河基镇统辖该州沙务，各在案。彼时涨出之沙无多，佐杂微员尚可经理。今数十年来，不惟废县旧址，渐次涨复，且于汪洋巨浸之中，日益涨出新洲，开辟甚广，现在将及万顷，已可抵一县之地，既非佐杂所能办理。且两邑之官各子其民，每遇纷争之案，纠缠难结。

据明德所奏，海门一带的民间争沙问题，初期并不突出，因而巡道官并不用心管理，再者通州、崇明的佐贰官员亦可辖制，故而并未设专管官。但是随着新涨沙洲的不断出现，民间争沙事件纠缠难结，原有的管理体制难以应对。在此情况下，明德认为需要设官置守，以强化地方管理，解决地方纠纷问题。根据清代量地置员的设官原则，当时苏州府海防同知事简，无海塘修筑，所辖船政亦可由其他同知兼理，于是明德奏请裁苏州府海防同知为海门同知，"凡通州及崇明新涨各沙，悉归该同知管理，一切刑名钱谷事件，照依直隶厅之例，亦归该同知专管。至刑名案件，就近申常镇通道核转。将来有涨出沙洲，亦俱归该厅管理"①。并由现任苏州海防同知解韬改补海门同知，吏部会议准行。设厅之后，海门同知会同崇明县知县范国泰丈量辖境，由崇明境永旺沙老坎至海门境半洋沙庙港老岸江面，中分厅县界，各辖其半。在具体管辖上，因海门地广，同知查照难周，由照磨稽查厅境各港商船渔船，督缉私盐，承办斗殴奸盗案件，②海门同知主要负责沙务的处理。

那么，清政府为什么如此重视沙地的管理？

其一，沿海沙田为新涨之地，是地方百姓赖以生存的保障。嘉庆皇帝曾指出："朕闻沿海各洲岛中居民，自千百户至数万户不等，此内时有内地无业游民由海船附载至彼，即随地栖止，五方杂处，实繁有徒。海门、崇明两厅县，四面皆海，沙洲基布，最易藏奸。"究其原因，在沿海耕地较少人口较多的社会背景下，当地百姓"皆赖沙田为业，内地无业游民往往航海相依，藉围田工作以资生计"③，人口聚集既多，进而藏奸较易。在此情形下，为了稳定沿海社会秩序，解决百姓生存问题，允许无业无田百姓垦种沙地成了重要举措。但同时也带来了人口集聚，盗寇易藏于其间的问题，迫使清政府不得不加强管理。

其二，沿海沙地的分配，有助于解决盗寇滋生的问题。长期以来，清代海防的主要对象为来自沿海府州县的盗寇，这些人大多是无业游民。针对盗寇的滋生，清政府认为只要解决这些人的生存问题，那么海疆就会恢复平静。如嘉庆时期，在处理东南盗乱问题中，面对大量投诚的盗匪，嘉庆皇帝在上谕中指出，对于投首者应当准其自新，并

---

① 光绪《海门厅图志》卷9《地志》，《中国地方志集成·江苏府县志辑》，江苏古籍出版社1991年版，第53册，第351页。

② 《清高宗实录》卷1092，乾隆四十四年十月乙卯，中华书局1986年影印本，第22册，第661页。

③ 《奏闻遵旨委员分赴崇明海门复查保甲履勘地亩状便密访逆案各逸犯踪迹情形折》，嘉庆二十年五月二十日，编号：故宫104632。见台北"故宫博物院"清代档案检索系统：https：//qingarchives. npm. edu. tw/index. php？act = Display/image/1662552 = = yxneW#681。2023 年 12 月 22 日。

于通省州县分别安置，"但人数众多，又安能人人隔别"，若将其集聚沿海地方，易滋生问题，于是令地方官将这些投首者分散布置，"于相距海洋较远之州县，量为分插"，分配给沙地耕种，"令其各自谋生，日久化为良善"①。这样一来，对沿海沙田资源的分配，被视为解决沿海盗匪问题的有效手段。所以，对于沿海沙地的管理，是清政府治理海疆，保障沿海社会安全稳定的重要举措之一。

其三，沙地买卖，可以为清政府带来巨大的财政与赋税收益。两江总督高晋在给乾隆皇帝的奏疏中，对沙地管理所带来的收益，算了一笔经济账。据其所称：

通州崇明交界之区，新涨天南沙地，先经委员勘丈共泥草水滩九百余顷，约值银二万五千余两，若再待数年，低嫩之地渐次高阜，所值更多。因该处居民每遇涨沙，辄思冒升冒补，结讼不休，未便草率办理，致兹隐射。经臣于乾隆三十二年会折奏明，请俟涨定顷亩数目，委员查丈明确，变价以充公用。钦奉朱批"知道了"，钦此。嗣于分设海门厅案内声明，将该沙割厅管辖，于乾隆三十八年接准部咨，行令遵照原奏办理。随经派委前任常镇道袁鉴，带同该厅赴沙逐细勘估，据报通共丈得滩地九万一千三百十三亩零，内芦苇茫草地三万一千三百五十二亩零，薅草滩二万二千九百六十三亩零，泥水滩三万六千九百九十七亩零，按照邻沙地价，将高低老嫩牵匀配搭，估值库平纹银五万四千四百六十两九钱八分，较原估多银一倍有余，并无短少。②

---

① 《清仁宗实录》卷60，嘉庆五年二月庚戌，中华书局1986年影印本，第28册，第802页。

② 台北"故宫博物院"图书文献处编：《宫中档乾隆朝奏折》，台北"故宫博物院"1985年版，第41辑，第719页。

崇明一带新涨的天南沙地，不仅大大增加了可耕田地的亩数，充公变价召卖之后，既能直接带来巨大的财政收益，又经买卖之后，可以维持长期的田税收入。这些收入，充裕国库的同时，可以由地方支用，甚至由官员中饱私囊。所以，对于沙地的管理，清政府及地方官尤为重视。

在海门设厅之前，通州、崇明两地的沙地主要由太通道管理。雍正八年（1730），"因崇明一区，地当长江大海，孤城屹峙。武职设有总镇，文职仅止县令，不能相称，又与通州接界，居民互争沙地，是以添设道员，清厘沙地，弹压地方"①。然而太通道往来于通州、崇明之间，并不能有效地解决两地的争沙问题，于是才有江苏巡抚明德等奏请添设海门厅之举，以海门同知专管沙务。设厅之后，两江总督高晋称，"所有通崇沙务，自设海门同知专管之后，两邑积案渐次清理，民情相安，甚为有益"②。那么，在具体的管理中，是否如高晋所言，又面临着哪些问题？

二　沙田问题的处理

自海门设厅之后，海门东南与崇明县分界，有大江为之间隔。江中张沙，但并无犬牙相错之势，且通州及崇明县新涨各沙，悉归海门同知所管。据此，长江入海口的沙地之争，本应得以解决，然而现实情况是争端仍旧不断。其中，海门与通州，因小安满洋的争沙案结，自嘉庆十年（1805）后厅州之争寝息，而厅县之争仍旧如故。

为什么海门、崇明两地的争端不断？首先，按照地方定约，凡是江心涨出的沙洲，全部归公，然后再由政府统一进行分配。对于争执

---

① 《清高宗实录》卷119，乾隆五年六月辛卯，中华书局1985年影印本，第10册，第741页。

② 《请裁改海门同知等由》，乾隆三十五年六月二十五日，编号：故机012196，见台北"故宫博物院"清代档案检索系统：https：//qingarchives. npm. edu. tw/index. php? act = Display/image/1802583UOB_ 1rF#e4J。2024年1月12日。

不绝的原因，清人在《海门厅图志》中进行了解释，认为两地沙争之端，首因协旺沙归崇而造成定制紊乱。

协旺沙本是海门厅接涨之沙，位于半洋、永阜两沙之南。在该沙初涨时，海门民人就已申报开垦。但崇明县民并不认同，认为应该借江心突涨之例，呈请新涨沙洲归公，于是与厅民讦讼不断。乾隆五十年（1785），常镇道梁群英据突涨之例，又将协旺沙断归崇明，而邻近属海门的永阜、半洋两沙之地又日渐塌削。因不准上报豁免粮税，以及协旺沙判归崇明，又不能依照章程以新涨沙洲补充不足之地，以致所买之人一直按额纳粮交税，控案层叠。究其原因，清人认为厅县既不循各分江面而治的制度，又不遵新涨沙洲归厅管理的成例，十余年间争讼不断，又造成了利民沙互争之事。

利民沙位于天南沙东南方向，由天南沙塌削而形成。该沙与天南沙以流水相隔，在东南方又与崇明县所辖之永泰沙，亦以流水相隔，所以崇邑以为利民沙是永泰沙的接涨地，二者是母子关系，称之为小永泰，于是两地争讼不已。其实"永泰一沙已非原位，则由母及子之说尽属强词"，因为永泰沙之东南先有永昌沙，崇人认为该沙在盐水中斥卤不腴，并没有申报垦殖。后来有黄姓者，因众所不争，呈请崇明县充公召买。此后，永昌沙东坍西涨，日渐与永泰沙接近，永泰沙亦东坍西涨，日渐接近海门厅境。永昌沙买户串通地方官吏，将永昌沙的归属游移于厅县之间，以致厅县界线不清。实际上，此时的永泰沙是永昌沙，那么利民沙就不是由永泰沙接涨。之所以造成利民沙争端问题，实因协旺沙归崇之后，崇邑管辖之界直逼海门老沙。所以在嘉庆二年（1797），厅县民人各自呈请入拨。嘉庆三年（1798），海门同知与崇明县会勘，意见不同，上宪遂委川沙同知与通州知州复勘，划入崇明县。后因厅民不服，嘉庆七年（1802），常镇道、松太道与海门同知崇明知县等查阅地图，并带同县民驾舟亲勘，发现利民沙四面舟楫通行，"既不与厅境天南沙毗连，亦不与县辖永泰沙接壤，其为江心突涨无疑"，于是将其划为三段，分属海门厅、崇明县及苏州府。但崇明县民不服，两道及苏州府又复勘互异，最终没有解决利民沙的归属问题。诸如此类争端，不一而足，"嘉庆以来，厅县互争之案又不知凡几矣"①。如：

> 道光二十三年，惠安沙北涨洋涨沙，总督璧昌檄太仓州会同厅县勘定，是沙南与惠安接壤，北距厅境较远，判归邑辖。咸丰五年，利民沙堂地坍削，或指洪南永旺沙为堂地复阜，布政使委员履勘，乃包洪施丈，将永旺沙草滩及洪流俱抵作堂地，又欲以永旺熟地足之，众不服，遂以圩外滩地足之，名曰兑熟归堂，而流水之制紊矣。后数年海门人张云上等摭拾坍案，以图永旺向西接涨之地，讼久未息。至同治十三年，经巡抚断定，南归崇明，北归海门，仍如乾隆五十一年协旺沙案分界。按：崇涨各沙始本与邻境远隔，迨积涨日久，往往深洪变为线水，然既有流水则疆界犁然，本无容其争执，自巧借名目，或曰复阜或曰面断底连，不认流水定制，争占之案，于是不息。②

厅县沙地之争，直到光绪二十三年（1897），废除旧制以罗经精确分界之后，才得以有据可依，进而有效解决。

对于海门设厅之后，厅县争沙之案不绝的原因，道光帝对此也颇为疑惑，指出"通州崇明一带沙地，偶然涨出，多为土豪霸占，近因争地酿衅，讼案纷起"③，长久以来不能有效解决，于是饬令地方商讨

---

① 光绪《海门厅图志》卷9《地志》，《中国地方志集成·江苏府县志辑》，江苏古籍出版社1991年版，第53册，第353页。

② 民国《崇明县志》卷2《地理志》，《中国方志丛书·华中地方》第168号，台北：成文出版社1975年版，第16页。

③ 《清宣宗实录》卷124，道光七年八月乙未，中华书局1986年影印本，第34册，第1077页。

如何平息之法。其实，原因之一在于长期没有制定管理章程；二是制定的划界管理章程，不管是以沙洲划分界线，还是以流水分界，都不是精确的划分方案；三是划分方案并没有得到真正的践行。各方鉴于自身利益以及章程的不完善，往往并不遵从管理规定，以致纠纷不断。

　　具体而言，康雍时期，对于沙地的管理，清政府并没有固定章程。为了便于管理，主要是根据沙地坍涨靡定的特点，要求地方五年一丈量，令地方官踏勘新旧坍涨沙地，据实造册上报。但是地方官吏往往借此纳贿徇私，"已坍之地，不得豁除正赋，新涨之区，反可脱漏升科，此种积弊甚为民害"①。直到乾隆十三年（1748），清政府才开始制定沙田管理章程，规定"沙洲地亩被冲坍塌，即令业户报官勘明，遇有淤涨照数拨补，此外多余涨地不许霸占，召民认垦"。然而章程的制定，并不意味着地方纠纷争讼事件的解决，"沙地时有坍涨，或遇大涨，动以千万亩计，而沙民灶户各怀觊觎，其间民灶自相争控及互争控斗等案不一而足，俱因凭空可以得产，待熟升科，而灶地粮银更轻，是以一人领案众户出资结讼，其风浸甚"②。

　　在此情况下，设海门同知专管通崇连界沙务后，虽然互争之案有所减少，"而各属争夺告讦之风，仍未能尽息"。究其原因，乾隆十三年的管理章程，首先需要确定康熙雍正年间坍额，然后才能施行沙田坍塌拨补制度。然而"事隔年远，未能确实，沙棍蠹书遂多方捏冒"，弄虚作假，以为他日图占。为了解决相关问题，两江总督高晋认为，凡是有报坍报涨的案件，责成海门同知及该管各官，随时亲身踏勘秉公确查。只有那些有明确记载，如所坍之地，有范围记录及历年纳粮户名，才可以附近新涨沙地补充，余田则由官招垦升科。至于"江心

<hr>

　　①　《清高宗实录》卷4，雍正十三年十月癸酉，中华书局1985年影印本，第9册，第215页。
　　②　台北"故宫博物院"图书文献处编：《宫中档乾隆朝奏折》，台北"故宫博物院"1985年版，第73辑，第812页。

海中实涨新滩，查非子母相连"，勘明后酌量归公，以杜各方觊觎之心。①

江苏按察使吴坛则认为，地方沙田之争不过数十百亩，而豪蠹觊觎互争之风不息，以致"小民因讼致累废时失业者，亦即在在不免"，实际受损最大的是基层的普通百姓。那么，如果要根除以上问题，首先需要调整的是沙田管理的制度。他奏请：

> 嗣后遇有新涨沙滩，或照奏办天南等沙之案，令地方官随时查报立案，俟滩长坚老，即官为估价召民承买，交价充公，升科办课。或照乐生等洲之案收息办公，听民认垦输租，官为纳赋。如有复坍，均予随时查明题豁，伪捏隐混照例治罪，勿庸以涨补坍，转致纠缠不已。遇有各属争沙之案，即一并官为办理，以断葛藤。如此斟酌例案稍为变通，庶觊觎绝而争端永息，公费裕而田赋无亏，似亦杜讼宁民之道。②

户部核议之后，认为乾隆十三年所定章程，虽然不能解决"蠹书捏冒混请拨补，又有望影报升，为他日图占地步"，以及"各属原坍未补之额，其中影射觊觎者固多"等问题，但也不能忽视"实在地坍粮存，候涨待拨者，亦复不少"的客观需求。若是一概归公，"则从前之冒补者，冒拥膏腴，而现在之实坍者，徒赔课额"③。最后同意了高晋的建

---

① 《奏为议复江省新涨沙地情形》，乾隆三十六年四月二十九日，编号：故机 014169，台北"故宫博物院"藏。见台北"故宫博物院"清代档案检索系统：https：//qingarchives. npm. edu. tw/index. php？ act = Display/image/167110019e_ 0CX#dbF。2023 年 11 月 23 日。

② 《奏为酌请沙田涨坍升科之例以清讼源以除积弊事》，乾隆三十五年十二月二十三日，编号：故机 013186，台北"故宫博物院"藏。见台北"故宫博物院"清代档案检索系统：https：//qingarchives. npm. edu. tw/index. php？ act = Display/image/1671062uuQ5AfC#47J。2023 年 11 月 23 日。

③ 《清高宗实录》卷886，乾隆三十六年六月壬申，中华书局1986年影印本，第19册，第868页。

议，凡是报坍报涨，严令地方官务须确勘实据，秉公办理，以杜争沙之弊。其江心海中实涨新滩，照例归公。

由此可见，为了保障原承买者的利益，旧制继续施行，沙地纠纷的问题，也并没有得到有效解决。道光八年（1828），因需要经费办理水利，两江总督陶澍奏请将新涨沙洲招佃收租，充作地方水利经费。自此之后，"遇有新涨地亩，即饬勘入官，随时定课议租，具奏准行在案"，成为江苏沙田管理新制。道光十三年（1833），江苏巡抚林则徐认为在该新例之前，"多有报买之案，自应分别例前例后，划清办理"，因为"各处例前承买之户，先经缴价给照。其银两均已分别造入部册拨用，碍难还价归公"，奏请仍照旧章程施行。但是户部认为，江苏沙地本应五年查勘一次，而这部分地亩并没有详细造册呈报，其银两也没有上交国库，要求继续退价，所奏不允。在实施新例之后，所有新涨沙地均归公变卖，然而按照旧的沙地管理章程，新例之前所买沙地若遇坍塌，在新涨沙地之后，需要进行相应的填补，剩余部分才能充公。在新例施行之后，政府对此不再补偿，而是将原买之价退还，新涨沙地全部充公，再进行召买承租，这就造成原买之人利益受损。所以，新例中的退价之策既难以执行，又造成地方沙地管理漫无章程，民间纠纷不断，以致承买新沙之人寥寥，"沙棍奸胥乘机欺隐"[1]。办理相关案件的同知等官员，"亦因先后抚臣章程互异，以致悬案不结，竟存观望"[2]，徒有查办之名。

面对这一情况，为了清积案、益民生、裕国课，道光帝令陶澍等

---

①　《奏为江苏省新涨沙地方官产民业镣辕不清请旨敕下查明以清田赋折》，道光十七年五月一日，月折档，编号：603000058－011，台北"故宫博物院"藏。见台北"故宫博物院"清代档案检索系统：https：//qingarchives. npm. edu. tw/index. php？act＝Display/image/1671078Ⅴ－MnPr＝#6aG。2023 年 12 月 15 日。

②　《奏为江苏省新涨沙地官产民业纠葛不清巡抚先后查办互异以致续经新涨之地概不升科应请饬下该省巡抚清查速结折》，道光十六年十月七日，月折档，编号：603000055－003，台北"故宫博物院"藏。见台北"故宫博物院"清代档案检索系统：https：//qingarchives. npm. edu. tw/index. php？act＝Display/image/167107795＿dXqF#f6l。2023 年 12 月 20 日。

再次酌商，陶澍后奏请"将有碍水道各处禁止垦种，其无碍水道者，照旧听民承买完课，遇有争竞，仍退价归官佃变，不许讦讼之人承买"。阁部商议后，认为"江河原不以开垦为利，则沙洲不得以承买徇民，请饬该督等遵照道光八年奏定章程，新涨沙洲，无碍水道者，一律归官召佃，永杜争讼壅塞"。正式废除旧制，以新制为准。① 然而新制的施行，意味着此前所买之沙地，一旦坍塌即被消除，原主虽可得到官方退价，但若想继续耕种新涨沙地，则需要重新购买或是佃租。再者因争买者多，其价格或增，利益难免受损。在新制施行的过程中，又恐日久懈生，"或致奸民私行围筑，不可不防"，道光帝令地方官严行查察，"倘查有沙地阻碍水道及隐匿占种情弊，除占种之人严行治罪外，并将该地方官据实查参，毋稍宽纵"，希望能够解决地方争讼纠纷事件。②

整体来看，清代对沿海沙地的管理，虽有相应章程，但更赖官员的切实执行。对此，乾隆帝有着清晰的认知：

> 地方政务，立定章程，固易遵守，而行之则在乎人。若不得其人，虽有良法，亦具文耳，奉行故事，乃群有司之锢习。督抚身膺表率，务期使之巨细兼举，风流令行，乃无忝厥职。非仅立一法，去一弊，遂以为胜任而愉快也。③

在沙地的具体管理中，海门同知等官是直接管理者，并不是政策的制

---

① 《清宣宗实录》卷297，道光十七年五月丁丑，中华书局1986年影印本，第37册，第601页。

② 《清宣宗实录》卷226，道光十二年十一月己丑，中华书局1986年影印本，第36册，第369页。

③ 《清高宗实录》卷320，乾隆十三年七月癸亥，中华书局1985年影印本，第13册，第270页。

定者。督抚司道等官所拟定的管理章程，能否被执行，主要取决于这些地方官的态度。然而沙洲的坍涨无定，章程的不完善与划界的不清晰，以及地方官民利益的纠葛，往往造成这些地方官的管理不尽如人意。缘此，虽然海门厅的设置，对于地方沙地纠纷案件的处理有一定的作用，但并不能从根本上解决沙地争端不绝的问题。

第三节　杭州府的海塘修筑

一　海塘修筑与职官设置

海之有塘，如河之有堤。历史时期，海水潮汐侵蚀对沿岸的威胁，为历代王朝所重视。尤其"东南财赋之区，滩溉田亩，保聚室庐，全赖海塘捍卫"[1]。其中，杭州湾因其独特的地理环境与方位，海潮侵蚀最盛，是清政府使用重帑重点筑塘之地。

杭州湾的地理形势外宽内窄外深内浅，为钱塘江入海口。杭州湾的湾口可宽达百公里，而海湾深部澉浦一带，宽度收缩为二十公里，至海宁一带则仅为 3 公里，构成独特的喇叭状形态。每当潮汐海水向西侵流之时，因地形收缩骤减，海水大量内涌不得分散，进而形成巨浪水墙，如果不能对其阻挡，极易酿成海患。故而，周边的嘉兴、杭州、绍兴、宁波四府，为清代海塘修筑的重点地区。历史上，杭州湾潮汐通常造成巨大灾害。如崇祯元年（1628）七月二十三日，当日雷雨如注，海啸奔来，"见潮头直架树杪，庐舍荡析"，海潮过后，海宁县官出城巡视灾情，"被灾者凡四千余户，横尸路隅"[2]，造成濒

---

① 《清世宗实录》卷64，雍正五年十二月己亥，中华书局1985年影印本，第7册，第986页。

② 乾隆《两浙海塘通志》卷2《历代兴修·杭州府》，《续修四库全书》史部，上海古籍出版社2002年版，第851册，第419页。

海居民有一家十九口止存二者的巨大灾难。海潮之灾不仅于杭州湾，江南苏松太仓等地均被其患，因此自唐宋以来屡有修筑海塘以卫海岸之举。

然而在清代之前，关于海塘修筑，历朝历代都没有形成一定规制。唐宋时期的海塘修筑，通常由地方官统筹协调修筑，一般遇灾而修，没有相应的修筑管理制度，如设置专属职官、分派巡视弁兵、雇佣修造夫役、制定来源经费等。至明代之后，海塘的修筑同样没有规制，通常由地方自定修建维护，筹措经费。其中，道员、同知等官是参与修筑海塘的重要官员，但均属于临事而为，非专职之官。如成化十三年（1477），浙江佥事钱山修筑海宁海塘，嘉靖十四年（1535）佥事焦煜、十七年（1538）佥事张文藻修海盐县海塘，隆庆四年（1570）水利佥事李文绩修海盐海塘等。至于同知参修，如万历三年（1575）五月，"晦夜大风驾潮来，水出地二丈余，溺死者三千余人，内县河皆成咸流，田不可灌，塘则尽崩"，浙江巡抚徐栻令地方官修筑海塘防护，集佥事陈诏、张子仁，同知黄清商议，诸官三十余人分筑修塘。万历十五年（1587），浙江海盐县再次被灾，"将石塘冲坍大半，土塘尽坍，田禾湮没，庐舍漂流"，浙江巡抚滕伯伦奏请修筑海塘，一是"塘工大役总大纲者水利道，臣之责移驻该县督理，其董率官役工匠收放钱粮，本府同知一员专理之；次则苏湖二府采石，合委府佐二员分管，塘工应用官十六员，分管采石应用官四员，俱合委卫经县丞簿等职，于通省选取，庶足充任使"①。

整体来看，到明代后期，海塘修筑逐渐向大员督理地方官分担承修的体制发展，其中道员、同知等官发挥着重要作用。但是，这些举措多是临事而置，并没有形成一定规制。入清之后，在顺治康熙两朝，

① 乾隆《两浙海塘通志》卷2《列代兴修·嘉兴府》，《续修四库全书》史部，上海古籍出版社2002年版，第851册，第421—424页。

因当时国内环境尚不稳定，海塘修筑尚未形成常规的修筑制度。① 浙省海塘遇有应修应筑工程，通常由地方官办理，杭州湾南岸塘工归宁绍台道负责，北岸塘工则归杭嘉湖道管辖。在康熙年间，因杭州仁和海宁二县滨海地方，日受海潮冲啮，势甚危险，康熙皇帝派遣重臣指授方略，兴修海塘。至康熙末，因海潮侵蚀不断造成灾难，"查沿海潮汐惟浙江为最，非有专员经管，未见实效"②，遂开始设置专职修筑海塘的职官，海防同知由此专管塘务。雍正初年，雍正皇帝为整顿吏治巩固统治，开始大修海塘，以求一劳永逸。③ 海塘修筑的职官体制自此形成：

> 经理海塘所在州县之责，遇大兴修，则遴委大员承办，此成例也。雍正初年，浙省沿海州县偶遇风潮漫溢，我世宗宪皇帝厪念东南，特遣大臣阅视，又命重臣专理，特设海防兵备道一员统率，同知、守备等官职有专司，万年保护之计章程，由兹而始。④

从康熙五十九年始至光绪三十四年（1720—1908），专管杭州湾海塘事务的职官，文官有海防兵备道、海防同知、协办海防同知、海防通判等官，受这些官员节制的有海防营和地方县级官吏。如杭州府海防职官配置：

> 康熙五十九年，设杭州府海防同知一员。雍正八年，设立西塘千总一员，东塘把总一员，两塘外委千把总各一员。十一年，

---

① 杨丽婷：《清代杭州府海防同知与钱塘江海塘》，《浙江水利水电学院学报》2017年第4期。

② 雍正《浙江通志》卷64《海塘三》，《文渊阁四库全书》史部，台湾商务印书馆1986年影印本，第520册，第588页。

③ 王大学：《皇权、景观与雍正朝的江南海塘工程》，《史林》2007年第4期。

④ 乾隆《两浙海塘通志》卷13《职官》，《续修四库全书》史部，上海古籍出版社2002年版，第851册，第586页。

添设海防同知一员，守备二员，千总三员，把总七员。其原设同知驻扎宁邑，分防东塘，添设同知驻扎仁邑，分防西塘，其守备二员分左右两营。十三年，移驻右营守备于三江城。十九年，并裁左右二营，弁兵归入杭协城守等营。乾隆二十四年，复设千总一员，把总二员，外委三员。二十六年，添复守备一员，千总一员，把总二员，外委五员，其弁兵仍从杭协城守等营调回。三十年，移驻西防同知于翁家埠。乾隆四十九年，复添把总一员，外委一员，前后综计，守备一缺，千总两缺，把总五缺，外委把总九缺，分防七汛。道光二十五年，裁去念汛把总一员，以尖汛千总移防念汛，而尖汛以外委兼摄。三十年，划分西防工段，添设中海防同知一员，驻扎翁家埠，仍移驻西防同知于仁邑。①

其中，因塘工浩繁，雍正十一年（1733）设海防道专管塘务，乾隆元年至七年间（1736—1742），又临时增设协办东、西二海防同知修筑海塘。这些职官的职责，海防道主要负责协调、监督地方修筑海塘事宜，具体修筑事务则由海防同知、通判等官负责，如购买原料，分段承修，再下则为县级佐杂等官吏，负责招募夫役修筑海塘。

雍正朝开始，为了达到雍正帝修筑海塘一劳永逸的目的，在修筑海塘的过程中，逐渐开始拟定海塘修造制度。雍正十三年（1735），总督程元章、浙江布政使张若震等拟定海塘定例，以便其后有制可依。具体包括海塘经费钱粮的管理、各类海塘的保固年限、承修官会同修造以避推诿等。如修筑经费使用国帑，需赴司具领，地方官不得私自挪用。各类海塘有保固年限要求，"塘堤有土石镶草之不同，工程有平险最险之各异，若不逐一分晰，止以平稳险工，定一年二年之限，尚有疏漏"，要求无海潮冲刷的新筑石塘至少能够保固三年，有潮水冲刷

---

① 民国《海宁州志稿》卷24《职官表下》，《中国方志丛书·华中地方》第562号，台北：成文出版社1983年版，第2657页。

的条石、块石各塘，因处险要之处，至少保固一年，草塘则为半年；各官之责，同知负责工程，各县负责购买物料，海防道进行监督稽查等。①当然，各官所辖事务，实际因情况而定，但分责职守已成共识。此外，对于是否增设巡检等吏，负责日常巡视，程元章认为，虽然"道员系总理之官，两同知经手钱粮，采办物料，不时往来稽查。倘遇大汛，难于分段坐守，设法防护"，但增设巡检等吏，与负责海塘巡防的标营存在冲突，"令其防御报险，不惟在工员弁得以推诿卸责"②，巡检无马代步而标营有马步兵，驰马飞报塘务讯息，更为便捷，故而不宜增设。

海防营兵虽然负责巡防塘务，同时亦有巡海缉盗之责。从文武协调互为监督的海塘管理体制来看，日常维护离不开基层文职，巡检之设并未因此而弃。乾隆十九年（1754），在添设巡检之外，浙江巡抚熊学鹏认为山阴、会稽、萧山、余姚、上虞五县，俱设有县丞，并无别项专责，奏请派各县县丞分管塘工。③所以，整体来看，地方塘务的日常维护，通常会选择基层闲置人员负责。同样在该年，清政府对海塘修筑体制进行了调整。

闽浙总督臣喀尔吉善、浙江巡抚臣雅尔哈善等奏称浙江塘务经过大修，事务较简，此前设置的文武官员逐渐呈冗余之态，故而奏请裁撤。督抚认为自雍正朝以来，海塘修筑开始增设官兵，是一种因时制宜之策：

　　　　雍正八年始行题准，专设海塘同知，并设海塘千把总，暨兵二百名专司经管夫役，钦差大臣等奏准增设海防兵备道员，增设

---

　　①　乾隆《两浙海塘通志》卷5《本朝建筑二》，《续修四库全书》史部，上海古籍出版社2002年版，第851册，第468页。

　　②　第一历史档案馆编：《雍正朝汉文朱批奏折汇编》，江苏古籍出版社1989年版，第33册，第219页。

　　③　《清高宗实录》卷789，乾隆三十二年七月辛巳，中华书局1986年影印本，第18册，第692页。

同知通判，并设道标左右二营守备各一员，千把外委及兵八百名，连原设兵二百名，共一千名，皆于塘工人夫内挑选壮健谙练之人补额，盖因石塘并添筑柴土各塘之际工巨事繁，不得不特设官兵以专责成，亦因时制宜之道也。

但是到了乾隆朝以来，"潮势日渐南趋，大工以次告竣"，且"海宁一带塘工受险，非人力所能捍卫，迨至潮势南趋而后，塘外涨沙绵亘一二十里，不特每日两汛并不到塘，即伏秋大汛亦无冲啮塘工之事"。至于南岸土石各塘去潮更远，塘外沙坦皆成膏腴，桑麻庐舍相望，从无海潮抵塘之事，因此两岸所设官兵，防无可防，守不必守，奏请部分改为堡夫，修守堤防，"凡土石柴工一有蛰陷坍缺，该堡夫即刻禀报所管捕巡"，捕巡再报各专管官进行修筑。将裁撤的部分兵丁分归杭州城守营与乍浦水师营，强化地方游巡缉盗之兵力，如有老迈患病者则归农。此外，南北两岸海塘应就近归并经理，北岸悉属杭嘉湖道管辖，南岸归宁绍台道专管，并重新划分海防同知通判的管辖疆界，"凡有塘工各县所设之巡检典史，各按所管地面分所管理塘工，查点堡夫，照河工文职汛官之例，听同知通判查核差遣"①。并将海防官兵裁剩经费归并塘工经费，以资拨用。清政府最终裁撤海防道，②裁并海防营，浙江海塘修筑的体制，由此调整为由杭嘉湖道、宁绍台道总理巡查，海防同知通判分段承修，县丞巡检堡夫等负责日常维护，海塘兵丁临事而派，不再专设。

二 海塘修筑的成效与问题

经过康雍乾三朝，浙省负责修筑海塘的海防职官体制，其成效如

---

① 佚名：《皇清奏议》卷49《请裁拨官兵疏》，《续修四库全书》史部，上海古籍出版社2002年版，第473册，第418页。

② 《清高宗实录》卷463，乾隆十九年闰四月丁卯，中华书局1986年影印本，第14册，第1005页。

何？清以前，关于海潮造成的重大灾难屡见史书。清代以来，以《清实录》为例，检索"海塘"二字，相关记载大概有四百余条，其中大多数为修造海塘事务的奏报与谕旨，关于海潮所带来的灾难记载仅有数条。此外《两浙海塘通志》、杭州府县志等史料中，关于清代海潮灾害的记载同样甚少。自雍正二年（1724）九月松江府遭灾，"飓风迅发，海塘冲决，民庐倒坍，溺死者众，海外崇明一县，被灾尤甚"①，雍正朝大修浙江海塘，此后海塘修筑成为常事，酿成巨灾之事明显减少。对于雍正乾隆时期的海塘修筑成效，雍正、乾隆二帝都有自我评价。雍正帝认为：

> 七年以来，河流咸归故道，海口深通，清淮迅畅，三省运道遄行无阻。至于北直畿辅之地，南省浙江等处，凡有海塘河渠，以及应行经理水利之处，皆渐次兴修。蓄泄以时，旱潦有备，府事修和，桑麻遍野。此时之神州，何处可指为陆沉，又何地可指为洪水乎。②

乾隆帝对雍正朝的海塘修筑，同样给予高度评价，"浙江松江海塘，经潮水屡涨，修筑相继，费数百万，滨海之民始得安衽席，无为鱼之患"③。乾隆皇帝对其执政时期的海塘修筑，同样给予了肯定：

> 总由本朝工作与前代不同，前代遇有力役，一切派自里下，小民自皆闻风里足，即有司亦多视为畏途。至于本朝办工物件，

---

① 《清世宗实录》卷24，雍正二年九月甲辰，中华书局1985年影印本，第7册，第379页。

② 《清世宗实录》卷82，雍正七年六月戊子，中华书局1985年影印本，第8册，第87页。

③ 《清高宗实录》卷50，乾隆二年九月壬辰，中华书局1985年影印本，第9册，第850页。

照时值购买，口食并按日支给，间阎多藉以赡其身家。即地方官经手承办，亦不无资其余润。①

策试天下贡士时，乾隆帝亦曰：

水除其害，所以溥其利。……沿江沿海之塘，其大势也。昔人谓禹贡无堤防字，然而地徙流合，人众土辟。若酾若鬶，其何以鸠民而莫之。若夫陶庄之河引溜北趋，窖金之洲排江东注，海塘之筑一劳永逸，要未尝非疏瀹，与堤防并用。朕数十年临视图指，不惜数千万帑金以为间阎计，大都平成矣。②

综合来看，清代前期所形成的海塘修筑职官体制，对于沿海海潮灾害的消弭，地方官的呈报，不排除有吹嘘造假的嫌疑，但不可否认的是，海塘的修筑确实发挥了积极作用。至道光时期，杭州海塘的修筑，清政府仍强调这一体制的作用，并对工程要求进行了一定的调整。

著杭嘉湖道，每逢大汛及修筑工作时，到工驻扎，就近督率稽查。东西两厅同知、守备，均驻扎工所，亲身修防，无许潜回省城居住，违者以擅离职守论。应住衙署，准令分别修补建复。至酌加保固限期，所奏亦是。所有坦水石工，著保固四年，柴埽工，著保固二年，以验收之日为始，责令承办工员随时镶修，交汛弁加意防守。又修筑塘工，无论限内限外，间有泼损，潮退即

① 《清高宗实录》卷870，乾隆三十五年十月丁丑，中华书局1986年影印本，第19册，第663页。
② 《清高宗实录》卷1327，乾隆五十四年四月丁未，中华书局1986年影印本，第25册，第965页。

应补修，如有偷取柴桩之人，严拿治罪。官弁藐视要工及包与书吏，诿讬家人者，即行参办。该抚仍随时稽查，以昭核实。①

然而海塘职官体制能够发挥多大作用，其决定因素不在职官本身，而在皇帝的决心。王大学指出，雍正皇帝重视江南海塘工程，不时派遣政治、军事的各级官员明察暗访江浙海塘工程的质量，并不时训谕相关的海塘工程人员，因而即使各级官员尽心尽责修筑海塘，不过是皇权意志下的一种反应和谋求自保的应对措施。负责海塘的各级官员重视石塘的质量，更多的是借此保证自己的乌纱帽和身家性命不丢。② 故而，一旦皇帝的要求与监管有所放松，海塘修筑过程中的各种贪黩行为便层出不穷。如海塘修筑的经费，主要是来自国帑，同时也吸纳民间捐助的资金。由此，地方官员乘机勒索，且"官吏之借端苛派，必有不止于此者，正帑之所省有限，官吏之中饱无穷"③。

到了清后期，清政府经费短缺，官员应付了事，海塘修筑几成空文。光绪三十四年（1908），浙江巡抚增韫奏陈海塘修筑存在三大弊端，"一曰官如虚设难资整顿，一曰稽查不周酿成危险，一曰舆情隔阂纠正无人"。

首先，清前期要求海防同知驻防地方，但是到了清后期则常驻省城，如有修筑海塘之事，便与守备千把总通同弊混牟利营私，而守备千把偷工减料亦遂肆无忌惮。此时，文武官员之间实际上已经构成了"利益共同体"。因清后期缺乏资金，对于需要修筑的海塘不能遍筑，清政府按紧急程度将其分为尤险、最险、次险，按紧要顺序依次修筑。地方官员为了中饱私囊，随意判定需要修筑海塘的紧要程度，将次险

① 《清宣宗实录》卷94，道光六年正月庚寅，中华书局1986年影印本，第34册，第513页。

② 王大学：《皇权、景观与雍正朝的江南海塘工程》，《史林》2007年第4期。

③ 《清高宗实录》卷9，雍正十三年十二月壬午，中华书局1985年影印本，第9册，第318页。

充尤险，从中捞取经费。修筑之后，按制需要杭州府验收，然或因政务殷繁，知府等官基本不到地方查验，故而无人责问，于是各修筑官员更加无忌，偷工减料，海塘事务废弛。

其次，海防营兵原是巡防海塘，但是当时"抚臣久不阅塘，杭防道三防同知又不常川到工"，兵丁多是临时雇佣，于塘务不能对答，海塘的日常维护基本是一纸空文。

最后，最重要的一点是，清代海塘修筑为国家行为，民间没有监督权，这就造成单纯依靠职官体制的内部自察功能，基本不可能起到监督的作用，"工程总未永臻稳固者，则以层层阻隔，百姓无发言之权，虽深知其受害，痛心疾首，不能自达"①。地方百姓对于当地的情况最为了解，但是政府历来不重视或是不会听取他们的意见，缺失民意督察，是海塘修筑体制不能保障塘务质量的重要因素。

对此，增韫奏请创设海塘工程局，以候补道员任督办，由候补知府任提调，同时裁撤东中西三防同知及海防营全营弁兵，另设工程队以司工作。此外，增设海塘巡警局，由警察负责巡查海塘。自此，浙江海塘修筑的职官体制正式宣告结束。

总之，浙江海塘修筑职官体制的形成，主要是为了满足康熙后期以来海塘修筑的需求，尤其雍正帝继位之后，为了整顿吏治巩固统治，要求海塘修筑一劳永逸，不至地方官营私舞弊，吏治持续败坏。然而，这一体制是否能够发挥成效，最主要的还是由皇帝督办塘务的决心所决定。当然，就实际效果而言，从史料的记载来看，海塘修筑之后，清代的海潮所造成的灾难数量及程度有所缓解。与清之前相比，这一体制的形成，使海塘修筑规范化，能够确定各官职守，并进行相应的追责，这对保护地方百姓不受海潮侵害而言，无疑有着积极作用。但是，我们也应该看到，清代的海塘修筑与维护，并没有民间的广泛参

---

① 民国《海宁州志稿》卷5《建置志·塘工》，《中国方志丛书·华中地方》第562号，台北：成文出版社1983年版，第708页。

与。修筑海塘本是为了保护百姓生命与田舍安全，结果却是缺乏百姓的参与，甚至被他们视为畏途，尤其在监督等方面，单单依靠职官体制内部的查核监督，并不能发挥真正的作用，海塘修筑过程中的各种贪黩行为即为明显反映。所以，海塘修筑作为政府工程，职官体制的完善有利于修筑，但前提是需要地方政府，尤其皇帝的关注，一旦政府内部出现监管问题，这一体制下的各级官吏，就形成了通同舞弊、营私牟利的利益体。这也说明，没有民间力量的参与，或仅是需求他们提供财力、物力和人力的支持，并不给予监督等政治权力，即政府不愿通过分享权力来筹办国家事务，在吏治腐败的环境下，极易滋生各种弊端，致使政务废弛。

第七章 府级海防文官的政务运作（下）——商业外事

明代设置海防文职官员的目的，最初是抵御倭寇。随着倭乱的平定，开关贸易政策的实施，海防同知开始管理海口出入及海洋贸易，由月港、厦门再到广州澳门，成为一种常态。到了清后期，随着西方列强入侵，以及一系列不平等条约的签订，中外通商口岸增多，沿海的防御与管理体制名存实亡。此时，海防同知的作用，逐渐转向负责对外交涉之事，并成为海防同知的重要职能。

第一节 海洋开禁与漳州府海防职官的演变

一 海防同知与月港开埠

漳州府海防同知自明嘉靖晚期设置之后，一直延续至清乾隆五十四年，反映了漳州府海防需求的变迁。在明代，漳州府海防同知主要驻守海澄县，负责在月港稽查商渔贸易及征税等事，到万历中后期，因改变由海防同知督征税饷的制度，并将此部分事务委以佐贰官轮流管理，故而海防同知移驻回府治，仅短期入驻海澄督征税饷。清代之后，海防同知前期驻府治，中期后开始出现驻地变动的情况，先后在雍正十三年（1735）、乾隆五十四年（1789）两次变迁驻防地区，而乾隆五十四年的这次变迁，实际是将同知和通判的职能进行了对调，将海防同知的防海职能转移给了通判。这在某种程度上表明，漳州的海防压力相对较小。那么，为什么在清代中期发生改变驻地的情况？这和海澄县及泉州府厦门的发展有着重要联系。此外，清代中期的海疆状况已经不同于明至清前期，这也是漳州府海防同知改变驻地的另一重要因素。

具体来讲，明代设漳州府海防同知驻守月港，主要有以下几个方面的原因。首先，从地理环境来看，月港"田多斥卤，筑堤障潮，寻源导润，有千门共举之绪，无百年不坏之程"，农业难以发展，为了生存，"富家以财，贫人以躯，输中华之产，驰异城之邦，易其方物，利可十倍。故民乐轻生，鼓枻相续，亦既习惯，谓生涯无逾此耳"①，地方百姓多以出海贸易为生。虽然明代前期施行海禁政策，不许片帆私自出海，但并未能遏制住民间走私贸易的发展。从漳州月港出海，一路小岛星罗棋布，既为船只停泊提供了良好的条件，又可借众多岛屿躲避官兵缉捕，② 而且月港与日本及东南亚地区相近，有利于出海贸易，于是月港成为重要的走私港口。③ 与此同时，因嘉靖前期终止了中日间朝贡贸易，日本又逢战乱年代，到嘉靖中后期，便产生了严重的"倭患"问题，沿海地区长期遭受倭寇劫掠。在这样的状况之下，因月港特殊的环境，当地"顽民趁机构逆，结巢盘踞，殆同化外"④，发生了"二十四将"叛乱事件。为了镇压叛乱，加强对月港地区的管理，在嘉靖四十三年（1564）增设海防同知一员，协同军队最终将叛乱平定，这是漳州府设置海防同知并驻守月港的直接原因。

就漳州府海防的区位特征而言，海澄人陈元麟指出了其要点：

---

① 乾隆《海澄县志》卷15《风土志》，乾隆二十七年刻本，第 2 页 a。

② 苏惠苹：《明中叶至清前期海洋管理中的朝廷与地方——以明代月港、清代厦门港、鹿耳门港为中心的考察》，硕士学位论文，厦门大学，2008 年，第 11 页。

③ 林汀水：《海澄之月港考》，《中国社会经济史研究》1995 年第 1 期。

④ 乾隆《海澄县志》卷2《规制志》，乾隆二十七年刻本，第 2 页 a。

漳，山壤也，泊于水滨。厥防二：一在陆、一在海。海之防分内外：防在外者，以海为主。倭劫之，流寇困之。又船不通，则财用竭、米不足，民多菜色。故忧在外洋，防重于浦、诏。防在内者，以郡为主，以澄为门户。门户疏则内虞势危矣，而浦、诏亦殆，故防在内地。世平则防外，世乱则防内。防在已乱，则乱大民残，防于未乱，则乱弭民安。故已之防，未乱之监也。①

漳州海防，防在外者，重心为漳浦、诏安县，防在内者，重心在海澄县，海澄是府城门户，月港又是海澄防御要区。在东南倭患平定之后，月港作为重要的商贸港口，尤其在隆庆开关之后，成为合法的开禁之地，准许私人出海贸易，商贸合法化，"漳泉商民，贩东西两洋，代农贾之利，比比皆是"②。明政府开海禁既是为了消弭倭患，又是为了征收税饷，借此维持地方驻军开支加强海防。海防同知作为驻月港最高文职官员，主要负责月港防务，并兼管征缴地方税务，直到万历二十一年（1593），因"申请出海贸易的商船不断增多，饷税额急遽上升，遂引起明朝统治者的怀疑"，怕海防同知中饱私囊，于是改由全省各府佐贰官轮流管理。万历三十四年（1606），又"考虑到由各府佐轮流征收会带来诸多不便，如一名外府官员远道来月港，不仅驻扎不便，而且需增设供应人役，所费倍繁，于是改由漳州本府的五名府佐，每年派一名轮流管理"③。所以自万历二十一年以后，漳州府海防同知不再专驻月港，而是作为佐贰官间或驻守月港任事。因担心出海商民勾结日本倭寇，明政府对出海贸易施行船引制度，规定"凡贩东西二洋，鸡笼、淡水、诸番及广东高、雷州、北港等处商渔船引，俱海防官为

---

① 康熙《漳州府志》卷 32《艺文四》，康熙五十四年刻本，第 86 页 a。

② 郭上人：《东门古街史话》，转引自钟建华《从月港到厦门港——明清漳州浦头港的历史考察》，《闽南师范大学学报》（哲学社会科学版）2015 年第 3 期，第 12 页。

③ 李金明：《明代后期海澄月港的开禁与督饷馆的设置》，《海交史研究》1991 年第 2 期。

管给”①。同时，为了稽查便利，凡是出海船只均需编排澳甲。澳甲编排与船引制度一直延续到了清代，厦门成为福建通商正口之后，借鉴施行。

漳州海防同知不再专驻月港的原因，还和月港本身的衰落以及泉州厦门港的兴起有着重要联系。月港本身并不是一个深水良港，出海贸易的船只，需要由小船牵引到厦门等地，然后才可以出洋。根据卢建一的研究，月港衰落可以概括为四个原因，一是因为明朝不断增加月港税额，贪官污吏残酷勒索和掠夺；二是明末战乱、清初迁界；三是月港出洋船只多被西方殖民者劫掠；四是厦门港逐渐兴起。② 厦门港的兴起，主要是因其“地处泉州、漳州二府的交界处，是大陆进入台湾、控制台湾的要塞”③，还是月港出洋贸易的必经之地。清初，又经过郑氏的经营，以及在康熙平定台湾之后，于厦门设立海关，将其作为闽省出洋贸易的“通洋正口”④，厦门港兴起，月港最终衰落。

二　月港衰落与海防同知移驻

自康熙前期以后，由于月港的衰落以及厦门港兴起，尤其在康熙二十五年（1686），将泉州海防同知移驻厦门之后，闽省主要的出海贸易便由泉州海防同知管理。此外，厦门位于泉漳交界处，这一区域内的海防事务，也由泉州海防同知负责，龙溪县又处于龙溪、海澄（月港）、厦门出海一线的上游，地理位置在漳州府内靠北，故而是雍正十年（1732）移漳州府海防同知驻守南胜地区的重要原因。再从客观环境来看，自康熙二十二年（1683）平定台湾之后至道光前期，“闽、

---

① 顾炎武：《天下郡国利病书》不分卷《漳州府志·洋税考》，《顾炎武全集》，刘永翔校点，上海古籍出版社 2012 年版，第 3092 页。

② 卢建一：《闽台海防研究》，方志出版社 2003 年版，第 276 页。

③ 苏惠苹：《明中叶至清前期海洋管理中的朝廷与地方——以明代月港、清代厦门港、鹿耳门港为中心的考察》，硕士学位论文，厦门大学，2008 年，第 14 页。

④ 彭一万：《玉沙坡：厦门港的发祥地》，《闽商文化研究》2012 年第 1 期。

粤、浙、吴航天万里，鲸统不波"①，沿海地区再无大规模反清势力，海盗问题虽时有发生，但规模有限，所以整体呈现海疆宁谧的局势。在此形势下，雍正十年移漳州海防同知驻南胜之举，也自然不是针对海防问题。如时任福建总督郝玉麟在奏章中言：

> 臣查漳州府同知，无钱谷刑名之任，惟有海防之责。今分驻南胜，实居（漳）浦、（南）靖、（平）和、（诏）安四邑之中，就近化导弹压并理海防事务，亦为妥□。刁悍之民知近处即有官长，亦不敢任意横行。每遇朔望宣讲上谕，督率各乡耆名并家族房长朝夕调诚，涵濡岁月，久久风俗自能移易。至于东田地方丁粮田土，割归漳浦县就近管理，尤为利便，似此转移既有益于海疆，应当速为料理。②

根据郝玉麟的奏陈，此次移驻漳州府海防同知，主要是为了弹压南胜顽民，而南胜属平和县，东依临海的漳浦县，所以南胜并不临海。直到乾隆五十四年（1789），海防同知一直驻守南胜，专司弹压地方之事，可见此时的漳州海防同知，已经将治民与海防并理。

除此之外，在雍正十年还发生了另一件重要的事情，就是在漳州与广东潮州府交界的南澳地方，设置了处理交界之处"刑名钱谷"及海防事务的南澳厅海防军民同知，而且此同知又由漳、潮二府共同管理。因此，漳州府海防同知的统辖区域，仅为驻守厦门的泉州海防同知和驻守南澳的海防军民同知之间的漳州府沿海区域。乾隆五十四年（1789），闽浙总督觉罗伍拉纳等因"南胜近山，石码临海，水陆形势迥异，名实未免不符"，"请改为南胜粮捕同知，石码海防通判。嗣后

---

① 魏源：《嘉庆东南靖海记》，《圣武记》，中华书局 1984 年版，第 354 页。
② 中国第一历史档案馆编：《雍正朝汉文朱批奏折汇编》，江苏古籍出版社 1989 年版，第 22 册，第 562 页。

陆路失事，开参同知，水路失事，开参通判"①。觉罗伍拉纳等之所以要将南胜海防同知裁改为粮捕同知，将海防事务转交通判，主要是因为南胜地方本为难治之地，需大员弹压，而且南胜并不靠海。与此同时，石码通判驻守海疆，但无防海之专责，因而在不改变二者驻地的情况下，将海防事务转委通判，避免了麻烦。此外，还有一点是乾隆五十一年至五十三年（1786—1788），台湾地区爆发了林爽文叛乱事件，台湾又是福建移民的主要目的地。根据李智君研究，漳州府为清政府重点监控地区，主要是因为匪首林爽文为漳州平和人，是在漳州等地泛滥的天地会会员，而且闽台之间的政治、经济和文化逐渐一体化，民间百姓往来密切，因此必须对漳州府加强防海管理。② 而此时的漳州府海防同知却并不驻守沿海县区，根本无法满足防海需要，所以在平定林爽文叛乱之后，为防微杜渐，闽浙总督等势必会考虑这一因素，奏请将南胜同知的海防事务转由石码通判负责，改为石码海防通判。再从海疆环境的变化来看，乾隆晚期以后，东南海疆的安全问题在逐渐恶化，海盗劫掠案件逐渐增多，因此有必要重新调整漳州的海防布局。

除了以上原因之外，石码的地理环境与海防价值，直接影响了海防同知与通判的角色互调。据闽浙总督富勒浑福建巡抚雅德所奏：

窃照设官分职，必须因地制宜，若繁简情形今昔不同，自应随时酌定，以期名实相符。伏查漳州府属石码地方，上接府城，下联厦岛，内河外海一水可通，往来商艘无不在彼停泊，实为咽喉要地。该地分驻通判一员，一切弹压稽查督捕盗匪在在，均关

---

① 《清高宗实录》卷1338，乾隆五十四年九月戊子，中华书局1986年影印本，第25册，第1139页。

② 李智君：《战时清政府对海峡西岸移民社会的控制——以台湾林爽文事件中的福建漳州府为例》，《厦门大学学报》（哲学社会科学版）2013年第6期。

紧要。①

自月港贸易衰落之后，福建的贸易港口已经转移到厦门。石码处漳州府往来厦门、商舰停泊之地，是清政府管理出海船只中的重要一环。经过此次变更，漳州府海防同知一职虽被裁撤，但从实际情况来看，只是将防海职责专委给了通判，并不表示漳州地区不需要专门负责防海的佐贰职官。石码属龙溪县入海口地区，与海澄县和厦门地区邻近，厦门又是泉州海防同知的驻守之地，反映出这一区域是泉、漳二府的海防重点区域。对于为何不将原漳州海防同知移驻石码，将石码通判移驻南胜的原因，一是南胜地区本身难治，需大员弹压，而同知长期驻守，具有丰富的管理经验，可以避免改驻别官所带来的与地不熟的问题；二是因为在龙溪、海澄、厦门地区设置二海防同知，可能对行政资源而言，有些浪费，因为在这一区域内，厦门是主要的设防区域，海防通判处于配合地位，一定程度上没有必要再设一海防同知，共同管理这一区域。于辖区而言，根据觉罗伍拉纳等奏言，"水路失事，开参通判"，海防通判继承了原海防同知的统辖区域，但石码位于漳州府沿海北部地区，所以其主要负责地区，应当还是龙溪、海澄、厦门三地交融区域。此后，漳州海防通判再无更改驻地的情况，也直接反映出这一区域的海防重心是在龙溪、海澄、厦门一带。

综上所述，从明晚期至清中期，漳州府海防同知先后四次更改驻地，变动频率较松江府海防同知而言，并不算高。但从变动的原因来看，漳州海防同知的变迁与海疆安全环境、地理环境、社会环境及国家政策等各方面有着紧密的联系，是多重因素促使的结果。至于主要

---

① 《奏为漳州府通判请改调缺以便因地制宜折》，乾隆四十八年四月十八日，编号：故机 033015，台北"故宫博物院"藏。见台北"故宫博物院"清代档案检索系统：https：//qingarchives. npm. edu. tw/index. php？act = Display/image/1553876iZZQ7Y8#0fF。2023 年 11 月 12 日。

管理区域的变化，则是受漳州地理条件及港口的影响，以漳州东北部区域为主。就职能而言，漳州海防同知因缉盗而设，后改驻月港管理贸易。入清之后，因南胜地方弹压需员以及月港贸易地位的衰落，移驻南胜专司陆路缉盗，并最终被裁撤。就此而言，漳州海防同知在清代的防海职能，因海疆的整体平静而逐渐弱化。与之相关，月港虽然衰落，但厦门港随之兴起，取代了月港的贸易地位，同时因闽台关系的发展，驻防厦门的泉州府海防同知的作用，相较漳州府海防同知得到了提升。

第二节　海口管理与厦门海防职官的作用

一　厦门地区的治理需求

福建山多田少，百姓依海而生。自康熙朝开禁以来，中外海洋活动频繁，因其地处南北洋交通要道之上，商船往来不绝，海匪时有滋生。其中，泉州府同安县厦门、金门等岛，悬于海上，地控台湾，为百姓出海的重要口岸，向来属于防守要区。清人对同安县的战略地位有如下评价：

> 同为海滨之区，其形势居要冲者有三，由内港石浔而南为嘉禾屿，今所谓厦门是也。稍东为浯洲屿，今所谓金门是也。其间列岛棋布星罗，在厦属者，则有宝珠屿、鼓浪屿、离浦屿、薛浦屿；在金属者，则有大嶝屿与小嶝屿，夹屿、白屿，皆前后倚伏，左右犄角，易为匪匪藏奸之所，俱宜设备。他若高浦、马銮、高崎、浔尾、五通、湾头、刘五店等处，亦渡口讥察之要道也。沿流而东，则大小担二屿，大担而外则为浯屿，据海疆扼要，北连二浙，南接百粤，东望澎湖台湾，外通九夷八蛮，风潮之所出入，

> 商舶之所往来，非重兵以镇之不可。大抵金厦两岛，为同邑之襟
> 喉，而大小担、浯屿，又两岛之襟喉也。

同安为滨海要区，其中厦门、金门二岛是防御重心，是关系南北往来行船安全及控御台湾的要地。虽然战略地位重要，但防御甚难，一是海匪啸聚无常，合散无定，稽查不易，此一难之处；二是海洋广袤，不知其几万里，奸恶往来缥缈，难以寻找踪迹，此二难之处；三是奸恶之徒或无家室牵累，通常以岛屿为穴窟，出没无定，缉拿不易，此三难之处。①

那么如何解决这些问题？如前文所述，清政府首先调整了海洋管控举措，制定内外洋划区防御制度，设官置守强化管辖。康熙二十二年（1683）平定台湾郑氏之后，福建沿海趋于平静，海禁政策开始调整，随之又产生了一系列新的问题，"沿海内外多造船只，漂洋贸易捕采，纷纷往来，难以计算，水师汛防，无从稽查"，而且"台湾、澎湖新辟，远隔汪洋，设有藏机叵测，生心突犯，虽有镇营官兵汛守，间或阻截往来，声息难通，为患抑又不可言矣！"② 因泉州的金门、厦门二地控扼台湾，所以泉州府海防同知于康熙二十五年（1686），移驻距台湾府、澎湖最近的同安县厦门驻扎，③ 负责管理海口商贩、洋船出入及税收，以及台运米粮、监放兵饷、听断地方词讼等事务，④ 一般称之为厦防同知。在该同知之下，设有石浔分司一员，受其辖制。顺治十八年（1661）移烈屿巡检驻石浔，康熙十九年（1680）移驻厦门，仍名石浔，兼管厦防司狱。⑤ 与文官协同配合的，还有水师营官兵。水师

---

① 民国《同安县志》卷 25《艺文志》，民国三十七年稿本，第 45 页 b。
② 施琅：《靖海纪事》，周宪文、杨亮功、吴幅员等编《台湾文献史料丛刊》第六辑，台北：大通书局 1987 年版，第 70 页。
③ 乾隆《泉州府志》卷 12《公署》，光绪八年刻本，第 5 页 b。
④ 道光《厦门志》卷 10《职官表》，鹭江出版社 2021 年版，第 329 页。
⑤ 民国《厦门市志》卷 11《职官志》，鹭江出版社 2021 年版，第 271 页。

提督标营驻防厦门，主要负责巡防外洋，平日派员与厦防同知稽查海口，查核商渔各船出入及缉捕私渡百姓。①

当时，闽台往来事务繁重，漳泉二府百姓迫于生计，多偷渡到台湾开垦，但是"台湾安有如许间田以供外省民人盈千累万接踵而来，势必无田可耕，流为游手匪类，实为地方隐忧"，闽台之间矛盾突出，再者"台湾至厦门、自厦门至台湾俱必到澎湖，此实台厦之咽喉，凡一切往来人货，自台湾至澎湖可用杉板小船"，但"澎湖一带皆系不毛之山，无一出产，本地既无可贩……又一到漳、泉二处外地，又无所贩，不过为偷渡之人作接手耳"，② 所以"一切贸易并海间觅食之人，以及包揽之客头、偷渡之奸民，无不群聚于此，风气极杂，奸盗颇多"，管查办理之责繁重。厦门仅有同知一员，"一切各事责之于彼员，轻势既不重，事繁力亦难周"③，因此，清政府又将兴泉道移驻厦门，与泉州海防同知一同稽查治理偷渡等问题。兴泉道管兴泉二府，原驻扎泉州，雍正五年（1727）移驻厦门兼衔巡海，雍正九年（1731）改分巡，十二年（1234）兼辖永春州，为分巡海防兴泉永道。④

海防道、厦防同知与水师营，三者共同构成了厦门地区的职官防御体系。"厦门环海，而南通诸番，东控台湾，西北引漳泉，海贾屯聚，民多客户，作闽南一都会，为最要区，国家宿重兵建军门，设兴泉永海防兵备道镇抚之"。宿重兵必然需要大量粮饷，厦门地区又"地斥卤，多石少田"，所以"仰食台运外米"⑤，这也是福建等地百姓前往台湾开垦的重要原因之一。台湾相较内地而言，是"一大仓储也……泉、漳、粤三地民人开垦之，赋其谷曰'正供'，备内地兵糈"。

---

① 道光《厦门志》卷4《防海略》，鹭江出版社2021年版，第98页。

② 中国第一历史档案馆编：《雍正朝汉文朱批奏折汇编》，江苏古籍出版社1989年版，第8册，第32页。

③ 中国第一历史档案馆编：《雍正朝汉文朱批奏折汇编》，江苏古籍出版社1989年版，第8册，第540页。

④ 乾隆《泉州府志》卷26《文职官上》，光绪八年刻本，第56页b。

⑤ 道光《厦门志》卷9《艺文略·记》，鹭江出版社2021年版，第270页。

为了将台湾粮食运往内地，同时节约朝廷经费，"商船赴台贸易者，照梁头分船之大小，配运内地各厅县兵谷、兵米，曰'台运'。……厦防同知司其事，厦门之要政也"①，因涉及闽台双方，所以"台防同知稽查运配厦门，厦防同知稽查收仓转运"②。除了运粮之外，台厦之间的军员调动及军饷运输，也由厦防同知负责。班兵，为驻守台澎的戍兵，三年轮换一次，均由厦门配渡，所以"适遇饷银、班兵、公务紧急，凡台饷，皆厦门提标大号战船配载。兵船不敷，方准添雇，亦须预期详请批准檄行，由厦防同知备办协济"③。除负责运兵及运饷外，台厦之间的水师巡哨，也受海防同知监督，如雍正四年（1726），水师提督衙门差员到台巡哨，时任台防同知王作梅进行查验，因怀疑作假，遂将其扣留核查。④ 总之，台厦之间的百姓、商贸、战船官差、衙门差役、兵丁往来，均需要印信照票，由厦门海防同知核验查察之后方为准行。⑤

具体而言，厦门因地理之利，为通台贩洋、南北贸易商船正口，凡渡台及南北经商贩洋之船出入，都由其稽查，给照放行。此外，还盘收台运兵谷、兵米及传递台湾文书夹板，管理地方事务。⑥ 其中，出洋贸易正是在平定台湾、弛禁之后允行，但其中问题颇多，其一，出洋者不能按期回国或滞留在国外者甚多，而且吕宋等地又盗贼甚多，所以清政府担心出洋贸易之人与盗匪勾结，行劫沿海；⑦ 其二，出洋船只在点验之后，并不按时出海贸易，反而经常借口守风不开船，偷偷

---

① 道光《厦门志》卷6《台运略》，鹭江出版社2021年版，第166页。
② 道光《厦门志》卷5《船政略》，鹭江出版社2021年版，第149页。
③ 道光《厦门志》卷3《兵制略·班兵》，鹭江出版社2021年版，第90页。
④ 中国第一历史档案馆编：《雍正朝汉文朱批奏折汇编》，江苏古籍出版社1989年版，第6册，第762页。
⑤ 中国第一历史档案馆编：《雍正朝汉文朱批奏折汇编》，江苏古籍出版社1989年版，第3册，第466页。
⑥ 道光《厦门志》卷4《防海略》，鹭江出版社2021年版，第101页。
⑦ 中国第一历史档案馆编：《雍正朝汉文朱批奏折汇编》，江苏古籍出版社1989年版，第10册，第580页。

携带违禁货物，以及搭载无照民人"偷渡"台湾或南洋等地，以此牟利；① 其三，朝廷允许出洋船只较小，出海商人用这些小船出海后，便偷偷换用大船前往贸易，在回来时，将贵重货物由陆运回，只将粗货用原小船载回，以此躲避检查。

为了解决这些问题，广东巡抚臣杨文乾、福建总督臣高其倬、福建巡抚臣常赉等奏请凡出洋船只，令各州县严查，其船主、伙长、舵工、头椗、水手并商客人等信息，注明姓名籍贯，要求族邻保甲出具保结，再将同业三船连环互结。地方官一面给予印照，一面造册登记出海人员年貌，注明两手箕斗，申报督抚、本府并报兴泉道、厦门同知、提标中营参将，各官照此查验，督抚再行委员坐口协同稽查。"其闽省者总归厦门一处出口，粤省者总归虎门一处出口，其别处口岸一概严禁，如有违禁在别处放船者，即行查拿，照私越之例治罪。"② 因此，厦防同知便成为稽查出洋船只的重要官员。在涉及闽台贸易方面，由台往内地商船，则令台防同知管理稽查，负责征收出入船只关税。厦防同知负责稽查的口岸称为文汛口，初归汀漳道管理，雍正六年同知张嗣昌禀归厦防厅，位于厦门城南玉沙坡，一名海沙坡，距厦门城三里，离同安县水程一百里。厦门为通台贩洋南北贸易商船正口，厦防同知是司口专员，凡是渡台及南北经商贩洋之船出入挂验牌照，稽查舵水，登记出海人员箕斗及搭客姓名籍贯，给照放行，以及盘收台运兵谷兵米，传递台湾文书夹板，管理其他出入海口事务，均通过此汛口。③ 此外，对岛屿港澳的管理，主要是编排澳甲，有神前湾、塔头湾、涵前湾等，各澳设澳甲两名，分别由水师营和厦门同知辖制。④ 除

① 中国第一历史档案馆编：《雍正朝汉文朱批奏折汇编》，江苏古籍出版社 1989 年版，第 20 册，第 700 页。
② 中国第一历史档案馆编：《雍正朝汉文朱批奏折汇编》，江苏古籍出版社 1989 年版，第 10 册，第 580 页。
③ 道光《厦门志》卷 4《防海略》，鹭江出版社 2021 年版，第 101 页。
④ 道光《厦门志》卷 7《关附略》，鹭江出版社 2021 年版，第 205 页。

以上职务外，根据吕俊昌研究，厦防同知还负责转运在台兵民遗骨、递解台湾囚犯、管理邮传等事务。①

二　厦门地区的管理问题

康熙朝平定台湾之前，泉州府海防同知等官尚未移驻厦门。此时东南沿海海防官员的职责，主要是消灭台湾郑氏等反清势力。福建紧邻澎湖、台湾岛，是长期遭受台湾郑氏攻袭、并被占据部分州县的海防事繁之地。泉州府又是福建控扼台湾的核心，尤其厦门、金门二岛战略地位重大。此时，泉州府海防同知主要负责军队后勤、通报沿海战争情形以及审理相关案情，如康熙十九年（1680），投诚官兵多无家可归，"啸聚深山，互相煽诱，希图不轨。若不及时剿捕，渐成滋蔓，贻害地方，所关非小"，其中有伪总兵吴胜一员。清政府遂令海防厅负责，"会同中军马参将、左营朱副将、泉州城守傅参将，严加密审。除所供之外，有无余党，务要研究确实，勿致奸宄漏网以滋蔓延"②。后随着清兵清剿，文武协防，台湾郑氏势力逐渐回守澎湖及台湾。就此而言，对于结束台湾战事，海防同知等文武官员无疑起到了一定的作用。

清政府将台湾纳入版图之后，厦门成为重要的出海口岸。海防道、台防同知、水师提督等驻防，可谓防御甚严。但是，海疆承平日久之后，因厦门的商贸往来与军事后勤运输频繁，其中涉及大量经济利益，因而地方屡有营私舞弊之事。如雍正五年（1727），泉州知府与同知李暲通同作弊，捏报厦防厅已经购买兵米，实际将运到的平粜浙米二千

①　吕俊昌：《清代前期厦防同知与闽台互动关系初探》，《社会科学辑刊》2014 年第 1 期。
②　杨捷：《平闽纪》卷 11《檄泉州海防厅》，清康熙二十二年世泽堂刻，道光十年印本，第 53 页 a。

余石改为兵米，造成地方百姓缺米购买，引起社会动乱。[1] 再如闽省出洋船只，每于文武衙门点验之后，假言守风不行开船，随后乘机私自携带违禁货物和无照民人上船。[2] 诸类问题难以禁绝。至于为什么会造成此类现象，则与清代的官僚运作体制及营私牟利有着重要关系。

清代沿海地方的管理，虽然官方设禁较严，但存在诸多陋规，对防海效果形成了潜在的影响。当然，如果换一个角度，从官方严行管理的角度而言，虽然确有削弱之弊，但是从民间从事海洋活动的需求而言，无疑又提供了一定的便利之处。乾隆二十九年（1764）事发的厦门陋规案件，为我们深入认识清代海防所面临的问题，提供了可鉴识的视角。

厦门为福建出洋的重要口岸，往来贸易船只众多。初，厦门洋船陋规原为厦门同知等衙门添买燕窝呢羽等物，以及兴泉道衙门船厂桅木等项之费，即由出海商贩代官府购买各物，官府按官价给予银两，若有差价，通常因数目较小，由商贩自行承担。文官衙门之事，一般由厦防同知经手承办，其中督抚衙门每年多不过五六百金。将军衙门系属自办，非厦门同知经手。后随着物价上涨，以及厦门出海洋船被火遭灾等原因，出海船只减少，因此洋商陪垫数目增多。为了公平分摊，乾隆二十六年（1761）十月，洋商李锦等议定，"厦门出入洋船，以往来噶喇吧马辰者为大船，每只出口入口俱贴银六百两；往纲加萨等处者为中船，每只出口入口俱贴银五百两；往把揀一老戈者为小船，每只出口入口俱贴银二百两。其余各项洋船俱酌中作为次中船，每只出口入口俱贴银四百两。每年往来洋船在四十只内外，共银三万余两。内为督抚办燕窝呢羽银每年四千圆，又办广货银每年四千圆。厦门同

---

① 中国第一历史档案馆编：《雍正朝汉文朱批奏折汇编》，江苏古籍出版社1989年版，第10册，第137页。

② 中国第一历史档案馆编：《雍正朝汉文朱批奏折汇编》，江苏古籍出版社1989年版，第20册，第700页。

知每月银六百圆，同安县每月银三百圆，兴泉道办船厂银每年七千圆，关部（注：海关）办燕窝银每年六千圆，水师中军大担汛、厦港汛共银四千五百圆，通共三万六千余圆"，此项银两均存入洋商所组成的洋行之中，并将相关情形通报厦防同知。除了洋船之外，淡水杉板等项船只，地方称之为乡船，出口入口亦有陋规，同知衙门每月两班轮派书役经管，所收银两官五役三分用，旋收旋分，并未存有账目。① 这一数目每年大概有银四千余圆，同知自得一千八九百圆，其余为官吏及家人所得。②

至于这些陋规所收银两的用途，一是用来赔垫官府衙门所买各物，弥补官府给银不足的部分；再是地方官挪用，填补其他亏空及私用。如厦防同知曾在乾隆二十七八年，因所征收地租不能依限交纳，于是动用陋规银两填补。此外，地方官借陋规赊买之物，用于转卖获利，如厦防同知陈霖进京时，赊带燕窝八十斤，价值银五百余两，后转卖浙江盐道张琦，得银七百二十两。当然，此项银两亦可用于地方公事。总之，自乾隆二十六年洋商拟定陋规成数之后，地方官公然滥受，在购买燕窝呢羽之外，通常会购买其他物品，官府给银不过原物价值的十分之二三，不足部分均由陋规中出。③

乾隆二十九年事发之后，经新任总督舒赫德、巡抚袭日修调查，在乾隆二十六年至二十九年间，文职人员所用陋规银有：

> 兴泉道谭尚忠，在道任内一年零九个月，承修战船二十四只。因厦门僻处海岛，所需桅柁等项木料，非本地所产，向系购自外

---

① 台北"故宫博物院"图书文献处编：《宫中档乾隆朝奏折》，台北"故宫博物院"1982年版，第21辑，224页。

② 台北"故宫博物院"图书文献处编：《宫中档乾隆朝奏折》，台北"故宫博物院"1982年版，第21辑，第753页。

③ 台北"故宫博物院"图书文献处编：《宫中档乾隆朝奏折》，台北"故宫博物院"1982年版，第21辑，第247页。

洋。该道任内所修船只，洋行代办各料，用过陋规银九千八百余圆……在署同知任内，两月用过洋行陋规银一千二百圆，又用过乡船陋规银三百三十圆，共实用过陋规银一千三百五十圆，又未发洋行物价银三百八圆。参革漳州府知府刘增，前任厦防同知任内一年零八个月……收用陋规银六千圆，又用过乡船陋规银四千圆，又置买洋行货物，洋行将伊应得陋规垫用银四千一百圆。又刘增家人分用洋行银二千圆。参革泉州知府怀阴布署同知四个月，用过洋行陋规银二千四百圆，又用过乡船陋规银六百圆，共银三千圆。又据供修理育婴堂及修志书等项，用过洋行银一千五百余圆，但无册档存案，例不准销。参革厦防同知程霖在任四个月，收用过洋行陋规银二千六百四十圆，又用过乡船陋规银六百一十圆，又拖欠洋行货价银一千五百九十圆，又赊燕窝八十匣，价银五百六十圆，又二次预借洋行陋规一千两，又一次预借各船行陋规银三千五百圆。参革同安县知县李逢年在任十一个月，收用洋行陋规银三千三百圆。虽据供充作书院膏火并修理监狱用去，但未详立案据，亦例不准销。①

武职则据水师提督黄世简禀称，有：

武职衙门，自乾隆二十六年十月起至本年四月初十日事发之日止，现任游击守备各员，通共收过归银九千四百余圆，其缘事升调及差遣巡洋未回者不在此数之内。又现任千把总，收过规银共有三千余圆，其缘事升调者，亦不在此内。又中军参将温泰禀称，任内自二十六年十月起至二十八年十二月初十日止，收过规银八千余圆内，前任提督臣甘国宝，支用银三千三百圆，又中军

① 台北"故宫博物院"图书文献处编：《宫中档乾隆朝奏折》，台北"故宫博物院"1982年版，第21辑，第753页。

衙门及大担等汛将备弁，交买物银三千九百余圆，通计前任提督臣甘国宝，支用银七千二百余圆。又除零星公用外，尚存银三百二十余圆。再上年十二月十一日起至本年三月底，止收过规银二千六百余圆等语，期间署事各员所收之数，亦不在内。就臣任内按算，自上年十二月十一日到任起，至本年四月初十日止，四阅月之间，统计参将游守千把各员，收过规银六千余圆，照前四分五分归提督衙门，核算共有二千六百余圆，先后奏缴，连前奏报，现存归银有一千六百五十余圆。①

整体来看，凡有船只出入汛口，文武衙门都会借机收取陋规银。文职自督抚、道府、厅县以及关部巡司，武职自提督、参将、游击、守备以至千把总，甚至衙门吏役及官员之家人均有陋规银收入，整个职官体制都参与到了营私牟利之中。其中，文职中管辖汛口的厦防同知贪黩最盛，在较短时间内使用陋规银数目较大，其他文职官员所用数目亦不少。这些陋规银两大多为私用，也有少数用于地方公务之中。

洋商之所以愿意承担每年数目巨大的陋规银两，与官府给予出海便利有着重要关系。就此而言，清代中后期，沿海地方海防废弛，管理日渐懈怠，与地方文武官员能够从中谋取巨大利益有着重要关系。换句话说，即使此类陋规被革除，只要地方管理及文武官员需要，还会有其他陋规制度出现，汛口官弁常年勒索出洋船只，正是这一现象的反映。道光五年（1825），因剿匪所需，"闽省前因捕费浩繁，由厦门同知按年捐银二万两，解充公用"，这部分钱实际上是由洋行及其他商行捐解，不足之数则由同知养廉银内扣减，如果不能缴纳，则会受到一定责罚。② 在此情形下，为了获取上交银两，地方官员不可能对出

① 台北"故宫博物院"图书文献处编：《宫中档乾隆朝奏折》，台北"故宫博物院"1982 年版，第 21 辑，第 747 页。

② 《清宣宗实录》卷 88，道光五年九月丙申，中华书局 1986 年影印本，第 34 册，第 416 页。

海洋船进行律例所规定的严防辖制，官弁勒索成为常态。所以，我们通常认为的汛口官弁勒索，既是出于私利，又和官制本身的运作有着重要关系，二者结合之下，所谓废弛懈怠自不可免。

晚清时期，第一次鸦片战争之后，厦门成为通商口岸。随着班兵制度在同治时期的废弛，① 以及同治十三年（1874）废除移民渡台禁令，② 厦防同知的防海职权在清后期已经弱化，其精力更多的是投入到弹压地方，以及对外交涉事务之中。如同治四年（1865），中方查得洋人贩卖军火给奸民逆匪后，将涉事洋人交由领事官究办，中方人犯则由厦防厅经办；③ 光绪七年（1881），因疑日本商人违法招募华工，清政府令厦防同知负责稽查核实。④

通商而后外人迭至，交涉频繁，其中租界的划分，尤为突出。《南京条约》签订之后，允许英人在南厦港水操台、南教场两处居住眷属，嗣以英商因距码头过远未便营商，于咸丰元年（1851），由英领事要求改租岛美路头起至新路头一带，兴泉永道与厦防厅负责勘地。后因英租界接连海滩，以及累年土石淤积扩大地盘，于是英商在光绪三年（1877）擅筑海滩。光绪十年（1884）英商又借口修理堤岸，侵占官地，厦门官吏与英人交涉，最终同意英人先后侵占的土地划入租界，并在签订的《海后滩条约》中明确对英国利益的维护，厦门地方官员无权自行管辖或是租赁该地给其他国家。此外，国人未获英人同意，不得在该地进行商贸或游行等活动。

又，道光二十一年（1841），英人攻陷厦门占据道署，同治二年（1863）英人归还公廨，移驻鼓浪屿。此后，该地华洋杂居，其中仅设通商局委员，联络各国领事，审理细微案件。光绪二十六年（1900）

---

① 卢健一：《闽台海防研究》，方志出版社2003年版，第226页。

② 许毓良：《清代台湾的海防》，社会科学文献出版社2003年版，第55页。

③ 左宗棠：《左宗棠全集》奏稿二，岳麓书社2009年版，第62页。

④ 刘锦藻：《皇朝清续文献通考》卷338《外交考二》，《续修四库全书》史部，上海古籍出版社2002年版，第820册，第222页。

拳匪之乱，日本领事上野专一借机调舰兵登岸，进扎街衢。此事起因为光绪二十五年（1899），日本要求割虎头山沿海一带为日本租界，清政府派员会商，而厦门绅民极力反对，有暴动的迹象。在划界之期，百姓诉诸武力抗议，厦防同知方祖荫到地弹压，该事未成。事后，日本领事上野专一含恨，于是发生了派兵进驻之举。二十七年（1901）春，美国领事认为日本垂涎厦岛，恐损害美国利益，提议将鼓浪屿改作各国公地，清政府为其耸动，令兴泉永道延年与美国领事协商办理。后因美领事回国，此事改归日本领事上野专一办理，上野复以事东归日本，改由英国领事满思礼接办。参加此次会商的有兴泉永道延年、厦防同知张文治、洋务委员杨荣忠等，后添委漳州府知府孙传衮与厦门税厘局提调郑煦参办。

在会议的过程中，英国领事认为鼓浪屿为公共租界，"中国虽地主，既将地划出不复能再干预"。然中国本属地主，不能丧失主权，与英国人辩论再三未能决定，于是英国人通报驻京公使。延年请示督抚之后做出让步，鼓浪屿或作公地或作租界均无不可，但要求必须加入兼护厦门条款，由各国一体保护，就是为了防止日本觊觎。延年复与各员及英美德诸领事会议，拟定公共地界规条。惟有兼护厦门一条，需要各国驻京公使酌夺。二十八年（1902）秋，上野专一返回厦门之后，延年等复集日本领事署会议，交出之前核定的华洋文章程六册，请各国签押。厦防厅张文治在核对过程中，没有注意到洋文章程中仅存"兼护厦门"大纲，具体内容被删除，以为华洋文本均无错漏，即行签押。督宪遂以公地议成上报，外务部发现后，以"第十五款未定，咨奏两歧"驳回，令厦门道等员继续与各国领事协商。当时英德美法领事均已易人，日本领事上野意见不合，于是禀请外务部与各国公使商定。各国认为此款厦门道已允撤销而不允，清政府不得已再次命令厦门官员继续向各领事力争，后美领事费思洛照复，以"第十五款，贵道并无撤销"之说，最终将此款填入，以昭划一，但仅限于鼓浪屿租界本身，"不能言及兼护中国土地，各国领事实无此权，即各使臣亦非奉本国之嘱，更无此权力。盖厦门系中国地方，非外人所能干预，若明定约章，强令各国互相保护，转失自主权，于义亦属无取，所以公同商酌，将保护厦门一节径行删去"，并咨洋务总局存案，鼓浪屿作为公地遂成定案。

鼓浪屿在成为公界之后，清政府在厦门洋务局中增设会审公堂。厦门通商之后，其事由兴泉永海防道督理，设通商局，主要负责按约处理与各国的交涉事务，光绪二十六年（1900）改为洋务局，至宣统三年（1911）又改洋务局为交涉署。民国以前，通商局、洋务局、交涉署俱系厦门道兼办，海防同知参与，局中设有局员。通常，该局以局中属员办理交涉事宜，并以该员兼公廨委员，办理公廨事务。

总之，在处理清后期的一系列涉外事件中，驻防厦门的道员、同知等官，虽是负责之人，但其所能做的也仅仅是执行清政府的外交政策。而且，这些官员显然对涉外事务的处理，或不能尽心，或不甚熟悉，否则也不会在签订条约时出现舛漏。此外，清后期的海防，如厦门之地，面对列强的坚船利炮已经名存实亡，清政府不再具备依靠自身力量自保的能力，只能游走于各国之间，利用彼此的利益隔阂来维持仅有的权利。这也造成置国家主权于他国羽翼之下，随时都有被蚕食侵占的隐忧。然而，即使清政府请求各国保护其主权，各国为了在华利益，美其名曰遵守国际法，尊重中国主权，然一旦有所需求，即会强迫清政府出卖国家利益。如鼓浪屿之事，后人愤慨曰："鼓浪屿不能有，听巴领事之言，辟作公共租界，已可耻矣。而必强各国'兼护厦门'，举全国而托庇外人，岂不更高枕无忧耶？实外交界奇闻。阅各使臣复语，当局宁不愧死！"①

---

① 民国《厦门市志》卷18《外交志》，鹭江出版社2021年版，第487—494页。

第三节　中葡争界与广州海防同知的角色

一　澳门同知的设立与职责

乾隆七年（1742），广东按察使潘恩榘提出在广州设立海防同知，"专理澳夷事务，兼管督捕海防，宣布朝廷之德意，申明国家之典章"①，但和南澳设立同知时的情况一样，因按察使职微，又绕过督抚上奏，于体制不符，所以乾隆帝令其"告之督抚，听其议奏"。乾隆八年（1743）六月，英国兵船私自进入澳门，总督策楞认为必须增设广州海防同知以强化管辖，于是在八月上奏，请求将肇庆同知印光任移驻前山寨，曰：

> 令其专司海防，查验出口、进口海船，兼管在澳民番，其所遗捕务归并肇庆府通判兼理。惟是该同知职司防海，管理番民，较著理瑶厅员其责尤重，若不优其体统，无以弹压夷人。查粤省理瑶同知例设弁兵，应请照例给予把总二员，兵丁一百名，统于香山、虎门两协内各半抽拨，并酌拨有桨船只，以资巡缉之用。至前山寨既设同知，所有香山县县丞应移驻澳门，专司稽查民番，一切词讼，仍详报该同知办理。②

然而乾隆帝对当时的海疆状况缺乏清晰的认知，没有意识到西方殖民者对东南觊觎的严重性，所以并未同意其奏请，仅是朱批由部议奏。

---

① 《奏为澳门移驻府佐一员事》，乾隆七年七月二十五，中国第一历史档案馆藏，档号：03-0068-053。

② 《奏请将肇庆府同知移驻澳门专管海防事宜》，乾隆八年八月初四日，中国第一历史档案馆藏，档号：03-0072-026。

乾隆九年（1744）三月，西班牙为报去年战败之耻，派三艘战舰泊于香山十字门地方，意图伏击英国战船，印光任因而留澳，"密白大府许达其书，旋命光任持谕往以谕，词严正，吕酋闻之心折，四月八日扬帆归"。此次危机虽然解除，但"诸蕃恃巨舶大炮，然以舟大难转，遇浅沙即胶，或触礁且立破。每岁内地熟识海道之人，贪利出口接引，以致蕃舶出入漫无讥察，颇乘控制之宜"[1]。鉴于隐患犹存，广州沿海的客观形势以及管理夷务的需要，广东布政使王世俊再次奏陈设置澳门同知的必要性。其言：

> 窃广州府属香山县之澳门，为粤省中路海道要津，外洋番客聚居既久，生意日繁，党类渐众。汉番贸易，洋舶往来，每有射利，奸行与洋人熟识，贪其厚值或从彼教而私赘成婚，或诱卖子女而肆行诓骗，总以澳门为藏垢纳污之薮。究其种类，虽属外国之波臣而习处中华，即为圣朝之赤子，仰体皇上怀柔远人，声教旁施蛮貊，舟车所至，莫不尊亲，中外固无异视。……澳内汉番杂处，并无文员驻扎弹压稽查，臣前经屡请督抚二臣议于该地添设海防同知一员，与香山协副将文武互相稽察，整辑番民，实为防患未萌之计。后奉督臣改详，只题添设香山县丞驻扎前山寨，究属官职卑微，不能整饬。今因林兴观等私买女婢出洋一案，显犯禁令，似应仍于澳地添设海防同知一员，凡洋船在澳出口，责令该同知稽查夹带，以严中外。臣为地方起见，不得不鳃鳃过虑，理合据实密奏，伏乞皇上睿鉴。[2]

---

① 印光任、张汝霖：《澳门记略》上卷《官守篇》，赵春晨点校，广东教育出版社1988年版，第28页。

② 中国第一历史档案馆编：《雍正朝汉文朱批奏折汇编》，江苏古籍出版社1989年版，第20册，第335页。

根据王世俊的奏疏来看，策楞奏陈添设同知的建议并未被准行，只是将香山县丞移驻前山寨，但终究官职卑微，不能弹压，所以王世俊再次奏陈澳门设立同知的必要性。由此可见，广东地方官对于澳门设立同知的需求，有着一致性的看法，他们对西方殖民者的危害相较于中央有更清醒的认识。在多次奏请之下，朝廷最终同意了澳门设同知的建议。

此外，在澳门设同知，除以上原因外，也和香山县的地理位置有着重要关系。"言粤东海防者，以广州为中路。而广州海防又以香山为中路，左则东莞、新安，右则新会、新宁，必犄角之，形成应援之势，便然后近足以严一县之锁钥，而远足以立一郡之藩篱。故欲为一郡计，宜先为一县计，欲为一县计，宜合数县以为计"①。香山设防，于广州府来讲，可以起到支援全府防海的作用，因此这也是在香山澳门设防的重要原因。

澳门同知设立之后，在第一次鸦片战争之前，其管理区域并不局限于香山澳门地方。作为广州海防同知，其还兼管香山、顺德、东莞、番禺等县捕务，② 及香山、顺德二县水利事务。③ 此外，对于香山至虎门一带的水师巡哨及发生的防海事件，澳门同知均有兼理之责。④ 对于澳门夷务的管理，根据王宏斌先生的研究，其并未完全发挥设立之初所议"专司海防，查验出口、进口海船，兼管在澳民番"等各项职务的作用。论其原因，"这一方面是受到了葡萄牙在澳门理事官的各种抵制，另一方面是由于各个衙门事权不一，难以进行有效的行政管理"⑤。

---

① 光绪《香山县志》卷 8《海防》，光绪五年刻本，第 6 页 a。

② 嘉庆《大清会典事例》卷 24《吏部·官制·各省知府等官二》，沈云龙主编《近代中国史料丛刊三编》第六十五辑，台北：文海出版社 1991 年版，第 1005 页。

③ 《清高宗实录》卷 1158，乾隆四十七年六月庚辰，中华书局 1986 年影印本，第 23 册，第 514 页。

④ 《题请核销广州府海防同知移驻前山寨香山县丞移驻澳门修建衙署支给地价等各项银两事》，乾隆十三年二月十三日，中国第一历史档案馆藏，档号：02 - 01 - 04 - 14243 - 007。

⑤ 王宏斌：《简论广州府海防同知职能之演变》，《广东社会科学》2012 年第 2 期。

正如香山知县张甄陶所言，内地法律难以在澳门施行，而且同知驻扎前山寨，又不亲理稽查夷船等务，只是委之县丞，"同知兵役，从不登船查验，不过照依关部禀报具文而已"①。

第一次鸦片战争之后，香港成为英国的殖民地，葡萄牙想将英国事例用于澳门，于是在 1843 年派使团到达广州，与清政府商讨相关事宜。在处理此次谈判事务中，驻守澳门的广州海防同知便是重要的参与者之一。后随时势发展，各国都被允许到澳门经商，中外交涉事宜繁剧，所以在 1845 年，广东巡抚程矞采奏称：

> 广州府海防同知驻扎前山地方，专司海防并澳门民番事件，向定为海疆冲要缺，在外拣选、调补。澳门距香山县一百余里，民夷杂处，该同知拊循弹压，事繁责重。现在各国夷商均准赴澳门租屋贸易，稽查一切，视昔尤难，应请改为海疆最要缺，仍管顺德、香山二县捕务，由外拣选、调补。在任之员，如果经理妥协，三年俸满即升，并先加升衔，以示奖励。②

可见因广州中外事务繁杂，而同知职低责重，程矞采奏请进一步提高海防同知的职缺，选能员任用，足见广州海防同知的重要性。至于海防同知的对外交涉事务，主要是指与西方列强在商贸、外交、管治、司法等各方面的交涉。但在发展过程中，管理力度随着中国半殖民地性质的深化，总体呈现一种弱化的趋势。概言之，这种弱化主要表现在两方面，一是在西方列强压迫下，海防同知的职权、辖区收缩。二是来自本国政府的直接限制。当然，这二者之间也存在一定的联系性。但是，尽管客观环境如此，也并不代表执行这一职能的海防同知会玩

① 光绪《香山县志》卷8《海防·上广督论制驭澳夷状》，光绪五年刻本，第33页b。
② 《奏为澳门同知等繁要各缺较昔尤为难治请酌改缺项俸次事》，道光二十四年十二月十九日，中国第一历史档案馆藏，档号：04-04-04-0815-060。

忽职守无所事事,相反,有些海防同知会力争国权,与西方列强直面抗争。

二 澳门同知与中葡划界之争

澳门原属香山县,葡萄牙自明嘉靖时期便租驻澳门,每年向中国政府交纳租金,接受中国政府管辖。第一次鸦片战争之后,英国租借香港,葡萄牙为了获取像英国占领香港一样的合法地位,乘机取得英国支持,谋求在澳门的特权地位。但其妄想获取澳门主权的野心最终落空,因此在 1849 年又利用葡萄牙驻澳门兵头亚马勒被刺杀事件,迫使中国让步,实现了对澳门施行殖民统治的目的,澳门同知也因此丧失了对澳门的管辖权,辖区缩至前山寨地区。① 澳门虽然成为葡萄牙的殖民地,但中国政府并未正式承认葡萄牙对澳门的管治权。

此外,又因香港贸易,关税与厘金一同征收,从香港发往内地的货物便不再征税,香港由此逐渐繁荣,而澳门无此特权,逐渐衰落。光绪十五年(1889),时任广州海防同知蔡国桢给两广总督李瀚章的禀文中称:

> 自中国通商之后,洋货专注香港,而澳门之利源一减,旋因禁卖猪仔,收回□姓,而澳门之利源再减。近则海道沙淤,大船不能进泊,富商裹足,殷户潜移,而葡人之流寓澳门者,又生齿日繁,实有外强中干,岌岌不能自保之势。②

蔡国桢这段话表明,澳门在鸦片战争之后,其本身的中外商贸事务已经严重衰败,因此海防同知在管理粤海关等方面趋于弱化。但也正因

---

① 黄鸿钊:《澳门同知与近代澳门》,广东人民出版社 2006 年版,第 144—154 页。
② 中国第一历史档案馆、澳门基金会、暨南大学古籍研究所合编:《明清时期澳门问题档案文献汇编》,人民出版社 1999 年版,第 3 册,第 414 页。

如此，在夷人增多而又难以自足的情况下，葡萄牙多次违反条约，越界收税扩展辖区，随之而来的便是中葡之间频繁的交涉事务。

根据档案记载，在光绪十五年至二十五年（1889—1899）这十一年间，葡萄牙人多次越界驱赶中国驻军、私征商税、擅盖营房等，海防同知正是处理这些事件的重要官员，尤其蔡国桢多次据理力争，提出多条处理建议，提醒朝廷防患未然，妥善处理葡萄牙越界等事，并派兵与葡萄牙抗争。① 但是受当时大环境的影响，清政府在处理中葡事务中，始终处于被动和妥协的地位，如光绪十九年（1893），两广总督李瀚章饬令时任广州海防同知魏恒，"嗣后遇有交涉事件，务仍悉心按约妥办，勿稍率误，致滋藉口"②，谨小慎微之处可见一斑。

具体来讲，为了摆脱澳门的政治和经济困境，在英国配合下，葡萄牙先后四次扩展澳门界线，将界址扩展到青洲等地，还企图进一步占领澳门西面的拱北地区，最终于1887年与清政府签订《中葡和好通商条约》，迫使清政府正式承认葡对澳的管治权，并获取永居澳门的特权。但此次签订的条约并没有解决澳门界址，即葡萄牙具体管理范围的问题，③ 这就为光绪十五年至二十五年间的中葡争界问题埋下了隐患。

光绪十五年（1889），时任代理澳门同知蔡国桢查知葡萄牙人在青洲迤北海滩筑石填土，意图侵占前山地方。葡人告知前山都司，此前派遣的中方守界拖船不许再次停泊该处，于是蔡国桢加派水师拖船一艘，与原驻守拖船互为声势固守疆界。葡萄牙见中方并不退让，请拱北税务司贺璧理（英国人）携带水路地图一幅，前往同知署质询。④

---

① 中国第一历史档案馆、澳门基金会、暨南大学古籍研究所合编：《明清时期澳门问题档案文献汇编》，人民出版社1999年版，第3册，第419—425页。

② 中国第一历史档案馆、澳门基金会、暨南大学古籍研究所合编：《明清时期澳门问题档案文献汇编》，人民出版社1999年版，第3册，第473页。

③ 黄鸿钊：《澳门同知与近代澳门》，广东人民出版社2006年版，第166页。

④ 中国第一历史档案馆、澳门基金会、暨南大学古籍研究所合编：《明清时期澳门问题档案文献汇编》，人民出版社1999年版，第3册，第412页。

蔡国桢据理力争,说明青洲海面以北系"中国水界",葡人筑石填土,不许中国拖船停泊,就是"故意违约,有意侵界",所以必须派兵船守卫。同时告知贺璧理,所有的对应措施都已得到督抚支持,而其所带葡人地图,标注明显是"葡人任意为之",并不是中葡双方划定的。贺璧理理屈词穷,威胁说"派兵轰开该轮船",蔡国桢不惧威吓,反驳曰:"原想他派兵轰船,由他开端起□,我方好乘机做事,愿他速轰为幸。"① 贺璧理见威胁无用,便笑称是玩笑话,随后将此次交涉情由告知葡方。

针对此次事件,蔡国桢指出葡人侵占青洲北界地区,严重危害中国利益。如果葡人全占内海,中方船只出入都要报知葡人,严重丧失国格,再者若遇战事,又于国家十分不利。此外,往来贸易船只都会受葡人盘剥,严重影响地方经济发展,而且拱北税关管辖区域也会划入葡人管理区域,这样缉私、执法等事就会受到葡人阻碍,削弱中国司法权。另外,葡人占据十字门等地后,扼东南门户,国人做事便会处处受到牵制。因此,蔡国桢建议尽早划定中葡在澳辖区界址,以图"一劳永逸"②。但两广总督李瀚章在接到蔡国桢的报告后,批文核查此次事件是否由中方引起,"是否中国守界师船弁勇不谙纪律,致生事端,抑或虚夸侈肆,肇□启侮"③,生怕是己方理亏。并且,总理衙门在得知蔡国桢派船到争议区域后,同样强调两广总督查参蔡国桢,并将派往争议区域的船只撤回,唯恐滋生灾祸,④ 由此事端遂暂时平息。可见,在整个交涉事件中,中方高层表现软弱,一味退让,处于一线

① 中国第一历史档案馆、澳门基金会、暨南大学古籍研究所合编:《明清时期澳门问题档案文献汇编》,人民出版社1999年版,第3册,第427—431页。
② 中国第一历史档案馆、澳门基金会、暨南大学古籍研究所合编:《明清时期澳门问题档案文献汇编》,人民出版社1999年版,第3册,第422—427页。
③ 中国第一历史档案馆、澳门基金会、暨南大学古籍研究所合编:《明清时期澳门问题档案文献汇编》,人民出版社1999年版,第3册,第434页。
④ 中国第一历史档案馆、澳门基金会、暨南大学古籍研究所合编:《明清时期澳门问题档案文献汇编》,人民出版社1999年版,第3册,第444页。

的澳门同知却力争国权，积极维护国家利益。

由于清政府的软弱，葡萄牙更加嚣张，在光绪十九年二月（1893），葡人再次越界到湾仔海面，驱赶中国兵船，乘机讨取人情，讹诈钱财。事后，澳门总督令葡国翻译代为传话，告知中方中国兵船在湾仔河内停泊，要听葡船政厅使令。于是时任澳门同知魏恒上奏两广总督，指出"澳门埠街当日暂予葡人专管，并无水界之分，亦无全海给予专管明文"①，而湾仔等地，与澳门对峙，向为入海重地，历来由中方设官置守，葡人实属越界侵占行为。同年四月，葡又侵占氹仔，私自征收税课，② 中方派员查勘，被葡人监禁。五月，魏恒照会澳门理事官，言辞力争，指出氹仔向为中方管理，并未有明文规定为葡辖区，就算中方人员误入澳门地界，也应根据条约，由中方处理，葡方无权羁押，若葡方以后再如此行事，中方定当效仿羁押葡方人员。③ 葡人不以为意，同年九月，再次越界，向停泊湾仔的中国兵船讨取人情，魏恒照会葡方，葡人狡称是按照河泊章程处理，并无他故。事后，魏恒上报两广总督李瀚章，但李的回文要求魏恒，"按条约妥办，一面据实禀报本部堂查覆，凡无大关碍者，彼止则止，无需深求……以全睦谊"④。然而，实际情况是葡萄牙根本就不按条约办事，中方高层单方面强调条约，完全是以妥协、软弱的立场来处理问题。因此，葡方深知中方高层的态度，澳门同知又只是政策执行者，所以在光绪二十二年（1896）十一月，葡方私自在小琴岛建造营房，并给大琴岛居民编号，发给名牌，意图将二者纳入自己辖区。时任同知李荣富查知后，

①　中国第一历史档案馆、澳门基金会、暨南大学古籍研究所合编：《明清时期澳门问题档案文献汇编》，人民出版社 1999 年版，第 3 册，第 465 页。
②　中国第一历史档案馆、澳门基金会、暨南大学古籍研究所合编：《明清时期澳门问题档案文献汇编》，人民出版社 1999 年版，第 3 册，第 474 页。
③　中国第一历史档案馆、澳门基金会、暨南大学古籍研究所合编：《明清时期澳门问题档案文献汇编》，人民出版社 1999 年版，第 3 册，第 477 页。
④　中国第一历史档案馆、澳门基金会、暨南大学古籍研究所合编：《明清时期澳门问题档案文献汇编》，人民出版社 1999 年版，第 3 册，第 481—483 页。

在二十三年（1897）二月将这一情况上报两广总督谭钟麟，并亲自督兵防守。① 在总督照会葡方西洋大臣之后，李荣富协同都司撤去了小琴岛中葡兵勇，要求葡人停建房屋，事端暂时平息。二十四年（1898）正月，葡人再次利用中葡未定辖界的空隙，向归属香山的旺厦各乡征收赋税，李荣富饬令该乡职员静候官方办理，由其与葡方交涉。② 十月，葡人再次于大琴岛建造小屋，意图侵占，③ 李荣富遂将上述情况呈禀两广总督之后，在二十五年（1899）制止了葡方侵占行为。

　　总体来看，在处理中外事务中，中方上层官僚是一种软弱的态度，但身处一线的澳门同知，有时恪尽职守，监控葡萄牙的侵略行为。一旦有事，一面据实上奏，一面果断采取措施应对，在处理相关事务中发挥着有限的积极作用。可以说，如果没有澳门同知的参与，葡萄牙会乘机获取更大的利益，中方会损失更多。可惜的是，鉴于当时的国内外环境，清朝廷软弱无能，澳门同知只能是尽职办好自己分内之事。至于最终的结果怎样，也只能听凭上层处理，这也客观上反映了晚清时期海防同知的处境。

　　① 中国第一历史档案馆、澳门基金会、暨南大学古籍研究所合编：《明清时期澳门问题档案文献汇编》，人民出版社1999年版，第3册，第494页。
　　② 中国第一历史档案馆、澳门基金会、暨南大学古籍研究所合编：《明清时期澳门问题档案文献汇编》，人民出版社1999年版，第3册，第513页。
　　③ 中国第一历史档案馆、澳门基金会、暨南大学古籍研究所合编：《明清时期澳门问题档案文献汇编》，人民出版社1999年版，第3册，第520页。

结　　语

　　明清时期，海防文官的设置是沿海治理中海陆协同、军政配合的客观需要。后随着海防认知与政策的变迁，沿海商、渔业和岛屿垦殖活动得以发展，中外商贸往来日益密切，海洋的安全环境渐趋稳定。在这一背景下，军事防御需求弱化，在行政系统中，海防督抚司道等官，因海防事简且不辖地方，逐渐被裁并，防海的任务逐渐集中到了基层文官的身上。从职官设置与海洋环境的关系来看，在海疆危机趋紧的时候，海防是督抚司道同知等官的核心任务，在海疆宁谧时期，因防务的军事压力缓解，海防督抚、道员等官的功能弱化。与之不同，因海防需求的变化，行政体系中的基层专职海防职官，不仅得以保留，并在一定程度上继续增设，最终形成一种由地方佐贰官来承担防海职责的现象。本书基于海防文职官员的设置需求与治理成效分析，主要形成以下几点认知。

一　明清时期地方行政体系中海防职官的设置与演变

　　首先，海防督抚的设置，在明代是一种权宜之计。明代督抚是中央派到地方，兼管巡视一地事务的临时性官员，嘉靖大倭乱以来的防务危机，是设置海防督抚的直接原因。然而，一旦危机化解，也就意味着海防督抚的使命已经完成。形成这一现象的原因在于，海防督抚的设置，通常会集一省或几省的军政大权于一身，这一点与明代地方施行三司分治权力制衡的政治结构，存在根本性矛盾。地方集权往往会对中央的权威造成冲击，在督抚制度还没有完善的前提下，贸然将其制度化，尤其在明后期社会动荡，外患不绝的历史背景下，明政府始终存在戒心。浙直总督、登莱巡抚的多次置废，正是反复权衡这种应时之需和抑制地方势力发展结果的写照。到了清前期，随着海洋环境的宁谧，以及督抚制度的不断完善，作为地方最高长官，沿海督抚所司职之权，不再以海防为专职，而是统筹一省或几省的军政事务，并形成定制。即使到了晚清，虽然海防事紧，这一制度也没有被再次更改。但是，从最终的影响来看，因时事所需而赋予地方督抚更大职权的同时，清晚期的沿海督抚，实际上已经形成了对抗中央的势力，并参与、瓦解了清政府的统治。

其次，海防道的设置，是强化监督沿海军政防御力度，完善海防体系、实现军政协同，治理沿海社会的现实需求。与海防督抚不同，海防道的设置，在明代并不会事罢即裁，一是因为海防道的前身，即巡视海道自明初已有设置；二是这一职官出于布政使司与按察使司，是监察性质的职官，不辖地方，更不治地方，没有督抚的影响力与控制力。即使海防道兼有兵备衔，也主要是监督地方驻军，并没有实际的统摄权。明后期之所以延续此类职官的设置，一是职司海防的海防道数量并不太多；二是海防的实际需求，以及海防道的地位与角色，决定了此类职官不会威胁中央的权威，反而是强化中央管理地方的有效手段；三是明政府吸取嘉靖万历时期倭乱的教训，在强化沿海军政防御体系之后，需要海防道进行监督管理。但是，因海防而设的职官，他的置废与海防需求有着直接关系，而这更是制约其发展变化的主要因素。清代前期，随着海洋安全环境的趋稳，海防事简，海防道监督地方军政官员进行防海的需求有所弱化。与此同时，明代以来形成的冗官，在此时反而成为剥削地方百姓的吏治弊端。于是，清政府经过整顿之后，裁改海防道，将海防事务归并于其他道员。虽然曾一度设置浙江海防道，但不过是为了修筑海塘，在塘工基本完成之后，即行裁撤。

最后，自明代将海防视为要务之后，随着国内外环境的变化，海防同知逐渐成为承担地方防海任务的主要文职官员，并形成了一定的区域性与多样化特征。督抚司道不是直辖基层事务的行政官员，而海防事务的处理，需要相应的官员来承担。且海防本就是地方事务，作为佐贰官的海防同知、通判等官，随着分防制度的发展，承担起了相应的职能。

其一，海防同知的设置与海疆安全及地理环境的演变有着密切联系。嘉靖至万历时期是海防同知数量急剧增加的阶段，这是因为嘉靖后期与万历中期有过两次重大的海防危机，军队难以独立承担防海任务，于是在这段时间内，明政府陆续增设大量海防同知，协同地方驻军共同防御外敌。到万历后期至清顺治时期，倭寇基本绝迹，但明郑势力与三藩的影响，以及盗寇滋生、侵扰沿海的问题开始增多，故而鉴于"倭患"的教训与现实海防的需要，沿海大多数府州设有海防同知，并保持了较大的数量。康熙至道光时期，是海防同知发展的又一高峰时期。在平定台湾之后，长期以来的海疆危机得以解决，海洋环境渐呈宁谧之势。此时，清政府实施开禁政策，中外联系日益紧密。随之为了缉盗护商，加强地方管控与维护海洋安全，清政府一方面调整沿海政区，新增天津、武定、台湾、海门、南澳等府、厅、县级政区，并设置了一定数量的海防同知；另一方面为发展地方经济、保障民生，增设海防同知以管理相关事务，如杭州府先后设置五位海防同知管理海塘等事，出现了海防同知数量增加较多的现象。道光晚期至清末，海防同知的数量出现了一定的下降。一是因为经过康雍乾的发展，清朝人口急剧增加，于是从嘉庆时期开始，海疆地区的治理形势有所变化，而海防同知所在驻地，又是治理问题比较突出的地区，① 于是出现了海防同知转为抚民同知的现象。二是鸦片战争之后，沿海防御的重心出现变化，一方面近代军事防御能力的建设，成为海防建设的急务；另一方面清政府的海防设防区域，逐渐北移到了北洋地区。因而，除了因通商所需而专理对外交涉事务的海防同知，一部分不适于新形势需求的海防同知被逐渐裁撤。

其二，从海防同知的驻地变迁情况来看，明代各府海防同知基本驻守府治，分防地方的时间有限；清代的情况则不同，各府州海防同知大多驻守府治之外，并且具有一定的核心管辖区域。究其原因，明代分防制度还未成熟，海防同知还处在"分职"阶段，并不强调管理地域。到清代时，佐贰官的分防制度已经发展成熟，"量地置员"的同知等官，依据各地区的实际需要而设，强调驻守地方，于是清代海防同知的驻地变迁频率较高，并且具有一定的管理区域。再者，明代海防同知因备倭而设，而倭寇对沿海地区的劫掠地点不固定，沿海和内陆州县，在不确定的时间段内，随时可能会遭到劫掠。在这一环境下设置的海防同知，不可能出防固定区域，通常只是驻防更为重要的府治。清前期平定台湾之后，沿海地区再无巨大的安全隐患，海防同知的主要防御对象逐渐改为地方盗寇、奸商、偷渡民人、出海渔民、西方殖民者等，这些问题又主要集中于商贸繁忙的海口地区，或靠近山区的难治之地，因此海防同知出防相应地区，成为一种普遍现象。

其三，海防同知的数量与海疆安全形势的变化，并非海疆危机严重时设置数量多，海疆环境宁谧时则设置数量少的对应关系。这是因为在传统海防体制下，基层职官是执行海防任务的最主要群体，但是随着海防对象不再局限于盗寇，尤其在清代，凡是与海有关的事务，都可以视为海防的一部分，因此不论是海疆危机严重时还是海洋环境

---

① 祝太文：《清代浙江行政职官与海防关系研究》，光明日报出版社 2016 年版，第 160—168 页。

稳定时，基层政区的海防文职官员都不可能因此进行大量裁撤，而是根据地方治理需求进行相应调整。当然，一旦海防环境发生根本性变化，如清末西方列强的入侵，带来了一系列海防军事、思想、政策等的变革，动摇并瓦解了传统的海防体制，海防同知的海防职能严重弱化，被裁改就成为清政府调整职官设置的一种选择。

其四，明清时期海防同知的职责重点由"军事向民政"转变。海防同知的本质是地方行政官员，并不是军队文职人员，因此海防同知的职责变化，受海疆环境与地方实际行政需求的双重影响，具有明显的复杂性。具体来讲，明嘉靖至清初期，海疆长期处于动乱的局面，从倭寇、海盗、西方殖民者，再到"三藩"和台湾郑氏，在很长时间段内，都是威胁海疆安全的重要祸患。因此在本时段内，海防同知的主体职责便偏重于军事领域，强调协同驻军抵御外敌入侵。但是自康熙前期解决"三藩"及台海问题之后，军事方面的防御压力缓解，清政府开始实施开禁、勘界政策，沿海农、商、渔业得以发展。为了在各个方面保障沿海社会的安全稳定，海防同知的管理重点开始偏重于民事方面，包括修筑海塘、缉盗、词讼、税收、治农、河工、抚黎理番、稽查海口等，其职能呈现长江入海口、杭州湾地区海防同知以修筑海塘为专职，闽粤地区海防同知以弹压地方管理贸易为主的区域性与多样性特征。晚清之后，如广东按察使黄思彤所言，"通商之利，自当俯首帖耳，歌咏皇仁，不复有盗弄潢池之事矣"①，清政府将通商视为减轻海防压力的一种举措。在中外通商日繁、通商口岸大量开放、中外联系日益广泛、交涉事务逐渐增多的情况下，海防同知在传统海防职能弱化的同时，开始转向对外交涉。

总之，明清时期海防行政职官的设置与调整，以及职能的变化，是为了满足防海与治海的需求。海防具有双重性，明代的海防认知，

---

① 　张晓生：《中国近代战策辑要》，军事科学出版社 1993 年版，第 138 页。

强调"防御"性，即注重备倭缉盗，维护明政府在地方的统治力。然而，"海防"的目的，既在于护国，又在于护民。有别于明代，清代海防将"防御"与"守护"视为同等重要，保护地方百姓及海上渔民、商人的生命财产安全，是清政府设立汛防制度的重要目的。① 虽然清政府继续执行海禁政策，但是这一政策并不是禁止民间的海洋活动，而是在有所限制的同时，也强调对出海贸易捕鱼者的安全保护，"缉盗护商"是清代治理海疆的基本目的。在沿岸地区，如修筑海塘、办理河工水利等，减少自然环境对地方的破坏，同样是海防的需求。

二 明清时期地方行政体系中海防职官治海实践的成效评价

在治理成效方面，从备倭缉盗的需求来看，加强海防行政职官的建设，无疑弥补了军事防御的不足。但是，随着海洋环境的变化，国家海洋政策的调整，地方治理需求的变迁，行政体系下的海防文职官员在发挥作用的同时，也存在明显的问题。

其一，海防行政体系的建设，只是填补沿海地区治理中，没有专职文官的空白。这一体系的运作，并不能避免吏治腐败问题，反而会因此最终走向腐化废弛的境地。不可否认，部分官员职司海防，无疑对地方的治理有着积极作用。以海塘修筑为例，雍正乾隆时期的大规模修筑海塘工程，减少了因海潮侵蚀而不时造成沿海百姓生命财产损失的灾难，降低了灾难发生的频率与程度。但是，官僚制度自身的弊病，也在逐渐将这一体系腐化。清后期的海塘修筑，各级官员层层盘剥经费，捏报虚假消息，用料以次充好。督理与经办官员更是徇私舞弊渎职懈怠，既不核查又不到地办公，已经成为一种常态，完全违背了设置海防同知等官修筑海塘的初衷。概言之，明清时期的官僚体制建设，既因解决问题而设，又因解决问题而利用问题来谋私，最终形

① 《清世宗实录》卷83，雍正七年七月甲子，中华书局1985年影印本，第8册，第111页。

成了新的弊政。

其二，政府与地方的利益矛盾，影响了治理成效。以长江入海口一带沙田的管理为例，不仅民间看到了土地的价值，清政府同样将其视为买卖获利、增收赋税的重要来源。虽然清政府设立海门厅，试图解决通州与崇明因争沙而叠案层出的问题，并起到了一定的作用。但是在执行的过程中，因沙地塌涨无定、位置变化无常的特征，在处理民事争端之时，地方官吏与不法之民相互勾结捏造谎报，以及海门、崇明二厅县为了各自的利益，致使纠纷始终不能得以解决。再者，督抚出于管理便利或是筹集经费等目的，简单地将新涨沙地收归政府，再进行召买的政策，虽然保障了政府的财政收入，同时也造成了购买沙地而又塌削者的利益损失。故而，自上，政策不清；自下，厅与县、官与民、民与民之间的利益纠葛错综复杂，造成海门一带沙地争端不断。总而言之，与民争利，不能处理好二者之间的政治与经济关系，是清代沿海治理中，影响治理成效的重要因素。

其三，管理章程与职官设置并不配套，监管不到位。从沿海事务的处理效果来看，清政府设置海防行政职官的目的，在于解决沿海出现的各种问题。但是，在具体的管理过程中，无论是海塘修筑还是沙田管理，或是口岸管理，清政府都没有形成一套长期有效的管理章程或是监管程序。这就造成随着时间的推移，地方官员可以利用章程不清、监管不到位的问题，或是推诿懈怠，或是营私舞弊，如虚报瞒报，赚取修筑海塘经费，汛口勒索，巧取豪夺管理松懈，致使问题永远得不到有效解决。

其四，海防体系下沿海区域的治理，是"以官治民"而不是"官民共治"。纵观明清时期的海防体系的调整，我们基本看不到民间力量的作用。在岛屿开垦、出海贸易及捕鱼等活动中，所有的政策都是由清政府来制定。只有在政府认为需要的前提下，民间才能参与到海防及沿海区域的治理中，但是参与度非常有限。如海塘修筑的废弛，清人就指出缺乏民间的参与和社会的监督，不吸纳地方百姓的意见，是造成这一现象的重要原因。所以，就沿海地区的治理效果来看，在缺乏民间参与的情况下，没有社会各方的监督，仅仅依靠政府内部的监察自省，并不能起不到真正的治理作用。

其五，明清时期的海防，首先维护的是政权的统治地位，其次才是保障地方百姓的利益。这一点，在没有外来侵略的威胁时，表现并不明显，尤其在清代，往往并举共重。然而一旦出现危及政权的情况，那么海防的举措就会危害地方百姓的权益。从明代的倭乱到清初台湾问题的处理，都给地方百姓的生存造成了巨大的消极影响。而清中期至鸦片战争之前，社会相对稳定，此时海防与沿海地区的治理，清政府在维护统治地位的同时，多会考虑和照顾地方百姓的利益需求。晚清之后，面对西方的威胁，清政府为了政权的存续，一方面将沿海的防御重心逐渐转移到了北洋地区，另一方面尽力维护西方各国的在华利益，如海防同知职司对外交涉，更多的是清政府妥协政策的执行者，于海洋地区的治理而言，已经没有太大的实际意义。

三 明清时期地方行政体系中海防职官治海得失的原因分析

明清时期的防海与沿海地区的治理，以人治为主，缺乏制度与法理的约束，这也造成高层的态度，决定了基层的治理成效。

首先，皇帝的决心，往往会对地方的治理起到推动作用，若是这种注意力发生转移，那么治理效果就会大打折扣，甚至成为弊端之一。如明代倭寇、清代平台及雍正时期的海塘修筑、出海贸易的管理、台湾叛乱的平定，一旦成为皇帝所认为急需办理之事，上升到国家治理的战略高度，在皇帝的要求与管控之下，这些事情会取得较好的结果。但是，随着时间的推移，事情在得到一定程度的解决之后，在后续的发展中，伴随皇帝关注度的下降，这些管理举措就会逐渐呈现涣散之态，甚至成为吏治腐败的重灾区。

其次，督抚的治理态度，直接影响治理效果。如对地方盗寇的缉捕，本质是为了消弭隐患，但是地方督抚为了个人利益，或是借机提拔地方官员，"所获之犯，未必尽系正盗"，在捕获一些无关紧要的盗匪之后，弄虚作假，使用金钱煽诱百姓顶罪冒充正犯，以致真正的盗匪头目逍遥法外。为了避免上司稽查，这些督抚擅自将所获真假盗匪就地正法，"部臣亦无由复核，其中或竟有冤屈，亦未可知"。为此，乾隆帝深恶痛绝，敕谕"殊非朕靖盗安民之本意也"①。海疆不宁的问题，"原应督饬文武，上紧缉拿严办，方足以惩奸宄而靖海疆"，这也是明代以来构建与完善海防行政体系的主要目的。然而为了应付交差，地方官员不出海缉捕，往往是以招降为策略，以致"武职惮于冒险出洋，藉避风涛，必致日渐疏懈。文职以招致盗犯，得邀上官嘉奖，亦所乐从，不惟地方捕务从此废弛"②。由此，即使地方官弁目睹洋盗掳掠伤人，如果不赏赐官位财物，便会置之不理，甚至乘机勒索、抢夺遭难船只的财物。这些行为，对于乾隆后期至嘉庆前期东南盗乱问题的产生，一定程度上起到了推波助澜的作用。

最后，基层官员属于从属地位，无法发挥真正的治理作用。厦门海防同知所督办的出海贸易之事，因地方政府的经费需求，以及督抚司道从中谋私，以致上下一体贪黩成风，管理懈怠。杭州海塘修筑，各级官员谎报捏报，谋私之风盛行。到了清晚期，因为清政府的统治需求，海防同知在处理对外事务中，只是妥协政策的执行者，即使有个别海防同知想维护国家的利益，但因与大环境相违，只能发挥昙花一现的作用。

总之，海防体系下的所有治理举措，都没有触及问题本身，只是

① 《清高宗实录》卷1403，乾隆五十七年四月甲申，中华书局1986年影印本，第26册，第842页。

② 《清仁宗实录》卷156，嘉庆十一年正月丁巳，中华书局1986年影印本，第30册，第7页。

就问题而解决问题，并最终演变为利用问题来谋私利的现象。明清时期对沿海地区的治理，防御心理极强，不管是否允许百姓出海谋生，都以防备形成威胁势力为前提。概言之，明清时期治理海洋地区的基层逻辑为：一旦出现问题，首先要保证问题本身不会演变为更大的问题，并使用各种手段来抑制问题的滋生，以保证不会对政府的统治地位造成威胁。在此基础上，才会考虑问题本身是怎么来的，并采取有限的措施来缓解政府统治与百姓生存需求之间的矛盾，使之能够达到一种相对平衡的状态。核心在于，明清时期的社会制度决定了，沿海治理不会以维护百姓的利益为首要前提，因而在各种治理举措中，我们基本看不到百姓的身影。缺乏社会的参与和监督，始终由政府把控一切，不管职官体系如何调整，政策如何制定与执行，发挥的作用始终是短期和有限的，最终都会逐渐废弛并形成长期腐败之象。

参考文献

一 明清档案、实录

《明太祖实录》，台北："中央研究院"历史语言研究所 1984 年版。

《明太宗实录》，台北："中央研究院"历史语言研究所 1984 年版。

《明宣宗实录》，台北："中央研究院"历史语言研究所 1984 年版。

《明英宗实录》，台北："中央研究院"历史语言研究所 1984 年版。

《明世宗实录》，台北："中央研究院"历史语言研究所 1984 年版。

《明穆宗实录》，台北："中央研究院"历史语言研究所 1984 年版。

《明神宗实录》，台北："中央研究院"历史语言研究所 1984 年版。

《明熹宗实录》，台北："中央研究院"历史语言研究所 1984 年版。

《清世祖实录》，中华书局 1985 年影印本。

《清圣祖实录》，中华书局 1985 年影印本。

《清世宗实录》，中华书局 1985 年影印本。

《清高宗实录》，中华书局 1985—1986 年影印本。

《清仁宗实录》，中华书局 1986 年影印本。

《清宣宗实录》，中华书局 1986 年影印本。

《清文宗实录》，中华书局 1986 年影印本。

《清穆宗实录》，中华书局 1987 年影印本。

《清德宗实录》，中华书局 1987 年影印本。

《清实录·宣统政纪》，中华书局 1987 年影印本。

全国图书馆文献缩微复制中心：《清代（未刊）上谕、奏疏、公牍、电文汇编》，缩微品，2005 年版。

台北"故宫博物院"图书文献处编：《宫中档光绪朝奏折》，台北"故宫博物院"1975 年影印本。

张伟仁主编：《明清档案》，台北："中央研究院"历史语言研究所1986 年版。

中国第一历史档案馆、澳门基金会、暨南大学古籍研究所合编：《明清时期澳门问题档案文献汇编》，人民出版社 1999 年版。

中国第一历史档案馆编：《光绪朝朱批奏折》，中华书局 1995 年版。

中国第一历史档案馆编：《康熙朝汉文朱批奏折汇编》，中国第一历史档案馆出版社 1985 年版。

中国第一历史档案馆编：《鸦片战争档案史料》，上海人民出版社 1987年版。

中国第一历史档案馆编：《雍正朝汉文朱批奏折汇编》，江苏古籍出版社 1989 年版。

中国第一历史档案馆、辽宁省档案馆编：《中国明朝档案总汇》，广西师范大学出版社 2001 年版。

二　正史、政书、方志类

崇祯《海澄县志》，崇祯五年刻本。

崇祯《廉州府志》，崇祯十年刻本。

崇祯《松江府志》，崇祯三年刻本。

崇祯《肇庆府志》，崇祯六年至十三年刻本。

道光《川沙抚民厅志》，道光十七年刻本。

道光《广东通志》，《续修四库全书》史部，上海古籍出版社 2002年版。

道光《晋江县志》，手抄本。

道光《廉州府志》，光绪十一年刻本。

道光《琼州府志》，光绪十六年刻本。

道光《厦门志》，鹭江出版社 2021 年版。

道光《象山县志》，道光十四年刻本。

道光《乍浦备志》，道光二十三年刻本。

光绪《大清会典事例》，《续修四库全书》史部，台湾商务印书馆 1986
　年版。

光绪《阜宁县志》，光绪十二年刻本。

光绪《淮安府志》，光绪十年刻本。

光续《海门厅图志》，《中国地方志集成·江苏府县志辑》，江苏古籍
　出版社 1991 年版。

光绪《惠州府志》，光绪十年刻本。

光绪《甲午新修台湾澎湖志》，扬州古旧书店 1959 年油印本。

光绪《利津县志》，光绪九年刻本。

光绪《松江府续志》，光绪十年刻本。

光绪《台湾通志》，不分卷，光绪二十一年稿本。

光绪《香山县志》，光绪五年刻本。

光绪《重修天津府志》，光绪二十五年刻本。

嘉靖《宁波府志》，嘉靖三十九年刻本。

嘉靖《山东通志》，嘉靖十二年刻本。

嘉庆《大清一统志》，《续修四库全书》史部，上海古籍出版社 2002
　年版。

嘉庆《雷州府志》，嘉庆十六年刻本。

嘉庆《松江府志》，嘉庆松江府学刻本。

嘉庆《续修台湾县志》，嘉庆十二年刻本。

嘉庆《直隶太仓州志》，嘉庆七年刻本。

嘉庆《钦定重修两浙盐法志》，《续修四库全书》史部，上海古籍出版

社 2002 年版。

康熙《高州府志》，康熙十一年刻本。

康熙《广东通志》，康熙三十六年刻本。

康熙《青州府志》，康熙六十年刻本。

康熙《同安县志》，清抄本。

康熙《阳江县志》，康熙二十七年刻本。

康熙《漳州府志》，康熙五十四年刻本。

康熙《肇庆府志》，康熙十二年刻本。

民国《崇明县志》，民国十九年刊本。

民国《奉天通志》，沈阳古旧书店 1983 年版。

民国《奉天新志略一卷》，《稀见方志丛刊》，国家图书馆出版社 2014
　年版。

民国《阜宁县新志》，民国二十三年铅印本。

民国《海宁州志稿》，《中国方志丛书·华中地方》第 562 号，台北：
　成文出版社 1983 年版。

民国《临海县志》，民国二十四年铅印本。

民国《琼山县志》，民国六年刻本。

民国《厦门市志》，鹭江出版社 2021 年版。

民国《萧山县志稿》，民国二十四年铅印本。

民国《续丹徒县志》，民国十九年刊本。

乾隆《八旗通志》，《文渊阁四库全书》史部，台湾商务印书馆 1986 年
　影印本。

乾隆《潮州府志》，光绪十九年重刊本。

乾隆《大清会典》，《文渊阁四库全书》史部，台湾商务印书馆 1986 年
　影印本。

乾隆《福州府志》，乾隆十九年刻本。

乾隆《海澄县志》，乾隆二十七年刻本。

乾隆《海宁州志》，乾隆四十一年刻本。

乾隆《杭州府志》，乾隆四十九年刻本。

乾隆《河间府新志》，乾隆二十五年刻本。

乾隆《淮安府志》，乾隆十三年刻本。

乾隆《江南通志》，《文渊阁四库全书》史部，台湾商务印书馆 1986 年
影印本。

乾隆《晋江县志》，乾隆三十年刻本。

乾隆《莱州府志》，乾隆五年刻本。

乾隆《廉州府志》，乾隆二十一年刻本。

乾隆《两浙海塘通志》，《续修四库全书》史部，上海古籍出版社 2002
年版。

乾隆《南澳志》，道光二十一年刻本。

乾隆《钦定大清会典则例》，《文渊阁四库全书》史部，台湾商务印书
馆 1986 年影印本。

乾隆《琼州府志》，乾隆三十九年刻本。

乾隆《泉州府志》，光绪八年补刻本。

乾隆《山东通志》，《文渊阁四库全书》史部，台湾商务印书馆 1986 年
影印本。

乾隆《上海县志》，乾隆十五年刻本。

乾隆《绍兴府志》，乾隆五十七年刻本。

乾隆《武定府志》，乾隆二十四年刻本。

乾隆《兴化府莆田县志》，民国十五年刻本。

乾隆《镇江府志》，乾隆十五年刻本。

申时行等修：《大明会典》，《续修四库全书》史部，上海古籍出版社
2002 年版。

施沛：《南京都察院志》，天启刻本。

顺治《潮州府志》，顺治十八年刻本。

天启《淮安府志》，天启六年刊刻，顺治六年修录本影印本。

同治《畿辅通志》，光绪十年刻本。

同治《徐州府志》，同治十三年刻本。

万历《福宁州志》，万历四十二年刻本。

万历《福州府志》，万历二十四年刻本。

万历《广东通志》，万历三十年刻本。

万历《莱州府志》，民国二十八年刊本。

万历《琼州府志》，万历四十五年刻本。

万历《扬州府志》，万历三十三年刻本。

万历《漳州府志》，万历元年刻本。

咸丰《岫岩志略》，民国辽海丛书本。

宣统《山东通志》，《中国地方志集成》，凤凰出版社 2008 年版。

雍正《大清会典》，沈云龙主编《近代中国史料丛刊三编》第七十七辑，台北：文海出版社 1994 年版。

雍正《河南通志》，《文渊阁四库全书》史部，台湾商务印书馆 1986 年影印本。

雍正《宁波府志》，同治六年刻本。

雍正《山东通志》，《文渊阁四库全书》史部，台湾商务印书馆 1986 年影印本。

雍正《浙江通志》，《文渊阁四库全书》史部，台湾商务印书馆 1986 年影印本。

张廷玉等：《明史》，中华书局 1974 年版。

赵尔巽等：《清史稿》，中华书局 1977 年版。

三　古籍文献、史料汇编类

毕自严：《度支奏议》，《续修四库全书》史部，上海古籍出版社 2002 年版。

毕自严：《抚津疏草》，天启年间刊本。

毕自严：《饷抚疏草》，天启刻本。

秉衡：《李忠节公（鉴堂）奏议》，上海：文海出版社 1930 年版。

陈伦炯：《海国闻见录》校注，李长傅校注，陈代光整理，中州古籍出版社 1984 年版。

陈子龙等辑：《明经世文编》，中华书局 1962 年版。

丁日昌：《丁文诚公奏稿》，《续修四库全书》史部，上海古籍出版社 2002 年版。

方东树：《考盘集文录》，《续修四库全书》史部，上海古籍出版社 2002 年版。

傅泽洪：《行水金鉴》，《文渊阁四库全书》史部，台湾商务印书馆 1986 年影印本。

高拱：《高文襄公集》，万历刻本。

顾炎武：《顾炎武全集》，刘永翔校点，上海古籍出版社 2012 年版。

顾祖禹：《读史方舆纪要》，贺次君、施和金点校，中华书局 2005 年版。

嵇曾筠：《防河奏议》，《续修四库全书》史部，上海古籍出版社 2002 年版。

瞿九思：《万历武功录》，《续修四库全书》史部，上海古籍出版社 2002 年版。

蓝鼎元：《鹿洲初集》，沈云龙主编《近代中国史料丛刊续编》第四十一辑，台北：文海出版社 1974 年影印本。

李鸿章：《李鸿章全集》，时代文艺出版社 1998 年版。

刘锦藻：《皇朝清续文献通考》，《续修四库全书》史部，上海古籍出版社 2002 年版。

刘香：《海寇刘香残稿二》，中央研究院历史语言研究所编《明清史料》乙编，上海商务印书馆 1936 年版。

祁彪佳：《宜焚全稿》，《续修四库全书》史部，上海古籍出版社 2002
　　年版。

《钦定平定台湾纪略》，《文渊阁四库全书》史部，台湾商务印书馆
　　1986 年影印本。

谭纶：《谭襄敏奏议》，《文渊阁四库全书》史部，台湾商务印书馆
　　1986 年影印本。

陶澍：《陶澍集》（上），岳麓书社 1998 年版。

陶望龄：《陶文简公集》《四库禁毁书丛刊》集部，北京出版社 1997
　　年版。

汪应蛟：《抚畿奏疏》，《续修四库全书》史部，上海古籍出版社 2002
　　年版。

汪应蛟：《海防奏疏》，《续修四库全书》史部，上海古籍出版社 2002
　　年版。

王士骐：《皇明驭倭录》，《续修四库全书》史部，上海古籍出版社
　　2002 年版。

王士性：《广志绎》，吕景琳点校，中华书局 1981 年版。

王守基：《盐法议略》，清漪卷斋丛书本。

王彦威纂辑：《清季外交史料》，王亮编，王敬立校，书目文献出版社
　　1987 年版。

王以宁：《王以宁奏疏》，万历刻本。

魏源：《圣武记》，中华书局 1984 年版。

魏源：《魏源全集》，岳麓书社 2005 年版。

文庆等纂辑：《筹办夷务始末》，《续修四库全书》史部，上海古籍出
　　版社 2002 年版。

吴文镕：《吴文节公遗集》，《续修四库全书》集部，上海古籍出版社
　　2002 年版。

夏东元编：《郑观应集》上册，上海人民出版社 1982 年版。

杨家骆主编：《洋务运动文献汇编》，台北：世界书局 1963 年版。

杨捷：《平闽纪》，康熙二十二年世泽堂刻，道光十年印本。

杨守勤：《宁澹斋全集》，崇祯刻本。

姚莹：《东溟文集》，《续修四库全书》集部，上海古籍出版社 2002 年版。

叶向高：《苍霞余草》，万历刻本。

佚名：《海运摘抄》，明季辽事丛刊本。

佚名：《皇清奏议》，《续修四库全书》史部，上海古籍出版社 2002 年版。

佚名：《御选明臣奏议》，《文渊阁四库全书》史部，台湾商务印书馆 1986 年影印本。

印光任、张汝霖：《澳门记略》，赵春晨点校，广东教育出版社 1988 年版。

曾异：《纺授堂集》，崇祯刻本。

张瀚：《台省疏稿》，《续修四库全书》史部，上海古籍出版社 2002 年版。

张鼐：《宝日堂初集》，崇祯二年刻本。

张廷玉、嵇璜等编纂：《清朝文献通考》，浙江古籍出版社 2000 年版。

章潢：《图书编》，《续修四库全书》子部，台湾商务印书馆 1986 年版。

郑汝璧：《由庚堂集》，《续修四库全书》集部，上海古籍出版社 2002 年版。

郑若曾：《筹海图编》，李致忠点校，中华书局 2007 年版。

郑若曾：《江南经略》，《文渊阁四库全书》子部，台湾商务印书馆 1986 年影印本。

郑岳：《山斋文集》，《文渊阁四库全书》集部，台湾商务印书馆 1986 年影印本。

周宪文、杨亮功、吴幅员等编：《台湾文献史料丛刊》第七辑，台北：

大通书局 1987 年版。

朱寿朋：《东华续录》，《续修四库全书》史部，上海古籍出版社 2002 年版。

左宗棠：《左宗棠全集》奏稿二，岳麓书社 2009 年版。

四　研究著作

鲍中行编著：《中国海防的反思——近代帝国主义从海上入侵史》，国 防大学出版社 1990 年版。

陈柏心：《中国的地方制度及其改革》，广西建设研究会 1939 年版。

丁守和等主编：《中国历代奏议大典》，哈尔滨出版社 1994 年版。

何新华：《晚清海防与海权思想论略》，中国社会科学出版社 2018 年版。

黄鸿钊：《澳门同知与近代澳门》，广东人民出版社 2006 年版。

季岸先：《同光之际海防人才政策研究》，中国海洋大学出版社 2017 年版。

靳润成：《明朝总督巡抚辖区研究》，天津古籍出版社 1996 年版。

卢建一：《闽台海防研究》，方志出版社 2003 年版。

卢坤、邓廷桢主编：《广东海防汇览》，王宏斌等点校，河北人民出版 社 2009 年版。

南炳文、白新良主编：《清史纪事本末》，上海大学出版社 2006 年版。

谭其骧：《长水集续编》，人民出版社 1994 年版。

王日根、曹斌：《明清河海盗的生成及其治理研究》，厦门大学出版社 2016 年版。

许毓良：《清代台湾的海防》，社会科学文献出版社 2003 年版。

杨金森、范中义：《中国海防史》，海洋出版社 2005 年版。

张金奎：《明代卫所军户研究》，线装书局 2007 年版。

赵树国：《明代北部海防体制研究》，山东人民出版社 2014 年版。

祝太文：《清代浙江行政职官与海防关系研究》，光明日报出版社 2016
　　年版。

［英］彼得·莱尔：《全球海盗史：从维京人到索马里海盗》，于百九
　　译，广东人民出版社 2022 年版。

　　五　期刊论文

曹循：《明代军制演进与盛衰之变》，《历史研究》2023 年第 3 期。

陈洁：《明代天津巡抚设置初探》，《黑龙江史志》2009 年第 18 期。

杜家骥：《清代督、抚职掌之区别问题考察》，《史学集刊》2009 年第
　　6 期。

傅林祥：《清代抚民厅制度形成过程初探》，《中国历史地理论丛》2007
　　年第 1 辑。

关正义、李婉：《海商法和海事法的联系与区别——兼论海商法学的建
　　立与发展》，《法学杂志》2012 年第 6 期。

胡恒：《厅制起源及其在清代的演变》，《文史》2013 年第 2 辑。

黄友泉：《洪武年间海防思想的转变与福建海防建设》，第二届海峡两
　　岸海洋文化研讨会，福州，2011 年 10 月。

黄友泉：《明代海防同知初探——兼论明代镇戍权力格局》，《历史档
　　案》2018 年第 4 期。

江红春：《明清时期辽东半岛建置沿革》，《满族研究》2006 年第 2 期。

靳润成：《明朝的天津巡抚及其辖区》，《历史教学》1996 年第 8 期。

李国祁：《明清两代地方行政制度中道的功能及其演变》，《"中央研究
　　院"近代史研究所集刊》1972 年第 3 期。

李金明：《明代后期海澄月港的开禁与督饷馆的设置》，《海交史研究》
　　1991 年第 2 期。

李新贵、白鸿叶：《明万里海防图筹海系研究》，《文献》2019 年第
　　1 期。

李智君：《战时清政府对海峡西岸移民社会的控制——以台湾林爽文事件中的福建漳州府为例》，《厦门大学学报》（哲学社会科学版）2013 年第 6 期。

林乾：《论明代的总督巡抚制度》，《社会科学辑刊》1988 年第 2 期。

林汀水：《海澄之月港考》，《中国社会经济史研究》1995 年第 1 期。

刘灵坪：《清代南澳厅考》，《历史地理》2010 年第 24 辑。

吕俊昌：《清代前期厦防同知与闽台互动关系初探》，《社会科学辑刊》2014 年第 1 期。

彭一万：《玉沙坡：厦门港的发祥地》，《闽商文化研究》2012 年第 1 期。

王大学：《皇权、景观与雍正朝的江南海塘工程》，《史林》2007 年第 4 期。

王宏斌：《简论广州府海防同知职能之演变》，《广东社会科学》2012 年第 2 期。

王泉伟：《从分职到分防：明清州县佐贰官略论》，《四川师范大学学报》（社会科学版）2015 年版第 6 期。

杨丽婷：《清代杭州府海防同知与钱塘江海塘》，《浙江水利水电学院学报》2017 年第 4 期。

杨培娜：《"违式"与"定例"——清代前期广东渔船规制的变化与沿海社会》，《清史研究》2008 年第 2 期。

曾纪鑫：《明代倭患真相》，《粤海风》2016 年第 3 期。

赵红：《论明代山东海防的特点与得失》，《东方论坛》2011 年第 5 期。

赵红：《明代登莱巡抚考论》，《济南大学学报》（社会科学版）2006 年第 6 期。

赵树国：《明代山东巡察海道沿革考》，第十六届明史国际学术研讨会暨建文帝国际学术研讨会论文集，济南，2015 年 8 月。

朱东安：《关于清代的道和道员》，《近代史研究》1982 年第 4 期。

六　硕博论文

林涓：《清代行政区划变迁研究》，博士学位论文，复旦大学，2004 年。

苏辰：《明代南直隶兵防体制研究》，博士学位论文，东北师范大学，2017 年。

苏惠苹：《明中叶至清前期海洋管理中的朝廷与地方——以明代月港、清代厦门港、鹿耳门港为中心的考察》，硕士学位论文，厦门大学，2008 年。

孙君：《清顺治朝登莱巡抚考论》，硕士学位论文，辽宁大学，2014 年。

陶敏：《明清淮安漕运与地方社会》，硕士学位论文，北京师范大学，2008 年。

杨帆：《我国内河海事管理体制研究》，硕士学位论文，大连海事大学，2014 年。

赵红：《明清时期的山东海防》，博士学位论文，山东大学，2007 年。

赵红：《晚清山东海防研究》，硕士学位论文，山东师范大学，2004 年。

周勇进：《清代地方道制研究》，博士学位论文，南开大学，2010 年。

后　记

本书是在我硕士学位论文《明清时期海防同知研究》的基础上修改完成的。论文的书写及本书的修改与出版，完全承蒙恩师马琦教授多年来的悉心教诲与帮助。在 2016 年跟随老师学习以来，从确定选题、调整框架、资料收集到写作定稿，都是在马琦师的指导与启发下开展，在此向老师致以最崇高的敬意和感谢。

我本科就读的是地理科学专业，并没有接受过专业的历史学训练和培养。记得跟随老师读书的时候，老师基于我薄弱的史学基础，一方面让我通读历史地理学方面的研究成果，夯实学科基础，另一方面精心指导我拟定了硕士期间撰写的学位论文题目。记得当时，老师提出了两个题目，一个是关于明清海防同知的研究，另一个是关于江西水运的研究，我和同门分别选择了其中之一。而我，毫无疑问选择了海防同知的研究方向。

现在回想起来，初生牛犊不怕虎，当时选择海防同知这一题目，可能是认为考证类论文比较好写，再者我对此题目并不排斥，于是便有了硕士论文的成果。记得在确定题目之后，老师解释了这一题目的由来及其研究价值。自 20 世纪以来，关于海防问题的探讨与分析，学界进行了大量的研究，硕果累累。但是，长期缺乏对基层海防职官的关注，尤其是系统梳理明清时期海防同知的研究，成果甚少，乏善可陈，而这并不利于充分认知明清时期的防海与治海问题。于是，在老师的指导下，我们开展了相关工作。

在历史学研究中，作为一张白纸的我，老师既指导我如何寻找史料、整理史料、分析史料与运用史料，又时常提供研究思路与丰富的见解。老师学识渊博，阅历丰富，人品贵重，做事又十分认真负责，一直以来都是我们学生的榜样。在撰写论文期间，依靠老师的支持，我度过了一段充实的学习生活，也掌握了史学研究的基础与基本技能。也正是得益于老师的教诲，让我能够有机会继续进行深造，完成了博士阶段的学习并顺利毕业。

本书的撰写，是在我工作之后。作为年轻的学者，能够出版一部自己的著作，是一件意义非凡的事。鉴于硕士论文已经做了大量工作，经过调整与修改之后，书稿已粗具雏形。于是本书在研究海防同知的基础上，将视野拓展到了整个明清时期地方行政体系中的海防职官，弥补了论文中对海防职官治海能力与成效研究的不足。在这一过程中，从文章修改到联系出版，马琦师都给予了巨大的支持。

此外，中山大学珠海校区历史学系与吴滔老师提供了博士后研究工作的机会，让我能够在良好的科研环境中，利用丰富的学术资源，继续深入探讨明清时期的海防问题，并在我论文的修改、完善与出版过程中，给予了支持。在此，致以诚挚的谢意。

谨此，向一路走来指导和帮助过我的师友，再次表达衷心的感谢！由于本人学识有限，本书涉及的很多问题以及不足之处，还未有深入且充分的探讨，在内容上也难免存在错误与疏漏，这部分责任完全由我来承担。期望本书能够有助于海洋史与海防史的研究，进一步丰富相关研究成果，也诚挚期待方家的批评指正。

最后，深深地感谢我的家人对我的关怀与支持，让我能够完成自己的梦想。

杜晓伟

2024 年 1 月 27 日记